U0854170

易教·乐学

中等职业教育财经商贸类系列教材
电子商务专业“岗课赛证”融通创新成果

网店运营

WANGDIAN YUNYING

主　编◎张成武　任书雁

北京师范大学出版集团
BEIJING NORMAL UNIVERSITY PUBLISHING GROUP
北京师范大学出版社

图书在版编目（CIP）数据

网店运营/张成武，任书雁主编．—北京：北京师范大学出版社，2023.4

ISBN 978-7-303-28959-2

Ⅰ．①网…　Ⅱ．①张…　②任…　Ⅲ．①网店－运营管理－中等专业学校－教材　Ⅳ．①F713.365.2

中国国家版本馆CIP数据核字(2023)第046881号

教材意见反馈： gaozhifk@bnupg.com 010-58805079
营销中心电话： 010-58802755　58801876

WANGDIAN YUNYING

出版发行：北京师范大学出版社 www.bnup.com
北京新街口外大街12-3号
邮政编码：100088

印　　刷：北京瑞禾彩色印刷有限公司
经　　销：全国新华书店
开　　本：889 mm × 1194 mm　1/16
印　　张：14.25
字　　数：360千字
版　　次：2023年4月第1版
印　　次：2023年4月第1次印刷
定　　价：42.00元

策划编辑：鲁晓双　　　　责任编辑：薛　萌
美术编辑：焦　丽　　　　装帧设计：焦　丽
责任校对：段立超　王志远　　　　责任印制：陈　涛

前 言

近年来，随着网络时代的发展、科技的进步、新媒体营销的崛起和人们消费观念的转变，电子商务呈现快速、全面的发展态势。毫无疑问，电子商务正在成为拉动国民经济可持续增长的重要动力和引擎。随着电子商务行业的崛起，大量企业争相涌入电子商务领域，相应对从业人才的需求也大量增加，尤其是网店运营人才。

本书以习近平新时代中国特色社会主义精神为指导，贯彻落实党的二十大精神，严格遵循《国家职业教育改革实施方案》《职业院校教材管理办法》等相关文件要求，以课程思政、德技并修、三教改革为抓手，以社会需求、企业岗位（群）需求和网店运营推广“1+X”证书制度为依据编写而成，其目的是培养具有电子商务网店运营、网络营销等方面技能的人才。其特色是突破知识体系界限，强调岗位综合能力训练，以工作流程（项目）或专业能力标准来划分项目，即采用“项目”→“任务”→“活动”的方式编写，每个项目设计了2～4个任务，为完成总计17个任务又精心设计了40个活动。全书在任务中贯穿活动，做到讲练结合，每个项目结束进行项目小结，每个任务安排一个合作实训。针对全国职业院校技能大赛中职组“电子商务技能”赛项规程中网店运营相关内容，本书专门设置了【技能大赛直通车】栏目。同时，每个项目还配有一定量的一体化实战训练检测习题，书后附有参考答案，以指导学生由浅入深地在学中做、做中学，逐步掌握网店运营的知识和技能。

本书由安徽粮食经济技师学院（安徽科技贸易学校）张成武、任书雁担任主编，张成武负责统稿、审校等工作。全书编写分工如下：项目一由安徽粮食经济技师学院（安徽科技贸易学校）任书雁编写，项目二由安徽六安技师学院翁锐编写，项目三由安徽六安技师学院刘勇编写，项目四由安徽粮食经济技师学院（安徽科技贸易学校）林海青编写，项目五由安徽阜阳技师学院宋荣荣编写，项目六由安徽粮食经济技师学院（安徽科技贸易学校）孙亚兰编写，项目七由山东烟台文化旅游职业学院王萌萌编写。

在此，对中教畅享（北京）科技有限公司、上海网萌网络科技有限公司、爱贝迪拉天猫旗舰店在编写过程中给予的大力支持表示感谢！

在本书编写过程中，我们参阅了有关教材、著作和某些网站的网页资料，在此一并表示感谢！在此说明，书中所涉及的相关店铺、品牌等具体信息，仅供案例分析说明之用，不作推荐及其他目的。

由于编者水平有限，时间仓促，书中的错误和不当之处在所难免，恳请广大读者和同行批评、指正。

编　者

目录

CONTENTS

项目1　筹备网上开店

项目概述

随着网络时代的发展，网购成为人们的购物习惯，各大商家也把目光转向网络销售，纷纷在网上开店。筹备网上开店首先需要了解网店运营的工作流程，组建运营团队，了解市场、分析市场并确定网店的市场定位，然后寻找热销产品，分析、比较进货渠道，确定货源渠道。

认知目标

1．了解常规网店运营的工作流程。

2．掌握开店初期人员配置。

3．领会网店运营所需职业岗位和相应的能力要求。

4．掌握网络市场的特点。

5．掌握市场定位的方法。

6．了解多种货源渠道。

技能目标

1．能够知晓网店运营筹备工作内容。

2．能够洞悉市场。

3．能够挑选商品并确定货源。

素养目标

1．激发学习网店运营课程的兴趣。

2．具有独立学习的能力。

3．具备网店运营岗位工作意识。

任务一　知悉网上开店流程

任务描述

李明是某职业学校电子商务专业的一名实习生，学习了2年的电商理论后终于可以进入魔豆公司参加顶岗实习了，并且有幸进入企划部任职。随着网络时代的发展，网络市场非常火爆，市场容量大及方便快捷的网购体验使网购走进千家万户，更多的企业加入了电商行列，各种网店的新奇特商品更是层出不穷，要想在竞争如此激烈的环境中生存并立于不败之地，并不是一件容易的事。李明实习的魔豆公司主要经营母婴产品，想寻找新产品和拓展新销路，并且准备专门建立一间网店来经营。筹划网店的工作对于电商专业的李明来说自然是责无旁贷的。筹备网店的工作主要围绕以下几点开展：了解网上开店工作流程，打造一支优秀的运营团队，做好市场分析，定位目标市场，确定上架商品，寻找货源。工作看似简单，但要做好也不容易。李明开启了边学习边筹备的工作。

任务分解

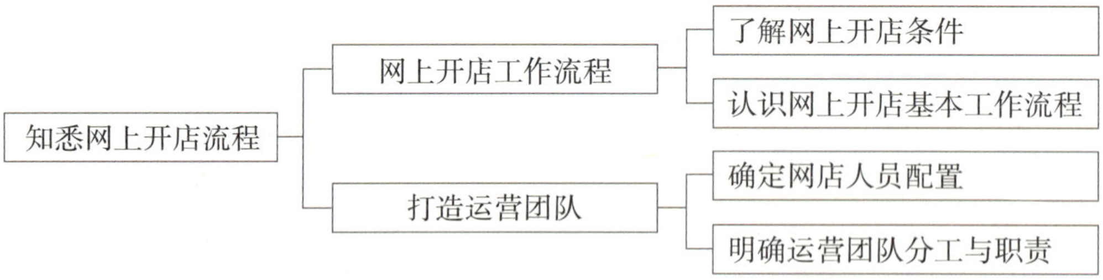

活动一　网上开店工作流程

活动背景

筹备开设网店首先要了解常规网店运营的工作流程，为后续建立运营团队和管理团队做好准备。

知识探究

一、网上开店条件

网店筹备工作从了解网上开店条件开始，网上开店既要有硬件设施、办公场所，也要有软件实力，拥有掌握计算机、网络、运营等技能的人才。除此之外，各个平台还有不同的开店条件。经营者需要了解这些条件才能安排好筹备开店事宜。

（一）硬件条件

网上开店的硬件条件一般指在开店筹备和开店过程中需要的办公场所和办公设施。下面介绍开店常用的办公设施。

1. 计算机

网上开店几乎所有环节都离不开计算机，如产品采购、产品发布、装修店铺、客户服务等工作都需要使用计算机。

2. 数码相机

网上商品展现大部分是通过商品图片，一架拍照效果好的数码相机可以更好地展现商品特点和细节，减少后期图片处理的工序，从而节约时间。

3. 摄像头

随着直播时代的到来，经营者可以通过高清摄像头直播展示商品特性，分享使用商品感受，获得更多订单。

4. 智能手机

智能手机可以便捷地拍照、拍视频、简单剪辑、回复客户问题等。

5. 传真机和打印机

传真机和打印机主要用于传真或打印合同、订单等相关材料。

（二）软件条件

网上开店的软件条件一般指经营者和从业者所掌握的技能，以计算机操作技能为主。下面介绍主要的软件技能。

1. 办公软件

使用频率较高的Office办公软件有Word、Excel、Powerpoint三款软件。Word主要是文字编辑功能，Excel主要是表格编辑功能，Powerpoint主要是幻灯片展示功能。

2. 聊天软件

使用千牛、微信、QQ等聊天软件，与客户进行交流，为客户提供服务。从业者要对各种聊天软件的功能设置了如指掌，打字速度也要非常快。

3. 图形图像处理软件

常用Photoshop、光影魔术手、C4D等软件美化商品图片，使图片更好地展示商品特点和卖点。

4. 视频编辑软件

常用剪映、PI软件对拍摄的小视频进行配乐、配字、变速和剪辑。

5. 新媒体软件

熟练掌握微博、微信、小红书、抖音、快手、头条、知乎等新媒体的运营规则，了解目标顾客的特点，从而具备开展新媒体运营的工作能力。

（三）电商平台入驻条件

目前，国内主流电商平台有京东、天猫、淘宝、拼多多等，主流跨境电商平台有速卖通、Wish、亚马逊等。各个平台针对企业和个人都有不同的入驻条件，在筹备网店时需根据网店性质确定想要入驻的电商平台，了解入驻条件，根据这些入驻条件来筹备。一般来说，企业店铺比个人店铺的入驻条件要高些。

二、网上开店流程

网上开店与实体店开店的流程相似，从店铺策划到店铺正常运转是一个复杂的过程。常规网上开店的主要流程如图1-1所示：调研与分析市场⟶选择开店平台⟶开设与装修店铺⟶采购或生产商品⟶商品拍照与美化

网上开店流程

图片——>发布商品——>营销推广——>售前、售中服务——>仓库验货、发货——>处理评价与投诉——>售后服务——>效果分析及客户维护。

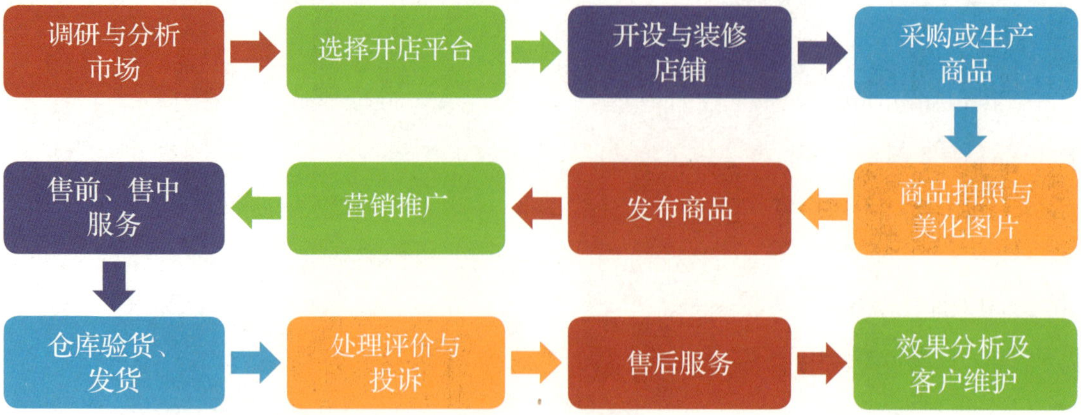

图1-1　网上开店基本工作流程

（一）调研与分析市场

调研与分析目标市场，根据企业的特色、资源情况和市场需求确定适合网店销售的商品。

（二）选择开店平台

根据网店的实际情况，选择进驻不同的电商平台。一般来说，淘宝网、拼多多等网络交易服务平台对成本、资质要求较低，而京东、天猫等B2C网站对入驻商家要求较高。

（三）开设与装修店铺

申请店铺成功以后就要装修店铺了，这个环节非常重要，要根据网店的档次和风格设计装修店铺。这个环节包括给店铺起名、设计店铺Logo、确定店铺整体风格、商品分类、店铺导航、物流管理等。

（四）采购与生产商品

采购与生产环节主要注意两点：控制成本和进货渠道的稳定性。建议店铺选择一些优质供应商建立友好合作关系，以保证所供应的商品质量和数量的稳定性。

（五）商品拍照与美化图片

网络客户一般是通过看商品图片或短视频了解商品的特点和细节，所以要给商品拍照并美化图片。摄影师和美工不仅要拍照、修图技术高还要了解商品的特点和卖点，这样才能更完美地诠释商品，做出能吸引消费者并刺激购买欲望的商品图片。但是要注意的是图片不能失真，否则会带来很多售后问题，影响消费者满意度和增加成本。

（六）发布商品

发布商品是指在店铺平台上填写商品基本信息、上传商品主图和详情图。认真填写商品标题、合理安排商品上架时间会给后面的营销推广带来很多流量。

（七）营销推广

店铺装修好以后就要大力推广店铺，从而提高流量带来销量。一般卖家后台都有自带的营销推广工具。例如，图1-2为天猫平台给商家提供的营销推广工具，图1-3为天猫平台营销活动中心。

图1-2　天猫平台提供的营销推广工具

图1-3　天猫平台营销活动中心

（八）售前、售中服务

营销推广带来了大量的客户，客户在下单前和下单过程中有很多问题需要和店家进行沟通。客服要非常快速、专业、妥帖地回复客户咨询的问题，从而提高店铺转化率。

（九）仓库验货、发货

客户下单后，仓库应尽快验货、发货，填写快递单据，跟踪快递信息。店家最好选择正规快递公司，保证寄送商品的速度和质量。

（十）处理评价与投诉

客户收到商品后，如果客户很满意应邀请客户给予评价，如果客户不满意应尽快解决问题。建议店家安排有处理能力的人工客服处理客户的不满意，不要安排客服机器人简单回复。努力提高客户满意度不仅使店铺信用度提高，还可以提高复购率和带来口碑效应。

（十一）售后服务

售后服务也是商品价值的一种体现。售后服务包括7天无理由退货、上门安装、延长质保时间、技术支持等。在商品同质化的今天，服务差异化是吸引消费者的一大法宝。

（十二）效果分析及客户维护

根据店铺浏览量、访客数、成交转化率、收藏加购数等数据进行效果分析，诊断店铺是否健康发展，并且做出优化方案。

活动二　打造运营团队

活动背景

了解了网上开店的基本流程，接下来就要根据需要配置网店工作人员了。为了更好地打造运营团队，要严格分工，明确职责，逐步让网店走上正轨。

知识探究

一、网店人员配置

不同规模网店的人员配置也不同。岗位设置应根据企业运营规模的大小来确定。网店基本人员配置如图1-4所示。如果网店有一定的运营规模，则其中每个岗位都是一个独立的部门，每个部门应有独立的部门主管和部门专员。如果是个人店铺，每个岗位需要1～6人。如果选择业务外包，需要的人数会更少，如客服外包、发货外包。

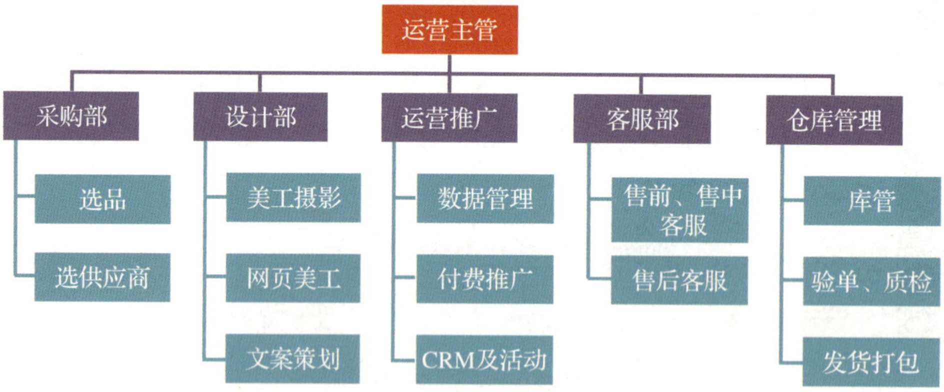

图1-4　网店人员配置

二、运营团队分工与职责

一个完整的电商运营团队应该包括运营主管、采购、拍摄、文案策划、美工、直播主播、客服、运营推广、仓管等岗位。以下就岗位职责和岗位要求，结合电商企业的招聘要求进行具体介绍。

（一）运营主管岗位

运营主管岗位主要负责店铺的整体运营工作，包括分配各个部门工作、协调部门间工作、制订并推进运营计划和效果分析与考核等。图1-5为某电商公司招聘电商运营岗位的招聘信息，其中的职位描述清楚展示了运营主管岗位的职责和要求。

电商运营（××××商贸有限公司） 6000~10000元/月

职位类型：运营

发布时间：2021-08-11

有效日期：2021-10-11

基本要求：年龄不限

工作地点：

职位描述：

岗位职责：1.负责公司平台整体运营规划与落地，包括产品（宝贝）排名的优化（如关键词、人气宝贝、浏览量等）、店铺流量的优化（使用营销手段增长店内PV、独立IP）、转化率的优化（分析流量转为销量）、数据研究统计（量子分析）、淘宝营销工具的优化和利用（如直通车、搭配套餐、秒杀、打折等）；2.负责淘宝推广，如直通车、帮派、外网等操作流程，熟悉设计关键词，能把握好直通车上架时间，做好竞价排名，降本增效；3.熟悉各种活动规则，制订活动报名周期和计划，做好报名工作，负责公司淘宝网店的推广，制订推广目标、预算、计划并实施；4.根据营销策略及计划协调市场和促销资源，策划、组织、执行推广活动；5.熟悉淘宝店铺整体运营，有效分析访客流向数据，借助量子统计、数据魔方、情报通等剖析数据找出店面问题并及时处理和提交解决方案；6.参与公司战略的制定与优化，配合相关部门制订执行方案并落地实施，策划各种店铺各类推广活动，并能制订详细的计划方案来推行、实施；7.负责对接各类市场合作，通过有效洽谈沟通制订合作方案，并按照项目流程推动合作进展；8.负责运营部整体管理，合理划分、安排部门内部工作，协助部门优化工作内容，提升工作效率，根据公司规划提出合理工作建议并实施；9.完成领导交办的其他工作事宜。

任职资格：1.3年以上电商运营管理经验，有母婴类用品网店店铺运营管理经验者优先；2.熟悉各类营销软件操作管理，具备良好的统筹管理经验；3.熟悉淘宝规则，2年以上淘宝运营经验，精通关键词优化、直通车与钻展，活动策划，站内外相关推广，擅长打造爆款引流；4.沟通能力强，具备自我挑战精神，有很强的逻辑分析与实际问题解决能力，能适应快节奏高效率的工作环境；5.高情商、有格局、强烈的事业心责任心、良好的团队凝聚力和沟通协调能力。

图1-5 某电商公司招聘电商运营岗位

（二）采购岗位

采购岗位需要熟悉货源市场行情，有询价、比价、议价、评估、索样与沟通的能力。

（三）拍摄岗位

拍摄岗位需要熟练使用摄影器材，负责商品主图、细节图、模特图、场景图和对比图的拍摄。

（四）文案策划岗位

文案策划岗位负责商品详情页、店铺大促、活动文案的策划和内容设计等工作。

（五）美工岗位

美工岗位负责店铺装修、图片处理、美工设计和VI视觉形象设计。

（六）直播主播岗位

店铺开通直播不仅能够增加销售渠道，还可以给店铺带来很多流量。直播主播岗位负责在线销售产品、店铺引流、与粉丝互动增加客户黏性等工作。

（七）客服岗位

客服岗位负责售前商品知识咨询、消费引导、售中订单处理、售后评价、退换货服务等工作。

（八）运营推广岗位

运营推广岗位负责店铺引流，开展钻展、直通车、淘客等推广工作。

（九）仓管岗位

仓管岗位负责仓库管理、验货、发货等工作。

?【想一想】

随着新媒体时代的发展，网店岗位设置应做哪些改变呢？

任务检测

1. 网上开店需要具备哪些条件？
2. 网上开店基本流程是什么？
3. 网店运营基本人员配置有哪些？

合作实训

假设你和班里几个同学打算毕业后一起创业开网店，请根据所学知识构建一个电商运营团队，并且列出岗位职责和任职要求。可参考各大招聘网站招聘信息填写岗位表。

岗　位	岗位职责	任职要求

任务二　确定市场定位

任务描述

俗话说，“商场如战场”，“知己知彼，百战不殆”。相对于商家来说，“知己”就是要认清自己的优势与劣势，而“知彼”就是要了解目标消费市场，挖掘市场需求的特别价值和利益。李明在企业导师张老师的指导下，通过网络和实地考察收集大量的数据，进行整理后作为分析消费者行为的参考数据，并进行市场定位。

任务分解

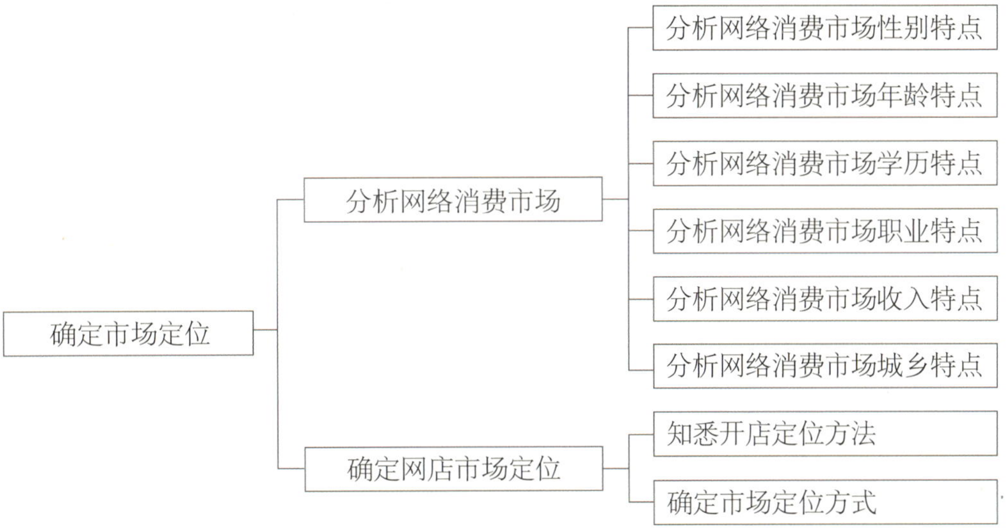

活动一　分析网络消费市场

活动背景

中国互联网络信息中心（CNNIC）2021年2月发布的《第47次中国互联网络发展状况统计报告》指出，截至2020年12月我国网民规模达到约9.89亿人，其中网络购物用户规模达约7.82亿人，具体数据可参见图1-6。我国网络消费市场空间巨大。网络购物用户中有7.81亿消费者为手机用户，消费者手机上网消费的习惯已形成。

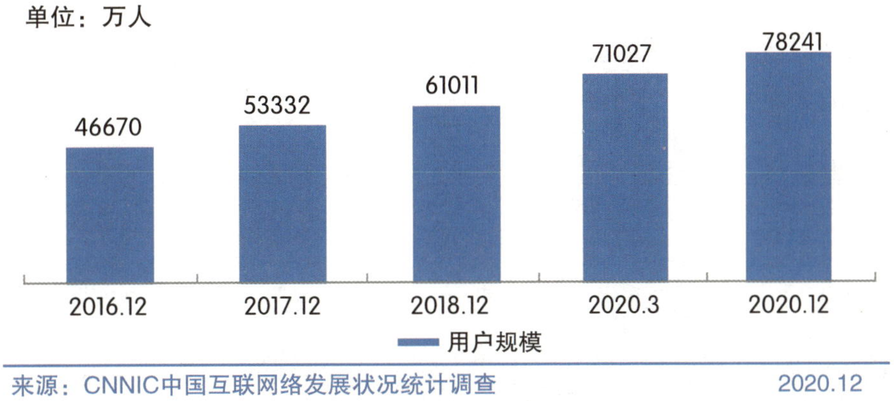

图1-6　我国网络购物用户规模

知识探究

一、网络消费市场性别特点

中国大部分家庭由女性购买家庭用品居多。淘宝网、拍拍网等大型的网站，从商品浏览量和成交量来看也均为女性消费者占多数。所以，网络消费中女性占主要地位，女性消费者一直都是网络营销的主要对象。

由于网络购物的便捷性，现在越来越多的男性消费者也加入了网购大潮中。与女性消费者相比，男性消费者更注重品质和时效，不愿意在购物上花太多的时间。所以，如何有效地抓住男性消费者，是电商企业营销策划的重点。

女性消费者购物多集中于化妆品、服装、珠宝、家居饰品、生活用品等领域。图1–7为以女性消费者为主体的母婴用品店铺首页，店铺装修典雅不失童趣。而在网购价格较高的产品中男性消费者比例则高于女性消费者，普遍消费金额也高于女性消费者。图1–8为以男性消费者为主体的电子产品店铺首页，店铺装修风格简洁、促销直接。

筹备网店时要明确目标顾客的性别，根据目标顾客性别特点去装修网店、策划文案会起到事半功倍的营销效果。

图1–7　以女性消费者为主的母婴店铺

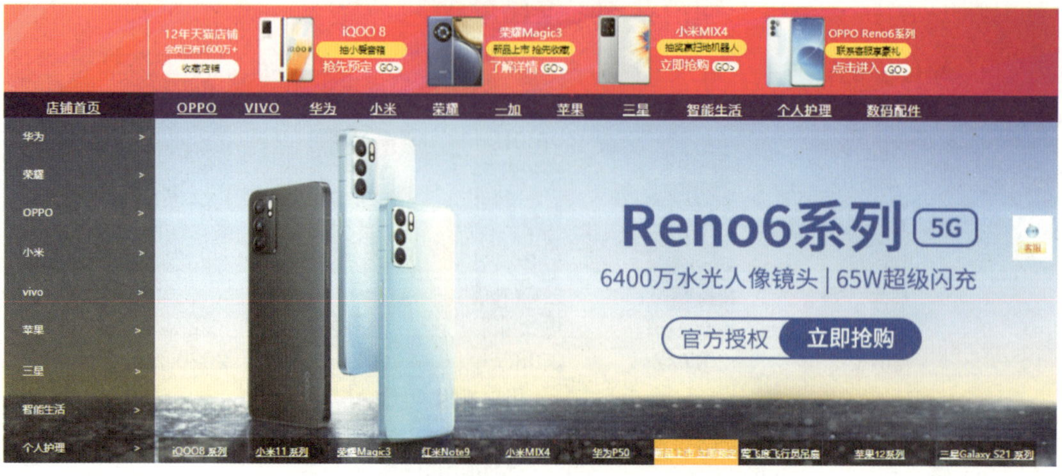

图1–8　以男性消费者为主的数码店铺

二、网络消费市场年龄特点

截至2020年12月，20～29岁、30～39岁和40～49岁网民占比分别为17.8%、20.5%和18.8%，高于其他年龄段群体。网络消费者主要以18～50岁的消费者为主，这部分消费者对网络的使用率高、在网上停留的时间较长，他们易接受新事物、比较喜欢超前和新奇的商品，也比较容易被新的消费动向和商品所吸引。中国网民年龄结构正趋向成熟化，50岁及以上网民群体占比由2020年3月的16.9%提升至12月的26.3%，互联网进一步向中老年群体渗透。因此，中老年网络消费者日趋增多，老年消费者市场也会日渐成熟。

筹备网店时要了解目标顾客的年龄特征，根据目标顾客年龄特点去推荐商品，策划营销活动。如目标顾客为年轻女性的服装店，在选品时要注重时尚、潮流和品质感，商品的标题撰写就有“潮”“炸街”“高级感”等时尚用语。

图1-9　家用投影仪主图

三、网络消费市场学历特点

截至2020年12月，初中、高中/中专/技校学历的网民群体占比分别为40.3%、20.6%；小学及以下网民群体占比由2020年3月的17.2%提升至12月的19.3%。以前网上消费群体学历相对较高，他们更容易接受新事物，对整个购物流程也比较熟悉。但随着智能手机的普及和抖音类短视频购物的便捷性，学历不再是网购的门槛。

筹备网店时，如果所售商品是高科技产品，目标顾客学历不高或专业性不够，在做商品详情图时要用深入浅出的方式直观地介绍商品，这样更容易被目标顾客接受。例如，图1-9为家用投影仪主图商品介绍，其中“光源流明”是专业词语，店家巧妙地运用对比效果图来解释“光源流明”这个指标。

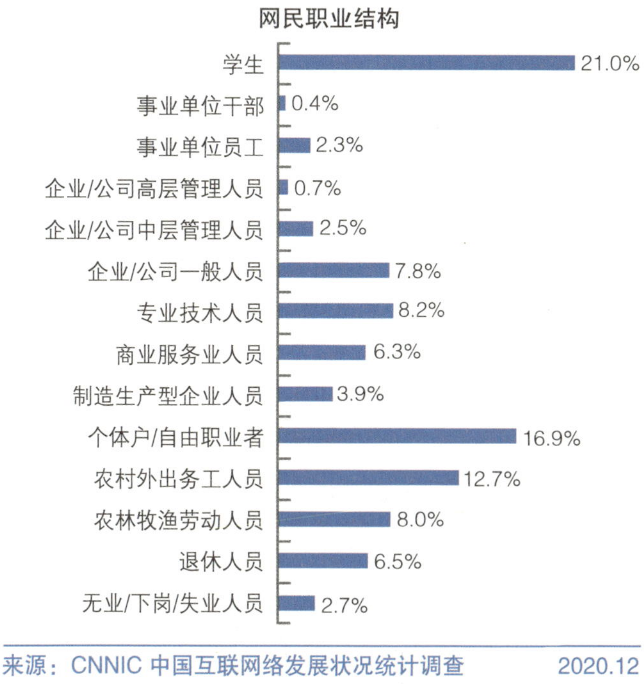

图1-10　我国网民职业结构

四、网络消费者市场职业特点

截至2020年12月，在我国网民群体中，学生占比为21.0%；其次是个体户/自由职业者，占比为16.9%；农林牧渔劳动人员占比为8.0%。网民职业结构如图1-10所示。

学生虽没有经济收入，却有稳定的生活费作为网上购物资金，但消费额总量相对较小。真正的网络消费的“中流砥柱”是有一定经济收入的上班族和自由职业者，这类人群有比较稳定的收入，喜爱网上购物的购物方式，是现阶段网络营销的主要目标人群。

五、网络消费市场收入特点

截至2020年12月，月收入在1000元以下的网民群体占比为15.3%；月收入在2001～5000元的网民群体占比为32.7%；月收入在5000元以上的网民群体占比为29.3%。收入决定了购买力，店家在商品定价时要充分考虑目标顾客的购买力。

筹备网店选择销售商品时也要考虑目标顾客的市场容量，如果针对的是高收入人群，不妨采用高价高服务一对一营销策略，如上门量体订制服装的销售模式。

六、网络消费市场城乡特点

截至2020年12月，我国农村网民规模达3.09亿人，占网民整体的31.3%；城镇网民规模达6.80亿人，占网民整体的68.7%。我国网民城乡结构如图1-11所示。而且，随着物流基础设施规模的扩大、物流技术装备水平的进步，农村网络消费者占总消费者的比例还会继续增长。

筹备网店时选择入驻平台要了解目标顾客是在城市还是在农村，应根据他们网络使用习惯、商品适用、物流等情况策划方案。

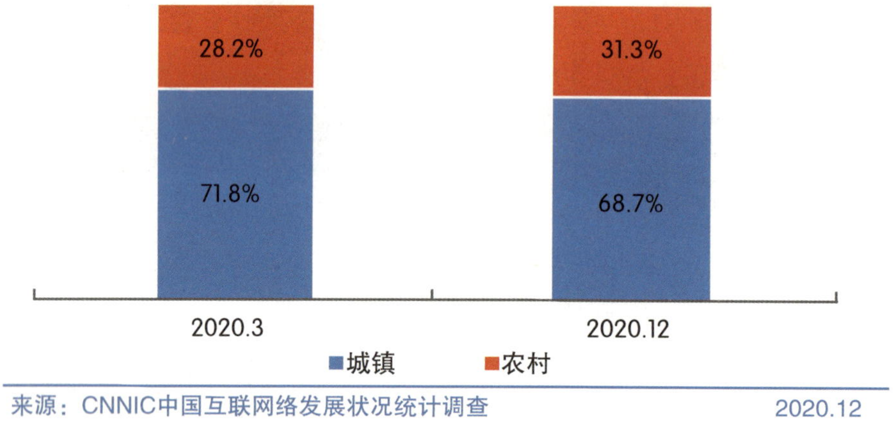

图1-11　我国网民城乡结构

筹备网店时要根据以上消费者的特点分析，对目标客户的性别、年龄、职业、收入等进行调查和分析，为商品的市场定位做准备。

活动二　确定网店市场定位

活动背景

要在电商行业立足，网店一定要有明确的市场定位，如果网店没有定位就等于航行没有方向。相比于传统零售，网店的定位尤为关键。因为网络购物的竞争无地域性，选择成本低，如果要在众多的竞争者中脱颖而出，市场定位是决定性因素。所以，要在进行市场调研的基础上，尽快明确网店的市场定位。

知识探究

一、开店定位方法

现代营销理论把市场定位分为三个层次的定位:产品定位、品牌定位和公司定位。但是，对刚刚筹备网店的卖家来说，产品定位和品牌定位为时尚早，公司定位即网店市场定位是他们急迫解决的问题。对网店进行市场定位的过程就是寻找网店差别化的过程，即寻找差别、识别差别和显示差别的过程。

网店市场定位

网店市场定位的步骤如图1-12所示，一般分为三步：识别网店竞争优势；选择正确的竞争优势；确定网店市场定位，向市场有效宣传。

图1-12　网店市场定位的步骤

（一）识别网店竞争优势

下面列举网店最常用的四种竞争优势。

1. 货源优势

货源优势是要拥有通畅而价低的货源，可以提供同质更低价的产品或同价更高质的产品，从而获得消费者的喜爱。

2. 业务优势

拥有较好的业务管理模式、销售流程和营销人才等，能够快速得到顾客的信任，以较短的时间达成尽可能多的交易。

3. 资金优势

拥有充沛的资金，在进货时有更强的议价能力。

4. 产品优势

产品通常是多个因素的综合反映，包括性能、构造、成分、包装、形状、质量、品牌、售后服务等。通过分析和研究所售产品的各种因素，确定产品的优势所在，然后将优势作为推广产品的重点。

（二）选择正确的竞争优势

通过浏览同类型网店的店铺，了解同类型网店产品组成、定价、营销活动、售后等。对同类型网店综合比较分析，总结自己的优势所在，选择正确的竞争优势。

（三）确定网店市场定位，向市场有效宣传

对网店、竞争对手、行业进行综合分析后，结合各方面优势，为店铺确定一个市场定位，然后向市场做有效宣传。如网店有物美价廉的进货渠道、经营的产品知名度高且消费者对该产品的购买意向明确，而竞争者普遍交易量有限。在这种情况下，便可以把网店定位为“名牌折扣店”并着力宣传。

二、市场定位方式

网店市场定位实际上是一种竞争策略，它显示了同类网店之间的竞争关系。网店的定位方式不同，竞争态势就不同。主要的网店市场定位方式有以下三种。

（一）迎头定位

迎头定位又称竞争性定位、迎强定位、对峙性定位或针对式定位，是网店根据自身的实力，为占据较佳的市场位置，不惜与市场上占支配地位、实力最强或较强的竞争对手发生正面竞争，从而使自己进入与对手相同的市场位置。迎头定位是一种危险战术，很容易导致失败，但是一旦成功就会取得巨大的市场优势，产生高额利润和高知名度。由于竞争对手强大，竞争过程往往相当引人注目，网店及其产品能较快地被消费者了解，达到树立市场形象的目的。这种方式可能引发激烈的市场竞争，具有较大的风险，只有那些规模巨大、实力雄厚的网店才有能力运用迎头定位策略。

（二）避强定位

避强定位是网店避免与强有力的竞争对手发生直接竞争，而将自己的产品定位于其他市场区域内，使自己的产品在某些特征或属性方面与强势对手有明显的区别。避强定位是一种见缝插针、拾遗补缺的定位方法，这种方式可使自己迅速在市场上站稳脚跟，并且在消费者心中树立形象。由于这种做法风险较小且成功率较高，常为多数网店所采用。

（三）重新定位

重新定位通常是指对销路少、市场反应差的商品进行二次定位。这种定位旨在摆脱困境，重新获得增长与活力。困境的产生可能是决策失误引起的，也可能是竞争对手反击或出现新的竞争对手造成的，还有可能是因为产品意外地扩大了销售范围而引起的。如目标顾客为青年人的某款服装却在中老年顾客中流行开来，这种情况就是通过重新定位形成的。

?【想一想】

试列举市场上还有哪些重新定位的案例?

任务检测

1. 如何分析网络消费市场特点?
2. 网店市场定位的步骤有哪些?
3. 避强定位适用于什么样网店？这种定位方法的特点是什么?

合作实训

假设你和班里几个同学打算毕业后一起创业开网店，现已经组建了电商运营团队，请大家分组讨论网店定位并填写网店定位表。

列举优势	
选择优势	
确定定位并宣传定位	
选择定位方式	

任务三　选择开店平台，探索进货渠道

任务描述

了解市场以后，李明及其团队要根据公司实力和资质决定在哪个平台开店、从哪里进货，以及确定进货渠道保证商品数量和优质供应。

任务分解

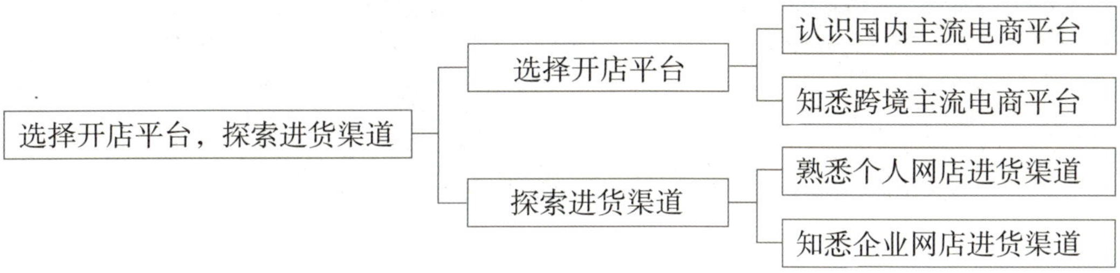

活动一　选择开店平台

活动背景

魔豆公司是一家销售母婴用品的企业，实体店生意非常好，但是网店刚处于筹备阶段。目前摆在企业导师和李明面前的问题是：选择哪种电商平台作为魔豆公司的开店平台呢？各个平台的开店条件是什么呢？

知识探究

开店平台可分为国内电商平台和跨境电商平台，如图1-13所示，国内主流的电商平台有淘宝、拼多多、天猫、京东等，跨境主流电商平台有速卖通、亚马逊和Wish等。

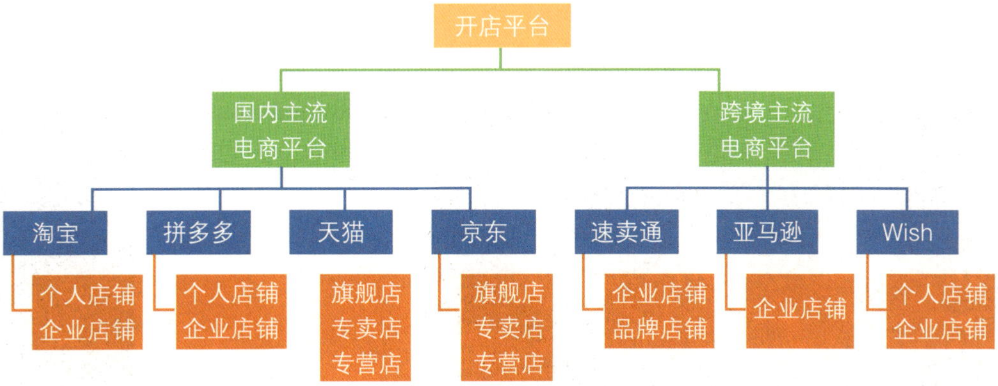

图1-13　开店平台

一、国内主流电商平台

（一）淘宝

淘宝是亚太地区较大的网络零售平台，由阿里巴巴集团在2003年5月创立。随着淘宝规模的扩大和用户数量的增加，淘宝也从单一的C2C网络集市变成了包括C2C、团购、分销、拍卖等多种电子商务模式在内的综合性零售平台，目前已经成为世界范围的电子商务交易平台之一。图1-14为淘宝网开店页面，可根据开设店铺的需要点击个人开店或企业开店进行淘宝店铺的开设。

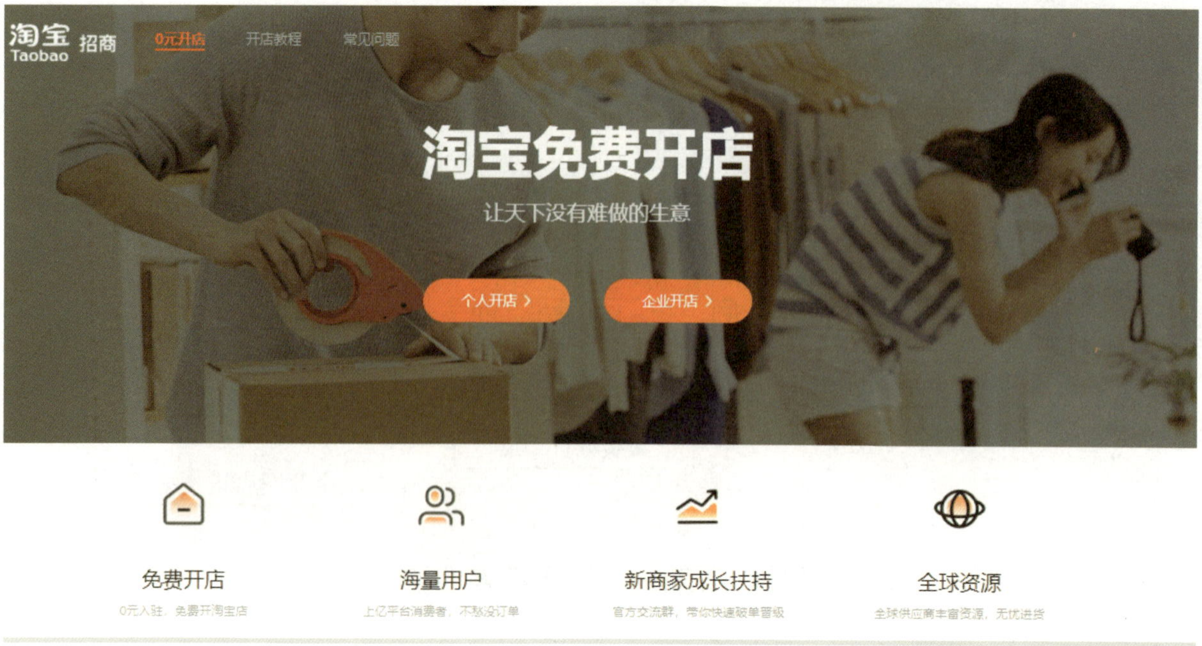

图1-14　淘宝网开店页面

（二）拼多多

拼多多是国内移动互联网的主流电子商务平台，创立于2015年4月，是专注于C2B拼团购物的第三方社交电商平台。不同于淘宝或是京城商城的B2B或B2C的新型电商模式，拼多多是在B2B、B2C及C2C等电商交易对象的基础上新开发的一种C2B方式，主要以拼团购物的形式为主，以更低的价格购买优质商品。图1-15为拼多多开店页面，可根据自身条件进行店铺入驻。

图1-15　拼多多开店页面

（三）天猫

天猫（TMALL）原名淘宝商城，是一个综合性购物网站。2012年淘宝商城正式宣布更名为天猫。天猫是淘宝网全新打造的B2C，其整合数千家品牌商、生产商，为商家和消费者之间提供一站式解决方案，提供100%品质保证的商品、7天无理由退货的售后服务及购物积分返现等优质服务。图1-16为天猫开店页面，企业可根据货源不同选择天猫或天猫国际入驻。

图1-16　天猫开店页面

（四）京东

京东是国内自营式电商平台，属于B2C类型的电子商务网站，旗下设有京东商城、京东金融、拍拍网、京东智能、O2O及海外事业部等。图1-17为京东开店页面，企业可选择适合的模式入驻。

图1-17　京东开店页面

国内主流电商平台由于定位不同、经营范围不同，所要求的开店条件也不相同。网店需根据自己的实际需要来选择开店平台，例如，个人用户适合在淘宝网、闲鱼网等C2C平台开设店铺；商家、企业既可以选择C2C平台企业店，也可以在天猫、京东等B2C平台开设店铺，还可以在拼多多等C2B平台开设店铺。开店要求的资质条件都可以在平台的招商网上面查到。

二、跨境主流电商平台

（一）速卖通

全球速卖通（AliExpress）是阿里巴巴旗下的面向国际市场打造的跨境电商平台，被广大卖家称为“国际版淘宝”。全球速卖通面向海外买家客户，通过支付宝国际账户进行担保交易，并且使用国际物流渠道运输发货。图1-18为速卖通开店页面。

图1-18　速卖通开店页面

（二）亚马逊

亚马逊公司（Amazon）是美国最大的网络电子商务公司，位于华盛顿州的西雅图，是网络上最早开始经营电子商务的公司之一。亚马逊成立于1994年，一开始只经营书籍的网络销售业务，现在则扩及范围相当广的产品销售领域。图1-19为亚马逊开店页面。

图1-19　亚马逊开店页面

（三）Wish

Wish是一款移动电商购物APP，于2011年被设计开发，它使用一种优化算法大规模获取数据，对消费者行为和偏好进行分析，从而为消费者提供最相关的商品信息，使消费者在移动端能便捷购物。图1-20为Wish开店页面。

图1-20　Wish开店页面

在跨境电商平台开店对网店的要求更高，不仅需要了解国际贸易知识的跨境电商人才加入，对销售的产品也有不同的要求。因为不同国家的产品标准不同、目标顾客喜好不同，如果选择跨境电商平台，所售产品、营销策略都要有所变化。各电商平台入驻条件和平台费用因开店类型不同也不相同，网站可以根据自己的条件选择相应的开店平台。

活动二　探索进货渠道

活动背景

魔豆公司原先已经有了相对稳定的进货渠道，但随着网店业务的开启，所面对的目标顾客、市场环境也发生了很大的改变，进货的渠道也需要重新探索和规划。

知识探究

个人网店和企业网店由于实力不同、发展目标方向不同，进货渠道也是不同的，下面就两种开店主体来探讨进货渠道。图1-21为个人网店和企业网店不同的进货渠道。

探索进货渠道

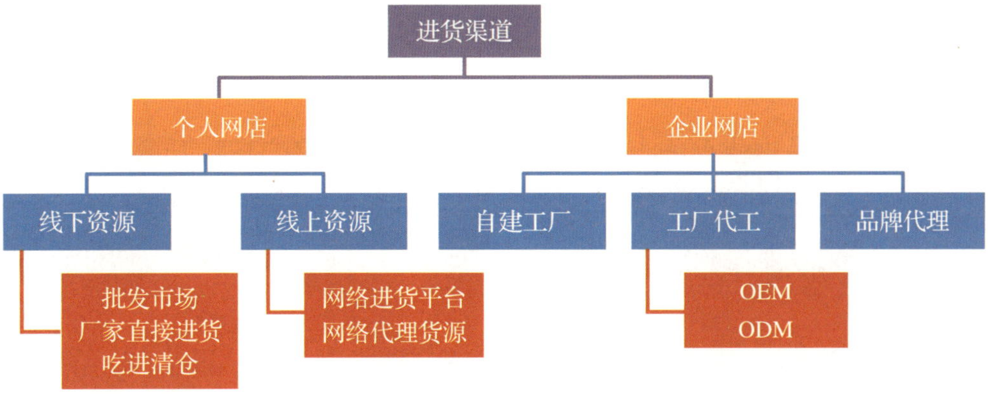

图1-21　个人网店和企业网店不同的进货渠道

一、个人网店进货渠道

（一）线下进货

1. 批发市场进货

各个城市一般都有线下批发市场，国内知名的批发市场有义乌小商品批发市场、武汉汉正街、上海七浦路等。

2. 厂家直接进货

从厂家直接进货可以拿到一手货源，价格便宜，货源稳定，但是有数量上的要求，一般厂家只接受数量较大的订单。

3. 吃进清仓产品

一些店铺或企业的清仓产品价格低廉，十分诱人，但由于积压时间长，产品质量和流行度都大打折扣。吃进清仓产品时要慎重，做好市场评估，不然可能会积压资金，进而造成亏损。

（二）线上进货

1. 网络进货平台

国内网络进货平台有阿里巴巴、义乌购、包牛牛、网商园、开山网、58食品网、织里童装网、批发户等，经营者可根据自己店铺商品类型选择网络进货平台。

2. 网络代理货源

进货也可以通过网络代理的方式获得品牌方的授权。

二、企业网店进货渠道

（一）自建工厂

企业拥有研发设计、生产、质量控制、供应链、成本控制等方面的综合能力才会采用自建工厂的方式。自建工厂前期投入很大，需要企业有足够的实力。自建工厂最大的好处是拥有自主权，可以根据市场的变化快速调整产品设计、供应数量，还可以降低单位产品成本以获得更大的竞争优势。

（二）工厂代工

企业与代加工工厂合作，让代加工工厂根据企业要求生产产品。工厂代工包含原始设备生产商（OEM）和原始设计制造商（ODM）两种。OEM和ODM都是产品设计与制造中品牌方和制造方的合作模式。两者区别主要在于合作方式和版权归属不同。

1. 合作方式不同

OEM的合作方式是由品牌生产者利用自己掌握的关键的核心技术负责设计和开发新产品，控制销售渠道，被委托的制造商仅按照品牌方的技术资料和要求进行生产制造。

ODM合作方式是采购方委托制造方提供从研发、设计到生产、后期维护的全部服务。

2. 版权归属不同

OEM的产品是由品牌方以外的加工企业根据品牌方要求而生产并以品牌方的商标及名义面世的，设计等技术产权属于品牌方。

ODM的产品除了对外的商标及名义属于品牌方外，设计产权属于被委托的制造商。

通俗来讲，OEM可被称为代工或代生产，用别人的技术和品牌，工厂只负责生产；ODM则可称为贴牌，也就是工厂的产品贴别人的品牌。

（三）品牌代理

企业寻求品牌供应商，获得品牌授权许可，从而获得生产、销售某品牌或服务的代理权限。

?【想一想】

个人开店可以入驻哪些平台？自媒体时代又多了哪些平台选择？

任务检测

1. 入驻天猫平台需要哪些条件，平台费用是多少？（请在天猫入驻网页查询最新入驻条件和费用）

2. 企业开设网店可以选择哪些进货渠道？

合作实训

假设你和班里几个同学打算毕业后一起创业开网店，你们会选择什么样的进货渠道、选择什么样的平台开设网店呢？

项目总结

本项目是筹备网上开店，分为三项任务，分别重点介绍了网上开店的流程、分析市场并确定市场定位、确定开店平台和探索货源渠道。通过本项目的学习，学生掌握了网上开店需要做哪些前期筹备工作，了解了职业方向，锻炼了职业能力，积累了宝贵经验。本项目告诉学生的基本道理是：开店容易，经营很难，虚心学习，少走弯路。

项目检测

一、判断题

1. 会使用智能手机上网是网上开店的硬件条件。（　　）

2. 采购岗位需要熟悉货源市场行情，有询价、比价、议价、评估、索样与沟通的能力。（　　）

3. 网店有定位了才能方便寻找货源与装修店铺等，如果网店定位高，那么所找的货源必须是高质、高价的，装修风格也一定要走精装、高贵、典雅的路线。（　　）

二、单项选择题

1. 对待客户的投诉，哪种处理方式欠妥？（　　）

A. 反客为主　　B. 快速反应、认真倾听

C. 认同客户感受、诚恳给客户道歉　　D. 安抚客户、表示愿意提供帮助

2. （　　）是指在流通过程中保护产品、方便运输、促进销售，以及按一定技术方法而采用的容器、材料和辅助物等的总体名称。

A．包装　　B. 运输　　C. 流通加工　　D. 储存

3. （　　）是网店避免与强有力的竞争对手发生直接竞争，而将自己的产品定位于其他市场区域内，使自己的产品在某些特征或属性方面与强势对手有明显的区别。

A. 迎头定位 B. 避强定位 C. 二次定位 D. 对峙性定位

三、多项选择题

1. 在当前的消费环境下，下列针对顾客心理变化的说法正确的是（ ）。

A. 顾客的主体意识在不断增强

B. 顾客的理性意识在不断增强

C. 针对快捷、快速的心理需求更强

D. 消费者对价格更加敏感

2. 针对淘宝用户的需求进行分析时，应该从以下哪几个角度进行入手？（ ）

A. 年龄 B. 性别 C. 地区 D. 收入

E. 对互联网的依赖和信任程度

3. 下列哪些属于跨境电商服务平台？（ ）

A. 淘宝 B. 速卖通 C. Wish D. 亚马逊

四、简答题

1. 网店的市场定位步骤是什么？

2. 一家网店通常会有哪些岗位设置？

3. 个人店铺和企业店铺分别有哪些进货渠道？

项目2 创建店铺与装修网店

项目概述

新时代互联网普及，许多人追求快捷、便利、价廉的购物体验，各大网上购物交易平台之间也在不断竞争，越来越多有创业梦的人走向网上开店这条路，想要通过网络平台来创业。网上开店和在现实中开设实体店铺一样，也需要选择店铺地址、装修店铺、营销、推广等。本项目将要学习创建店铺的基本流程及后续的店铺装修问题。

认知目标

1．熟悉网上开店的平台。

2．了解淘宝开店所需资料。

3．熟悉淘宝规则。

4．掌握商品分类的技巧。

技能目标

1．能够申请与设置淘宝店铺。

2．能够设计简单店招。

3．能够制作有效的店铺广告。

素养目标

1．具备网上创业的兴趣。

2．具有独立完成任务的能力。

3．具备处理问题的科学精神和态度。

任务一　创建店铺

任务描述

通过参与筹备网上开店，李明了解了网上开店的运作流程，也挑选了合适的上架商品，还和几个同学组建了团队，现在准备申请注册一家网店。虽然有了一点经验，但现在的他还是一名小白，面对令人眼花缭乱的交易平台的信息介绍，李明该怎么办？淘宝是不是一个好的选择？下面让我们和他一起从申请与设置淘宝店和熟悉淘宝规则开始吧！

任务分解

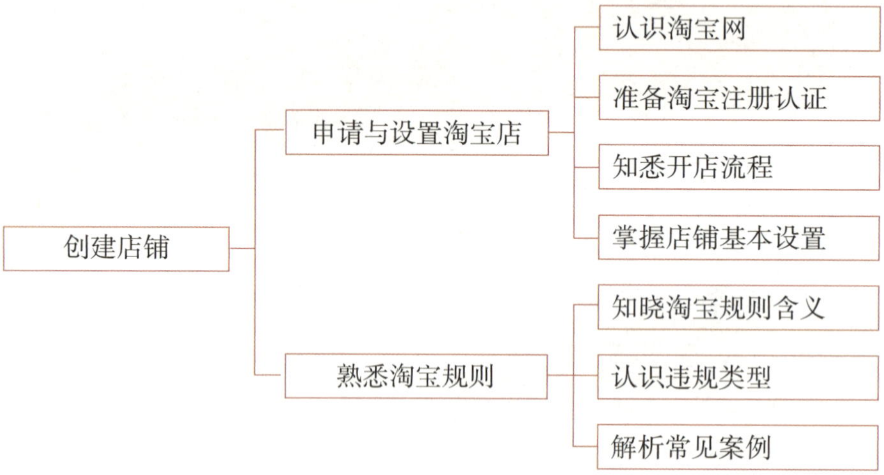

活动一　申请与设置淘宝店

活动背景

李明通过网络调研及在老师的帮助下了解到网上开店是通过平台网站建立网店，然后依托平台提供的各项服务在网上售卖商品。目前，国内常见的网上开店平台有淘宝、京东、拼多多、苏宁易购等。比较之下，李明最终选择到淘宝平台开店，这是为什么呢？接下来让我们一起来了解一下。

知识探究

在选择开店的平台时，平台人气的高低、是否收费及收费的标准都是很重要的考虑因素。现在很多平台提供免费开店服务，可以为用户省下不少费用。

一、淘宝网

淘宝网成立于2003年5月，由阿里巴巴集团投资创办。它是目前亚洲最大的网络零售商圈，覆盖了中国绝大部分网购人群，是网上创业的首选平台。淘宝网界面如图2-1所示。

淘宝网目前的业务跨越C2C和B2C两大部分，商品种类繁多。为了解决C2C网站支付的问题，淘宝打造了支付宝服务技术平台，既保障了买家的资金安全，也解决了卖家对于先发货而拿不到货款的担忧。起初的支付宝是专门为淘宝网站设计的，但在今天支付宝已应用到更多的地方，也让淘宝平台更具公信力。支付宝界面如图2-2所示。

图2-1 淘宝网

图2-2 支付宝

二、淘宝注册认证

在淘宝开店，要求用户使用真实姓名和身份证先进行淘宝平台注册，再完成一系列相应的认证，一般需要完成以下步骤：①登录淘宝网，注册淘宝会员；②填写个人资料和密码认证；③下载阿里旺旺在线聊天软件；④注册支付宝并实名认证；⑤上传照片并完成认证；⑥完成支付宝账户绑定；⑦下载千牛卖家工作台App。

三、开店流程

（一）开店具体流程

做好淘宝开店基本准备工作后，我们可以在浏览器中访问图2–3所示“淘宝大学”网页（https://daxue.taobao.com），查看淘宝网新手开店的具体流程视频。

图2–3 淘宝大学

接下来我们可以通过登录淘宝网首页来进行免费开店，点击图2–4中的“免费开店”即可。

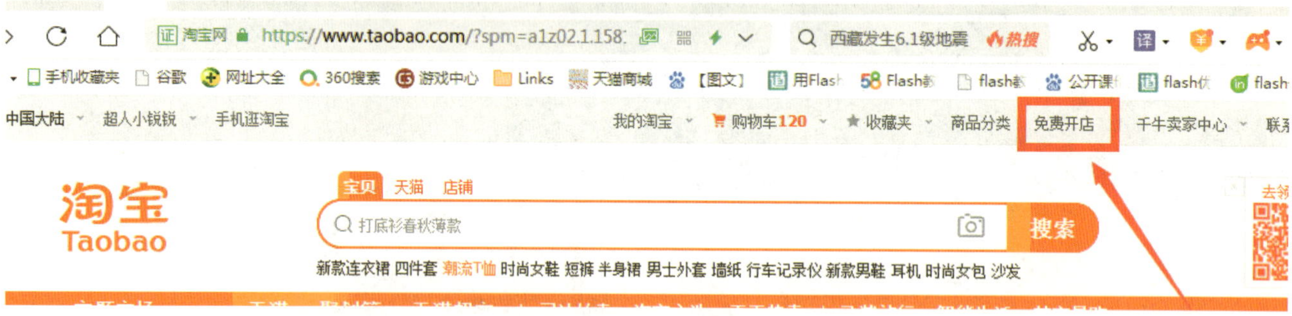

图2–4 免费开店

（二）开店性质认证

点击“免费开店”后在打开的界面中进行下一步操作。如图2–5所示，根据开店的性质分为个人店铺和企业店铺两个方向。淘宝企业店铺注册需要用营业执照，而个人店铺只需要对居民身份证进行认证。

（三）安装千牛

我们打开下载好的千牛进行软件安装，这款由阿里集团提供的卖家一站式工作平台，其核心是为卖家整合店铺管理工具、经营咨询信息、商业伙伴关系，借此提升卖家的经营效率，促进彼此间的合作共赢。在千牛上进行免费开店的具体操作步骤如下。

步骤1：安装千牛，如图2–6所示。

步骤2：安装完成后打开界面在左侧点击“我要开店”，如图2–7所示。

图2-5　开店性质认证

图2-6　安装千牛

图2-7　千牛平台

步骤3：进入新商家开店界面完成信息填写和认证，如图2-8所示。

步骤4：使用手机淘宝或千牛扫描上方二维码完成淘宝实人认证。点击下方免费开店即可完成开店，如图2-9所示。

步骤5：填写淘宝商家创业档案，如图2-10所示。

图2-8 信息填写和认证

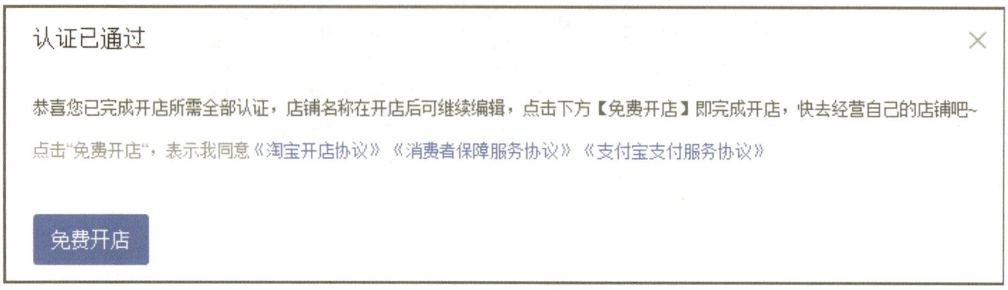

图2-9 认证通过

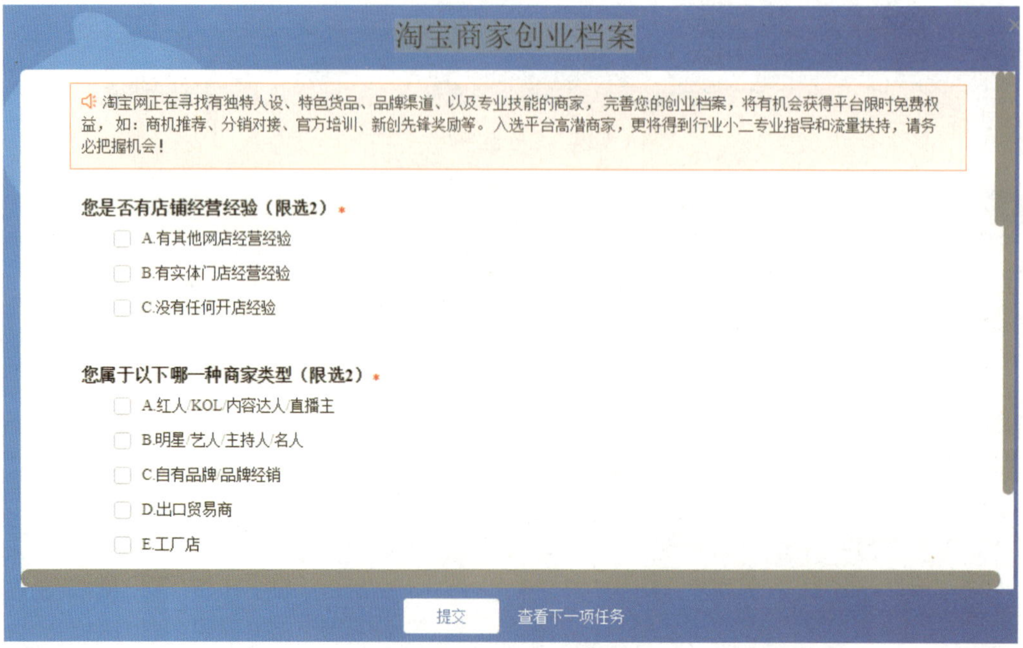

图2-10 填写淘宝商家创业档案

四、店铺基本设置

完善店铺的基本设置是我们开设网店的重要一步，正确有效的信息填写可以帮助我们规避一些违规风险。具体操作步骤如下。

步骤1：打开自己的千牛卖家工作台，如图2-11所示，在左侧面板点击“店铺管理”，然后再点击“店铺基本设置”。

图2-11　店铺基本设置

步骤2：进入图2-12所示的界面填写店铺基本设置。需要注意的问题有：①店铺名称，取一个和店铺产品相关的名称，简单好记即可，不可随意使用其他品牌名称或旗舰店

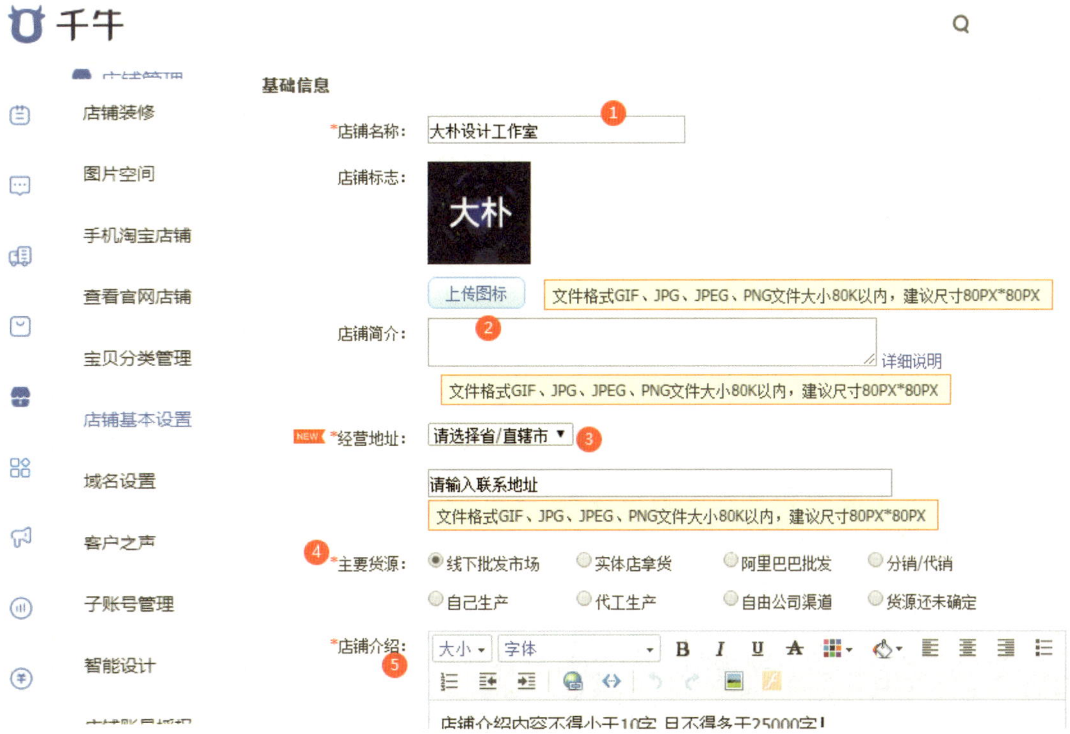

图2-12　填写店铺基本设置

类名称，涉嫌违规；②店铺Logo，注意图片格式尺寸，和店铺相关，不可随意使用其他品牌Logo，涉嫌违规；③店铺简介，“掌柜签名”如个性签名——梦想等，“店铺动态”如全场包邮等，“主营宝贝”如可爱、清新等；④经营地址，填写实际发货地址；⑤主要货源，按照自身实际情况填写；⑥店铺介绍，可添加图片、文字或产品链接完成各项信息填写。填写完所有信息后点击保存。

步骤3：查看店铺首页，至此完成申请与设置淘宝店铺的任务，如图2-13所示。

图2-13　成功开店

创建店铺

?【想一想】

请思考：在淘宝开店，一个身份证信息可以开几家店铺？

活动二　熟悉淘宝规则

活动背景

前面已经完成了店铺的申请和设置，李明准备好好地经营网店，他在淘宝大学看了新手入门的视频，了解到进驻淘宝后作为卖家必须掌握的一些重要的淘宝规则，在这里他做了几点归纳和我们一起探讨。

知识探究

为促进开放、透明、分享、责任的新商业文明，保障淘宝用户合法权益，维护淘宝正常经营秩序，淘宝网根据《大淘宝宣言》《淘宝服务协议》《天猫服务协议》制定淘宝规则。

淘宝规则是对淘宝用户增加基本义务或限制基本权利的条款。

一、淘宝规则含义

《淘宝平台规则》是针对淘宝平台会员市场管理与违规处理、行业市场管理、营销活动和其他必要事项所制定的具体规则规范，以及对具体规则规范进一步细化的相应实施细则。

《淘宝平台规则》中已有规定的，从其规定；规则规范或临时公告有特别规定的，从其特别规定；淘宝平台规则尚无规定的，则根据法律规定或相关协议处理。

百度搜索“淘宝规则”进入官方网站（http://rule.taobao.com），如图2-14所示，查看淘宝平台规则的各项内容。

图2-14　淘宝平台规则

二、违规类型

违规行为包括严重违规行为和一般违规行为，两者分别扣分、分别累计、分别执行。当严重违规扣分累计达12分或12分的倍数时，将会受到不同程度的处罚；违规扣分达48分时将被永久封号。

处罚措施包括店铺屏蔽、限制发布商品、限制发送站内信、限制社区功能及公示警告。

三、常见案例

（一）货到付款

买家：“可以货到付款吗？”（已经开通货到付款服务）

卖家：“不可以。”

解答：已经开通货到付款的卖家必须要提供此项服务，如违背，根据淘宝规则按照一般违规扣6分处理。

（二）索要买家号码

虽没有明文规定，但是确有前车之鉴，卖家主动询问买家电话号码或QQ号，被买家举报之后会受到淘宝处罚的，有嫌疑引致其他平台付款。所以客服不得在旺旺上索要买家的手机号码或QQ号码等联系方式，否则会被扣6分。

（三）包邮

包邮指卖家对所售商品承担指定地区首次发货的运费，如超出地区范围不包邮，应设置好运费模板，也可以在宝贝描述中文字提醒。

卖家如承诺包邮还需要买家另加费用，则违反淘宝规则，按照一般违规扣4分处理。

（四）订单关闭

在未经买家允许的情况下，卖家关闭买家订单，则属于违规行为，买家投诉成功后卖家会被扣1分。

? 【想一想】

请思考：在交易订立过程中，卖家承诺给予买家赠品但实际并未赠与，这种行为是否违规？

任务检测

1. 在淘宝开店注册认证一般要完成哪几个步骤？
2. 淘宝开店过程中产生违规行为的处罚措施有哪些？
3. 淘宝开店的性质分为哪几个方向？

合作实训

1. 根据以下资料，在掌握申请与设置淘宝店的基础上，两人合作，按照系统流程尝试开设店铺，设置店铺信息，包括店主姓名、身份证号码、身份证复印件、银行账户、店铺名称、店铺主营、店铺特色、企业店铺含营业执照、店铺分类。具体材料如下表所示。

身份证号码	370125××××××××7890
银行账户	123456786××××
联系电话	1590000××××
详细地址	华都省华都市华都街×号
营业执照	11010801004××××

2. 按照开店流程完成网店注册、认证、设置操作后进行评价。

评价项目	网店注册（40%）	店铺设置（40%）	职业素养（20%）
评价标准	1. 信息合理、有效、完整 2. 信息比较完整 3. 信息不完整	1. 积极参与、有主见 2. 参与主动性一般 3. 不积极参与、没有自己的主见	1. 大有提升 2. 略有提升 3. 没有提升
自己评分			
小组评分			
教师评分			
第三方评分			
总得分			

任务二 装修网店

任务描述

李明已经在前期顺利完成了店铺的开设。我们都知道淘宝店铺基于互联网，如何能在千千万万个店铺里脱颖而出，各项装修配套设施不能少，所以接下来的重点任务就是装修网店。李明感觉有些无从下手，我们也来一起学习一下吧！

任务分解

- 装修网店
  - 设计店招
    - 了解店招的布局和尺寸
    - 认知店招制作技巧
    - 掌握店招实例制作流程
  - 确定商品分类
    - 知晓商品分类的含义
    - 掌握商品分类管理方法
  - 制作店铺广告
    - 了解店铺广告作用
    - 掌握店铺广告内容划分
    - 知悉单品推广图的设计要点
    - 掌握店铺活动推广图的设计准则

活动一 设计店招

活动背景

店招就是店铺的招牌，通过美工的设计及艺术化处理制作出店招是店铺文化的浓缩，不仅让整个店铺更形象生动化，还能有效推广店铺中的商品。

知识探究

店招位于店铺最顶端，是首页第一个需要设计的区域，它传递信息的作用是非常明确的，我们可以看到店招中可以涵盖许多内容，如店铺名、店铺品牌标识（Logo）、店铺口号、收藏按钮、关注按钮、促销产品、优惠券、活动信息、搜索框、店铺公告、网址、第二导航条、旺旺、电话热线、店铺资质、店铺荣誉等一系列信息。如图2-15所示，卖家可以根据自身经营需要，自行决定店招的结构内容。

图2-15 店招

一、店招的布局和尺寸

在进行店招制作之前，对于店招的布局和尺寸还有哪些要求呢？让我们一起来了解一下。

（一）布局

左边放Logo或中间放 Logo。

Logo之下放品牌词或广告词，中间留空、放品牌的相关文字或其他内容。

右边放收藏本店等相关内容。

最下面是导航，如首页、所有宝贝、新品、毛衣、卫衣、针织衫、外套、裙装、裤装（具体内容根据网店经营范围由公司文案制订）。

（二）尺寸

店招就是网店的门面，而不同的平台对店招都有不同的尺寸要求，目前天猫的首页默认宽度为990像素，所以对于天猫店来说，无论是做店招还是首页，默认情况宽度设置到990像素就可以。如果要做到全屏效果，即通栏店招，我们就以当前主流宽屏的尺寸1920像素设置宽度。店招和导航栏组成了页头，而整个页头的高度为150像素，其中，导航栏的高度为30像素，店招的高度自然为120像素；而普通C店（淘宝集市店铺，即非天猫店铺）的首页默认显示宽度为950像素，所以设计C店的店招应在中间的950像素内放置主要内容。具体尺寸比例可参考图2-16所示。

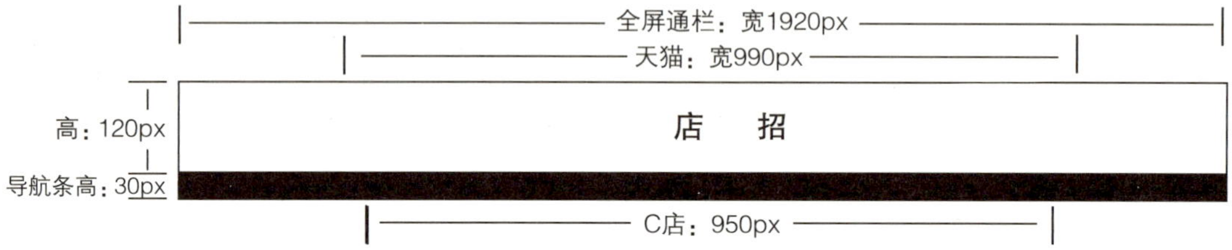

图2-16　店招尺寸

二、店招制作技巧

掌握了店招制作的基本要求，还需要了解店招制作的技巧和需要注意的地方，具体来说有以下四个方面。

第一，店招一定要凸显品牌的特性，让客户很容易就清楚你是卖什么的，包括风格和品牌文化等。

第二，视觉重点不宜过多，具体根据店铺现阶段的情况来分析。例如，如果现阶段是做大促，可以着重突出促销信息。

第三，颜色不要复杂，要保持整洁性。店铺本来需要表达的信息量就不大，不需要把店招做得太花哨，给买家造成视觉疲劳反而会流失客户的关注度，还应减少使用过于刺激的颜色。

第四，设计者在对店招的设计中，应使用与店铺商品风格一致的色彩和图片，同时添加具有吸引力的广告信息和收藏信息来吸引买家的兴趣和喜爱。

三、店招实例制作流程

从店招的功能角度划分，可以分为品牌宣传为主、活动促销为主、产品推广为主等类别。接下来我们从产品推广为主来设计完成一项店招实例制作。效果如图2−17所示。

图2−17　店招实操案例图

案例具体制作步骤如下。

步骤1：打开Photoshop CS6。

步骤2：选择“文件”“新建”命令，打开“新建”对话框，创建一个尺寸为1920像素×150像素、分辨率为72像素、背景色为白色的网店通栏店招图片。

步骤3：选择“文件”“打开”命令，打开“西域美农”Logo素材图片，然后长按鼠标将素材拖动到正在做的网店店招图片中。

步骤4：选择“编辑”“自由变换”命令，或者使用快捷键Ctrl+T调整素材图片的大小，放置在图2−18画面中靠左的位置。

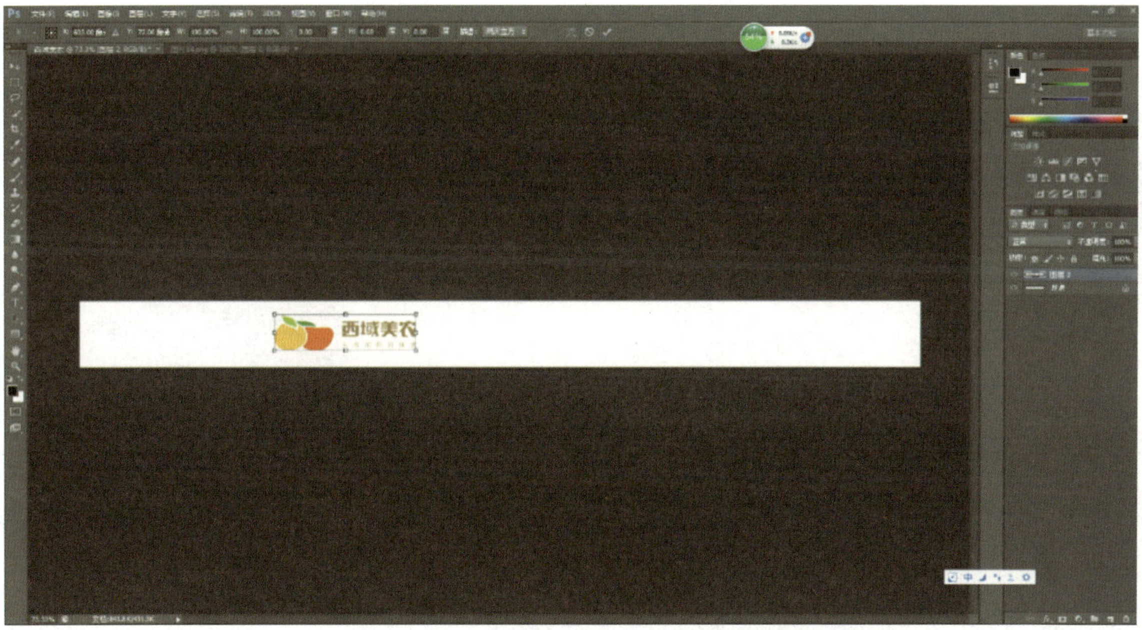

图2−18　拖入素材

步骤5：重复步骤3和步骤4，将图2−19的红枣素材也放置在店招上面靠右的位置。

图2−19　红枣素材

步骤6：“新建图层”选择工具箱中的吸管工具，如图2-20所示，吸取产品素材中的黄色。然后将明度降低，选择浅黄色，单击确定，也可使用快捷键Alt+Delete填充背景色。

图2-20　填充背景色

步骤7：新建图层，在工具栏中单击“圆角矩形工具”，绘制一个圆角矩形，填充为红色，无描边，并且使用“横排文本工具”输入文本“特级和田红枣500g”，填充上白色，如图2-21所示。然后使用工具栏中的“移动工具”调整位置，放在红枣素材的下面。

图2-21　绘制圆角矩形

步骤8：在工具栏中单击“横排文字工具”，输入文本，如图2-22所示。

图2-22　输入文本

步骤9：调整图片文件的大小和位置，选择“文件”中的“存储为Web所用格式”。打开对话框，单击对话框左侧的“优化”菜单，在弹出的菜单中选择“优化文件大小”命令，如图2-23所示，在对话框中“所需文件大小”输入190，单击“确定”。

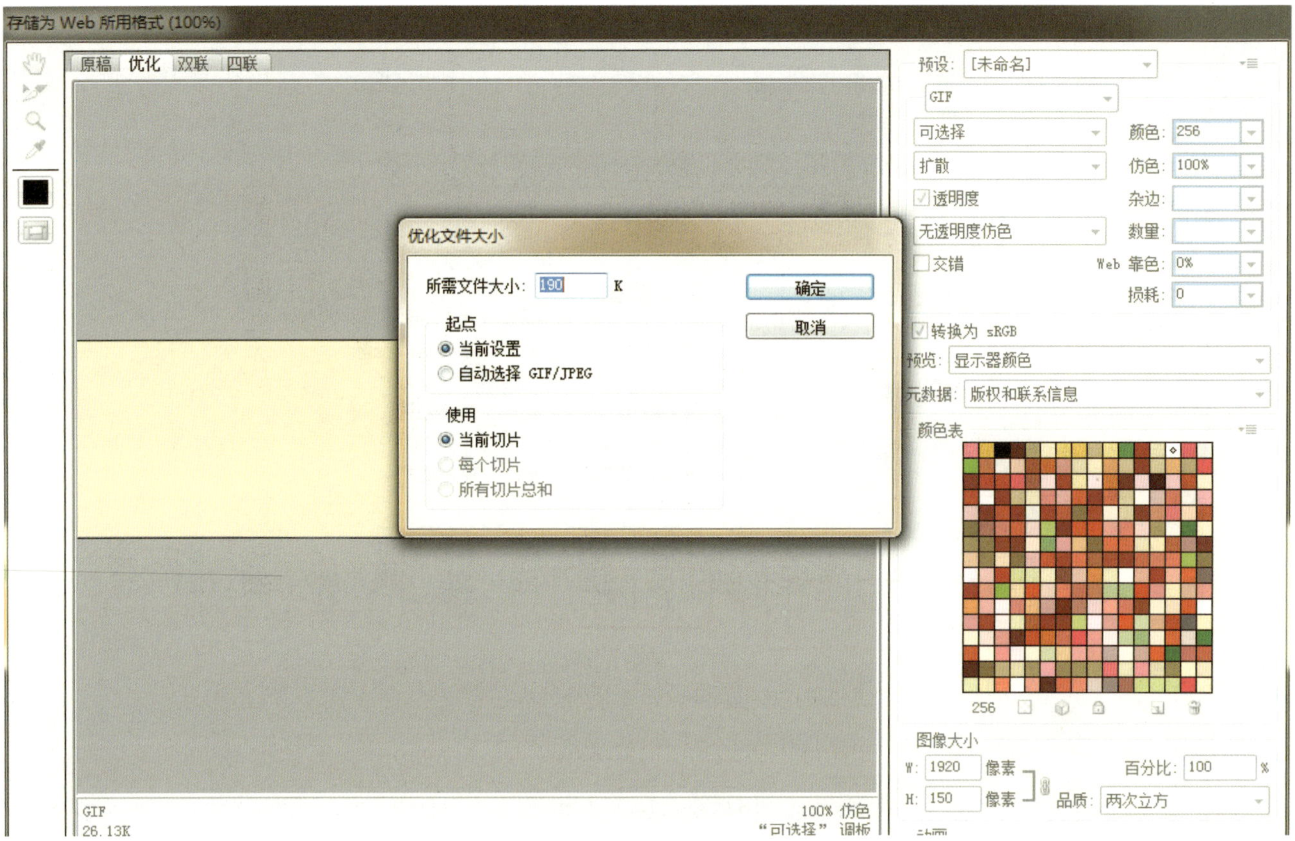

图2-23 优化文件大小

步骤10：返回“存储为Web所用格式”对话框，选择格式和输入文件名，单击“保存”。

活动二 确定商品分类

活动背景

李明在完成了店招的制作后发现店铺页面的商品分类模块没有其他网店看起来有序合理，这些商品分类下面还有一些子类，应该是怎么添加的呢？李明想如果现在就有消费者进入店铺，点击相应的分类却提示“没有相应宝贝”，肯定会感到失望，而且会让买家觉得店主没有用心经营。因此，他想及时为自己的商品进行分类。

知识探究

在网店中设置商品的分类模块是一项非常重要的操作，而类目排列更是重中之重。网店在设置商品分类的同时，还可以把广告词、公告等信息做成宣传图片，单独设计成一个分类，然后把这些分类添加至商品分类中去，这样消费者在浏览店铺时就能接收到更多的公告信息。

一、商品分类的含义

通过页面的商品分类模块，网店可以向消费者展示店铺里所有商品的分类；通过有序的整合，可以让有直接需求的消费者在店内更快地找到商品。

二、商品分类管理方法

步骤1：打开千牛，在页面左侧点击“店铺管理”，在右侧找到“宝贝分类管理”，如图2–24所示。

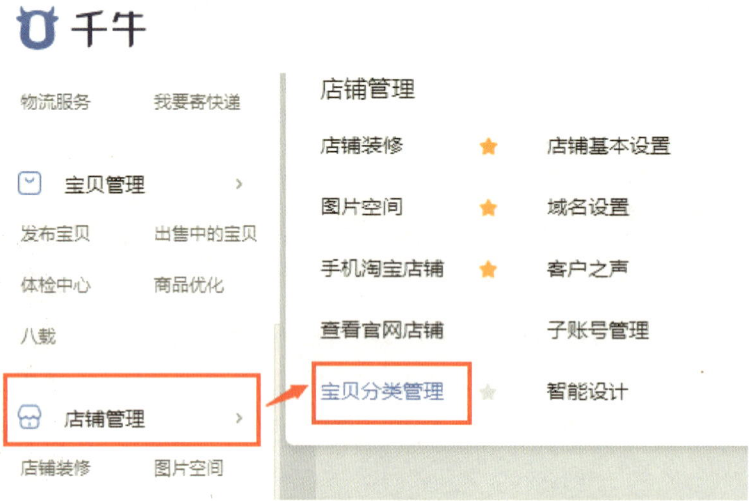

图2–24 宝贝分类管理

步骤2：进入宝贝分类管理，如图2–25所示，单击“添加手工分类”进行分类，还可以再进行“添加子分类”设计，设置完成后保存更改。

图2–25 添加子分类

步骤3：点击左侧未分类宝贝，勾选未分类的商品可以进行“批量分类”，如图2–26所示，点击“应用”即可保存。

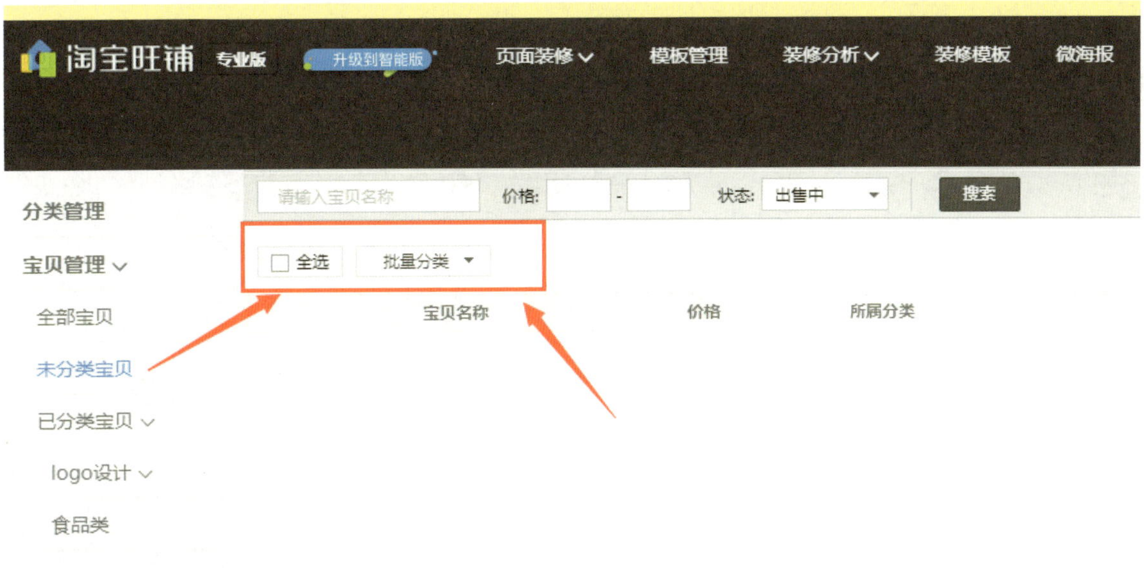

图2–26　批量分类

活动三　制作店铺广告

活动背景

李明的网店已逐渐走入正轨，就是每天流量太少了。他明白一家店铺想要经营成功并不容易，而销售额是和店铺的浏览量成正比的，流量越大，相应的店铺里商品的点击率就越高。想要提高店铺的流量必然要进行广告推广，但是对于新手来说，前期进行大规模的推广还是很吃力的。下面让我们来一起了解一下店铺广告怎么做才能吸引到顾客。

知识探究

店铺广告横幅，也就是Banner，它是电商设计日常工作中最主要的一部分工作。但Banner不比大型项目，从设计成本上来讲不可能给设计师太多的时间，因而如何有效率地完成Banner的设计成为每个电商美工必须要面对的问题。

一、店铺广告作用

通过网店页面的首页轮播区投放店铺广告，主要用于告知顾客店铺某个时间段商品的广告或店铺的促销活动，以及店铺一些动态信息，帮助顾客快速了解店铺活动或商品信息。利用好首页广告，不仅可以加大对店铺活动、商品的宣传力度，还可以提升店铺形象。

二、店铺广告内容划分

网店首轮播区根据推广的内容可以分为新品上架、店铺动态、活动预告等，针对不同的内容其设计的重点也是不同的。

淘宝店铺中的单品推广，可以细分为爆款、热卖单品、新品上市、特价促销、季节性产品等内容。淘宝店铺中的店铺推广可以细分为树立品牌形象、促销活动、单品打造、节日活动等内容。

三、单品推广图的设计要点

在对单品推广有了初步的了解后，李明开始分析自己店铺里的单品，想为其制作单品推广图。在浏览了很多网店后，李明发现了很多店铺的单品推广图都有一定的共性和规律。下面一起来总结单品推广的设计要点，为制作单品推广图做准备。

（一）商品

单品推广图中的商品在大多数情况下都是广告的主要构成部分。在商品图片的拍摄和运用过程中会遇到很多问题，如商品摆放角度、清晰度、画面占比、商品抠图等。以商品的摆放角度为例，在进行单品广告设计过程中可根据需要使用不同角度的摄影图来展现商品。

在设计图片时往往要对其进行抠图处理，对于美工而言，抠图最难的就是商品的边缘务必干净无毛边，这是一项耐心而细致的工作。还有就是关于商品图片的清晰度，这个时候可以通过锐化处理，尽量提高图片的清晰度。

（二）风格

单品推广图的风格要和所要促销的商品相吻合，也可以根据季节、店铺其他活动、节日等因素来定。很多店铺从开店的那天起，就已经设定好自己的风格路线。

（三）构图

一张设计图的成功，首先是构图的成功。只有合理的构图才能使所要表达的内容主题突出、赏心悦目。单品推广图的制作同样也要遵循构图的原理，要处理好背景、商品和文字之间的位置关系，使其整体和谐、突出主图。在这里我们以下面六种比较常用的构图方式来举例说明。

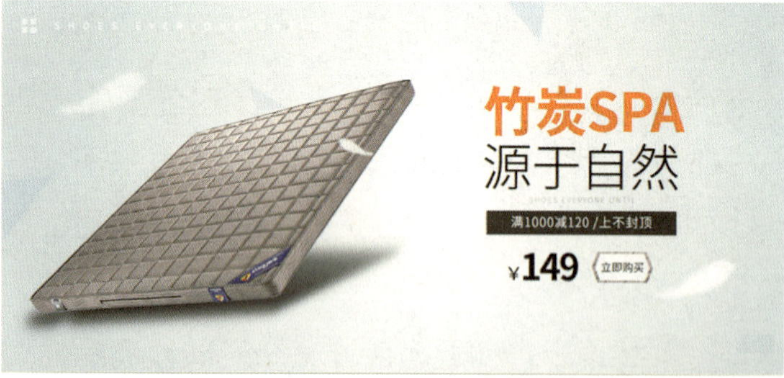

图2-27　左右构图

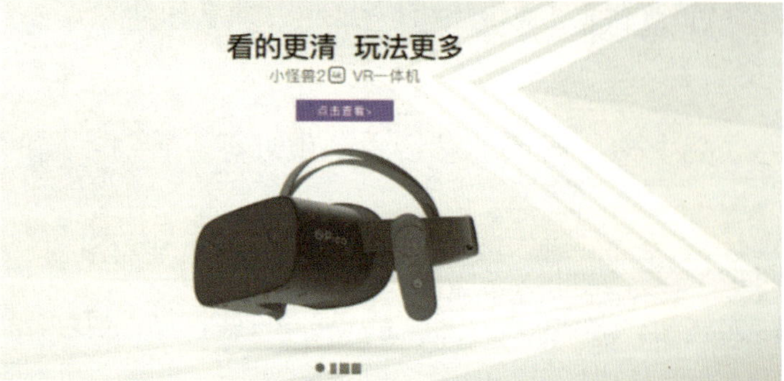

图2-28　上下构图

1. 左右构图

这是比较常用经典的构图方式，一般是左图右文或左文右图两种模式。这类构图方式比较好用，不容易犯错，整体平衡沉稳。如图2-27所示。

2. 上下构图

把文字放在上面，商品图片放在下面。上下构图也是比较常见的构图方法之一。如图2-28所示。

3. 左右三分式构图

海报两侧为商品图，中间为文字，相比于左右构图方法，层次感更强。需要注意的是两边的商品图大小不能一样，一定要有主次之分。如图2-29所示。

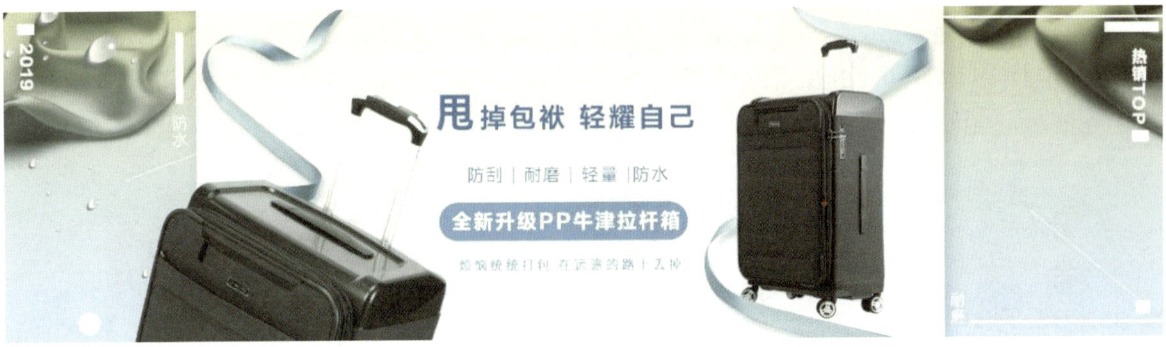

图2-29 左右三分式构图

图2-30 斜切式构图

4. 斜切式构图

斜切式构图会让促销图画面显得时尚、动感，画面更有张力，视觉冲击力强。斜切构图文案角度最好不要大于30°，不然不利于阅读。文字一般往右上方倾斜，呈现上升的感觉。如图2-30所示。

5. 居中式构图

居中式构图是指商品或主题内容呈现在画面中间，视觉冲击力更强。如图2-31所示。

图2-31 居中式构图

6. 平衡式构图

平衡式构图会给人以满足的感觉，画面结构完整，安排巧妙，对应平衡，如图2-32所示。

（四）配色

关于配色的技巧有很多，从色相环中可以提取同类色、对比色、临近色、冷暖色来进行配色，图2-33是一张24色相环，下面我们来分别说明。

图2-32 平衡式构图

图2-33 色相环

1. 同类色

同类色是指色相性质相同，但色度有深浅之分，是色相环中15°夹角内的颜色，如深黄与浅黄。如图2-34所示。

图2-34　同类色

2. 邻近色

邻近色是在色带上相邻近的颜色，如紫色和蓝色、红色和黄色就互为邻近色。邻近色之间往往是你中有我、我中有你，虽然它们在色相上有很大差别，但在视觉上却比较接近。在色相环中，凡在60°范围之内的颜色都属邻近色的范围。如图2-35所示。

图2-35　邻近色

3. 对比色

在色相环中每组颜色180°对角的颜色，被称为对比色，也叫互补色。把对比色放在一起，会给人强烈的视觉感，如红与绿、蓝与橙、黄与紫互为对比色。如图2-36所示。

图2-36　对比色

知识链接

单品推广的配色技巧对于新手最常用的一种配色方法就是在已有产品的情况下推变出背景颜色和文案颜色，在这里我们给出一张万能配色表，如图2-37所示，仅供参考。

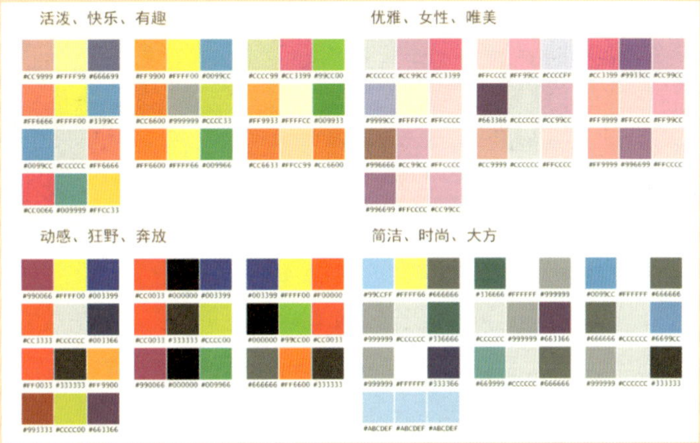

图2-37　万能配色表

（五）背景

单品推广图设计中的背景是用来衬托主体事物的，如商品、文案、促销信息等，大致可分为纯色背景、渐变背景、场景背景、材质纹理背景和图形组合背景等。

1. 纯色背景

纯色背景指的是以某种颜色或某个色系为背景，其主要特点是简约明快，能更好地突出主题，让消费者的目光集中在商品上，起到很好的烘托作用。如图2-38所示。

图2-38　纯色背景

2. 渐变背景

渐变背景是指两种或多种颜色的渐变，最大特点是指向性和方向性。渐变背景能更好地引导消费者的视觉方向，使其集中在商品或文案上，起到烘托作用。如图2-39所示。

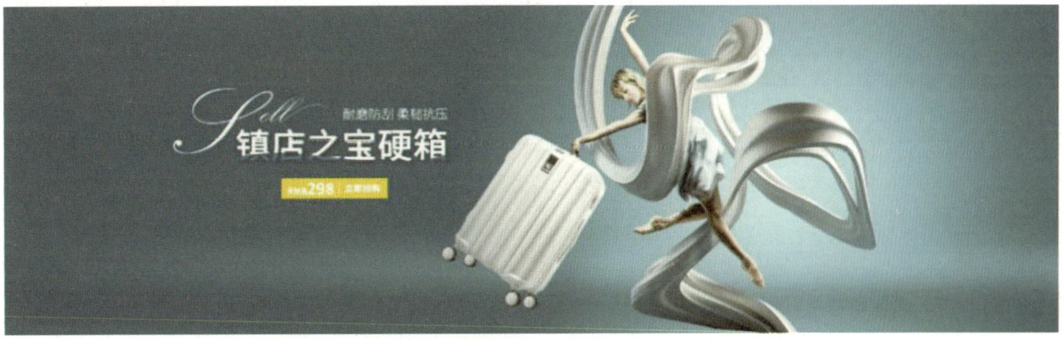

图2-39　渐变背景

3. 场景背景

场景背景是指以照片图像形式作为背景，可以将摄影图直接添加文案和图片使用。在设计时经常是以合成类的场景背景出现。如图2-40所示。

图2-40 场景背景

4. 材质纹理背景

材质纹理背景是指把真实存在的物质作为背景，如肌理、丝绸、金属、木材、岩石等。这类背景有代入感，能烘托出商品的某个特质。如图2-41所示的丝绸材质背景，能够烘托出这款商品的亲肤性和柔软性。

图2-41 材质纹理背景

5. 图形组合背景

图形组合背景指通过点线面、三角形、多边形等基础形状衍生成的图形图案组成的背景。其主要特点是生动活泼、运动感强，有张力，突出商品气质。如图2-42所示。

图2-42 图形组合背景

（六）文案

文案指的是在单品促销图中出现的文本内容，目的是向消费者传递商品或促销信息。好的单品文案可以减少消费者的咨询时间成本，优化用户体验，提高商品的购买率。怎样才能策划好一个优秀的文案呢？简单来说，单品促销图的文案应侧重于商品卖点、用户需求、文案表达方式。

1. 商品卖点

商品的卖点如何获取，可以通过商品的说明书、商品某方面的特性来提炼。如某件服装可以正反两面穿、遥控飞机可以悬停、护肤品不含酒精添加等都是他们与同类型商品差异化的卖点。

例如，图2-43中的五金商品就突出了商品卖点："真C级防盗锁芯"是它的主标题，也就是主文案，"双面36叶片结构"是它作为商品卖点的辅助文案。但是在进行此类的单品促销图设计时，很多设计师经常会犯的一个错误就是想把这个单品的几个卖点都放上去。但如果文字信息展示太多，消费者往往会没有太多的耐心去浏览，反而会匆匆关闭页面，所以文案内容要恰到好处。

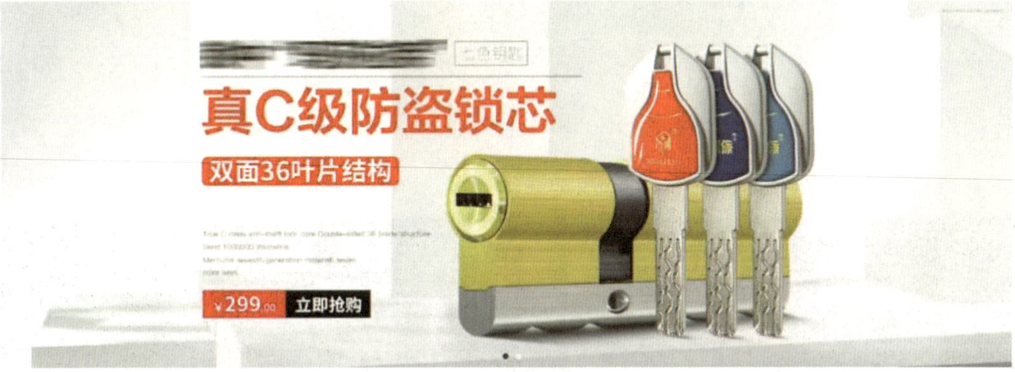

图2-43　强调商品卖点

2. 用户需求

真正好的文案应该要抓住消费者的消费心理。要清楚地知道消费者想要什么，才能有针对性地写出有价值的文案，如图2-44所示老人旅游鞋的单品促销图文案。

图2-44　针对用户需求

3. 文案表达方式

单品促销图文案表达方式中最重要的就是字体的选择和排版，其中最常用的是黑体、宋体、隶书。宋体字的特点是清秀、优美、稳健，多用于女性相关商品及文化、艺术、生活等领域，如图2-45所示。

图2-45　宋体字体

（七）修饰

修饰指的是海报中出现的元素点缀部分，通常用来营造画面的氛围。修饰的运用有实物修饰、图形图案修饰、光效修饰、拟人化修饰等。修饰元素可以起到很好地点缀画面的作用，可以拉开画面空间感，可以营造画面氛围，以及更加有意境等。例如，图2-46中商品的聚光效果，属于光效修饰；图2-47所示的绿叶素材烘托了产品的自然清新之感，属于图形图案修饰。

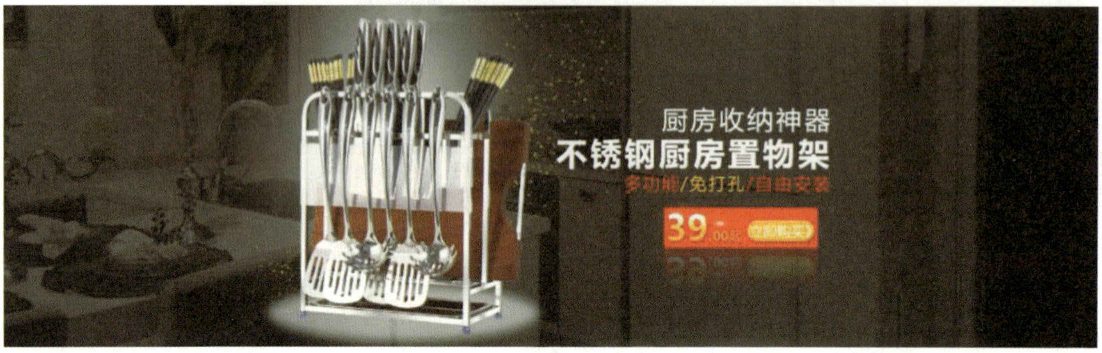

图2-46　单品推广图的光效修饰

图2-47　单品推广图的图形图案修饰

四、店铺活动推广图的设计准则

怎样才能使自己的店铺活动广告脱颖而出以获得较高的点击率呢？其实，前面介绍的单品促销图的设计要点在店铺活动推广图中也一样适用。接下来我们将通过一些案例的分析来找出店铺活动推广图还存在哪些规则和共性。

（一）活动主题明确

首焦轮播区的图片出现在顾客面前只有短短几秒时间，我们要在这短短的时间里让顾客了解店铺活动推广图的主要内容是什么和要表达什么主题。如果将运营的思想附加到设计图上，整个过程就是一次围绕主题展开的阐述，而这些主题一般都是围绕产品价格、折扣、活动等展开。

1. 树立品牌形象

如果店铺追求品牌个性，想要传达品牌理念，就要突出品牌定位和特点。如图2-48所示的天猫费列罗官方旗舰店活动推广就侧重在品牌理念的传播上。

图2-48　树立品牌形象

2. 节日促销

节日促销现在是商家惯用的手法，尤其是像春节、中秋节、国庆节、元旦等节日商家会进行常规的促销活动。节日促销要结合网店的自身商品实际情况和顾客的特征来进行设计。图2-49就是七夕情人节前店铺的活动推广图。

图2-49　节日促销

3. 店庆促销

店铺周年庆是促销的好时机，不仅可以做力度比较大的促销，还可以向顾客展示店铺的历史，增强买家的信任感。图2-50就是店庆9周年庆典的活动推广图。另外，网店在提高信誉等级时也可以开展促销优惠活动。

图2-50　店庆促销

4. 官方季节性活动

平台也会在一些特殊日期组织促销活动，如“双十一”“双十二”、年中大促等。图2-51为天猫“618”小米官方旗舰店的预热活动推广图。

图2-51 “618”促销

5. 换季清仓

一些季节性强的商品换季促销活动力度一般会比较大，顾客也乐于接受换季清仓这类的活动。一些断色、断码或即将要断货的商品进行清仓处理往往也能吸引不少的人气，图2-52为清仓甩卖活动的推广图。

图2-52 清仓甩卖

（二）目标人群准确

由于店铺售卖的产品不同，那么所要面对的购买人群及其审美标准和兴趣爱好都不同。所以，设计推广图时应该清楚地认识到自己的产品所针对的购买人群是哪一类，再根据人群的审美和喜好来设计图片风格。图2-53中的护肤品主要针对的购买人群是白领，所以图片中色彩、背景、字体和模特的搭配都很庄重大方。图2-54中的服装主要针对的购买人群是年轻女性，所以图片中的画面和字体的设计都趋向自由活力。

图2-53 庄重大方风格

图2-54　自由活力风格

知识链接

在模特的选择上，心理学的投射效应告诉我们，消费者会把自己想象成画面上的模特。所以，如果产品需要模特，那就要选择符合目标人群的心理期望年龄。如目标40岁的人群，模特就建议选择30岁的。

（三）表现形式美观

店铺活动推广图的表现形式应该是简单明了、主题突出的，不能因为喜欢某类特殊背景或字体而忽略了主题的表现。下面将介绍在表现形式上要重点注意的三个方面。

1. 色彩控制

色彩控制是建议画面中的颜色一般不超过三种，并且三种颜色占比可以分为70%主色、25%辅助色和 5%点缀色。图2-55是一张由三种主色调构成的画面，大部分颜色为蓝色，然后是粉色，最后点缀色是绿色。

图2-55　色彩控制

2. 字体表现

在字体的表现上，除了要注意字体的选择应和商品、购买人群相匹配，我们还要注意字体的排版，例如，图2-56中将文案紧密排列在一起，能使消费者将所有文案一次性看完。还有就是采用同一色系背景，为文案留出一定的区域，这样效果的应用更加突出了产品和文案。

网店广告中的字体表现

图2-56　字体表现

3. 引导图标

引导是指通过画面里的某些图标元素，吸引顾客去点击或浏览。图2-57是在画面里添加点击按钮，用户可能会根据平时的操作习惯去点击。

图2-57　引导图标

合作实训

下面我们根据七夕节的主题来制作一张店铺活动推广图，效果如图2-58所示。

图2-58　七夕节主题推广图

图片的参考制作步骤如下。

（1）打开Photoshop CS6，按快捷键Ctrl+N新建文件，在打开的对话框里设置图片的宽度为1920像素、高度为600像素、分辨率为72像素/英寸。

图2-59　背景素材

图2-60　文字素材

（2）置入图2-59的背景素材和图2-60的文字素材，效果如图2-61所示。

（3）继续置入图2-62的桃花素材和图2-63的人物素材，选中桃花素材图层，按快捷键Ctrl+J复制图层，并执行“编辑→变换→水平翻转”命令，将素材进行翻转效果调整到舞台右上角，如图2-64所示。

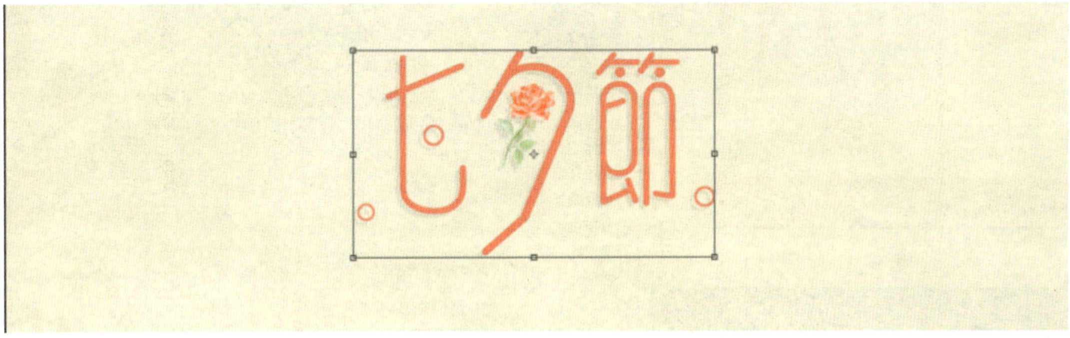

图2-61　组合置入

图2-62　桃花素材

图2-63　人物素材

图2-64　素材排版

（4）选择“圆角矩形工具”绘制促销图标，填充红色，并且在混合选项中设置“斜面与浮雕”，再选择“横排文本工具”输入相关文案，完成效果如图2-65所示。

（5）根据主题对我们的推广图加以修饰。选择“矩形工具”绘制自由线条，颜色为红色，然后在工具栏中单击“自定义形状工具”，选中心形，把填充色修改为红色。在画面上按住Alt键复制此心形并调整其大小和位置，最后使用“圆角矩形工具”为促销图加边框，烘托气氛，效果如图2-66所示。

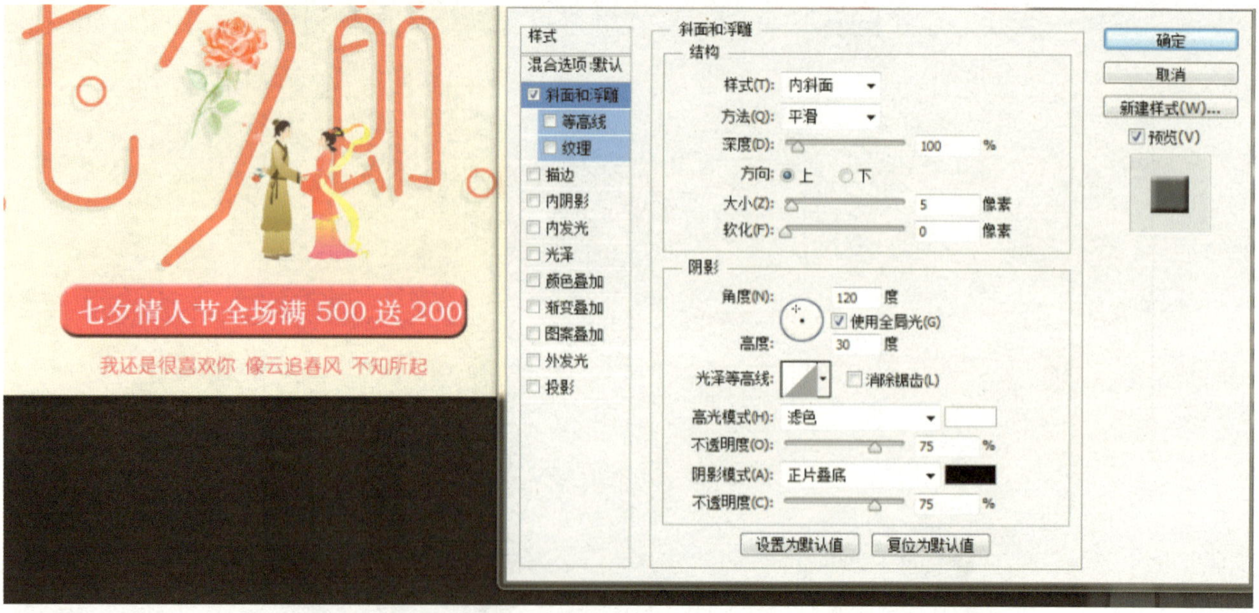

图2-65 绘制图标

图2-66 添加修饰

（6）调整画面，单击“文件”，选“存储为Web所用格式”。

（7）按照以上步骤进行实训后进行评价。

评价项目	基本设置（40%）	创意表现（40%）	美观性（20%）
评价标准	1. 构图完整 2. 构图较完整 3. 构图不完整	1. 有设计感 2. 创意一般 3. 没有创意亮点	1. 大有提升 2. 略有提升 3. 没有提升
自己评分			
教师评分			
第三方评分			
总得分			

【技能大赛直通车】

一、竞赛内容

根据2021年全国职业院校技能大赛赛程，赛项围绕网店运营中的网店直播、网店开设装修、网店客户服务、网店推广等核心工作任务，全面考察选手的商品直播能力、商品推销能力、视觉营销能力、信息编辑能力、信息发布能力、客户服务能力、网店推广能力、数据分析能力和团队合作能力。

其中包含网店的开设与基本信息设置，由 2 名选手共同完成首页的“店标（Logo）、商品分类、网店 Banner、商品推荐”的设计与制作，以及商品详情页的“商品展示类、吸引购买类、促销活动类、实力展示类、交易说明类、关联销售类”的设计与制作。下面我们看一下网店装修竞赛内容与岗位、知识、技能相对应的要求，以及竞赛内容与分值、竞赛方式、竞赛时间。

表2-1　网店开设装修竞赛内容与岗位、知识、技能

竞赛内容	岗　位	知　识	技　能
网店开设装修	网页编辑 网店美工	信息采集与编辑、网站内容维护、网店装修与设计	网店视觉营销能力 商品信息编辑能力 商品信息发布能力 数据分析能力

表 2-2　竞赛内容与分值、竞赛时间

竞赛内容	分　值	竞赛时间
开设装修	25分	2小时

二、竞赛赛卷

2021年全国职业院校技能大赛赛项规程

网店开设装修项目（节选）

网店开设装修

1. 分值：25 分
2. 竞赛时间：120 分钟
3. 背景资料

店铺即将要销售笔记本电脑、耳机、手机、移动电源、智能手表五款商品，现需设计五款商品的图片，其中电脑、耳机、手机、移动电源四款商品只做 Banner 图，每款商品均提供素材图片，包括商品整体展示图、细节展示图等；智能手表这款商品需要做主图和详情页，提供素材图片，包括商品整体展示图、细节展示图、商品评价等。

（1）店铺基本信息设置

网店开设按照系统流程先开设店铺，设置店铺信息，包括店主姓名、身份证号码、身份证复印件（大小不可超过150KB）、银行账户、店铺名称、店铺主营、店铺特色、营业执照、店铺分类（背景材料由赛项执委会提供）。

（2）店标（Logo）、店招设计

设计要求：店标（Logo）、店招大小适宜、比例精准、没有压缩变形，能体现店铺所销售的商品，设计独特，具有一定的创新性。

PC电商店铺要求：制作 1 张尺寸为230像素×70像素、大小不超过150KB的图片作为店标，PC电商店铺不制作店招。

（3）网店 Banner 设计与制作

Banner 主题与店铺所经营的商品具有相关性，设计具有吸引力和营销向导，设计规格可以提升店铺整体风格。

要求：制作 4 张尺寸为 727像素×416 像素、大小不超过 150KB 的图片。

参赛选手登录竞赛系统，竞赛平台会提供比赛资源下载，左击下载所需要的素材压缩包，解压后得到素材文件，包含四个Banner素材文件夹、一个详情页产品素材、背景资料、比赛资源说明和卖家身份证图片，如图2-67所示。

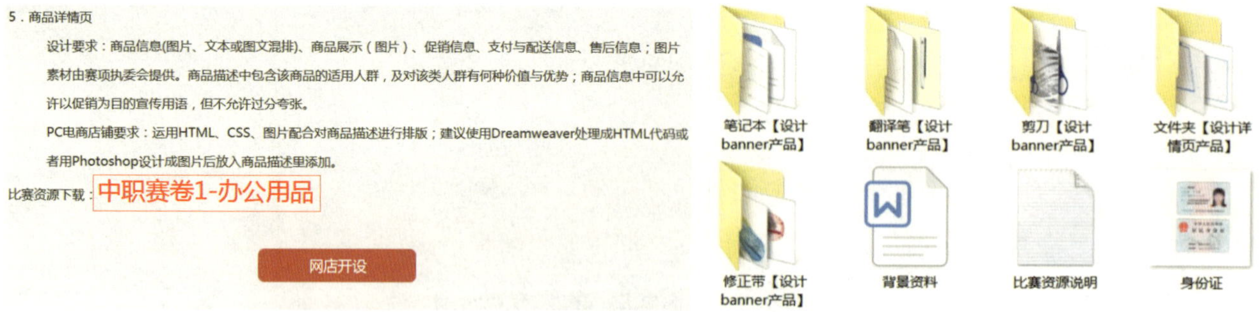

图2-67　竞赛系统赛卷

三、赛题解析

系统这里需要竞赛队员参照比赛规则及得分要点，完成店铺基本设置、店招设计、网店Banner设计、商品主图和详情页设计。

（一）店铺基本信息设置

网店开设的第一步是店铺创建，这里利用系统提供的素材填写相应表单，如图2-68所示。

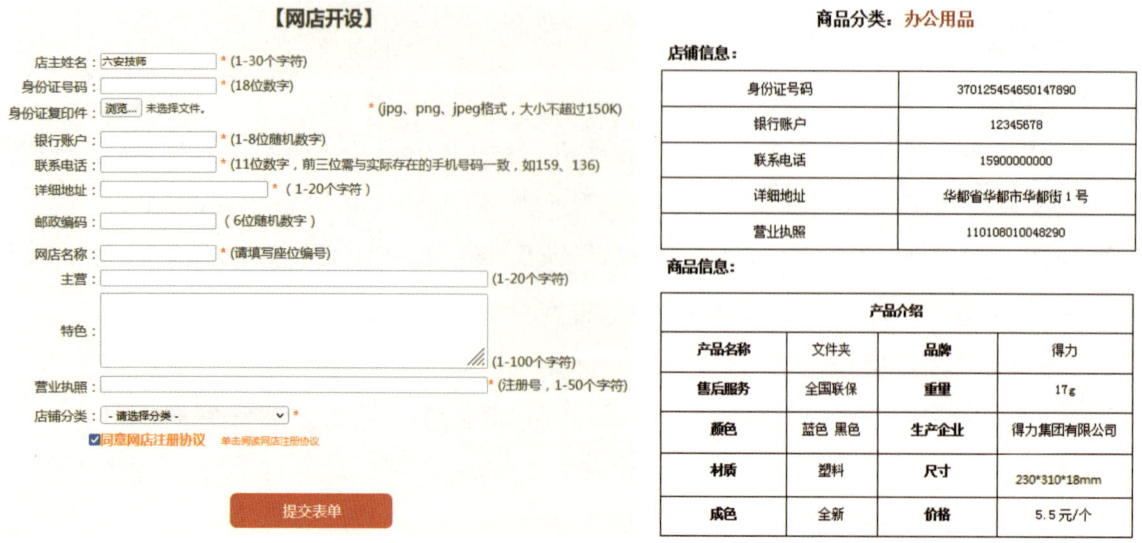

图2-68　网店开设表单填写

（二）店标和店招设计

设计店铺Logo需要注意店标的尺寸为230像素×70像素，格式为JPG、JPEG、PNG三种格式，文件的大小不能超过150KB，如图2-69所示。

图2-69　店标设计规范

（三）网店Banner设计

根据系统评分标准，店铺Banner的设计要求：为试题规定商品且尺寸符合（727像素×416像素），具体要求可见图2-70，有一定的创新性；Banner 设计主题、字体、配色等视觉效果统一；Banner 设计采用图文混排，排版、布局合理；Banner 设计与店铺经营商品具有相关性；Banner设计有吸引力并具有一定的营销属性，能提升店铺整体风格。解压素材如图2-71所示。

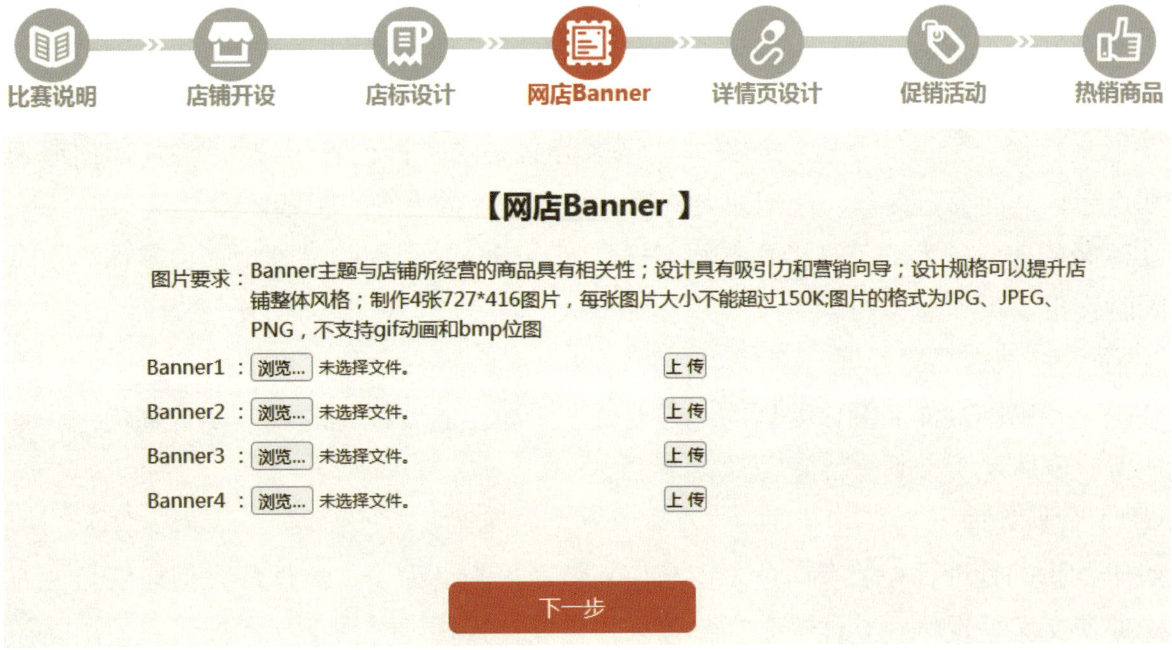

图2-70　Banner设计图片要求

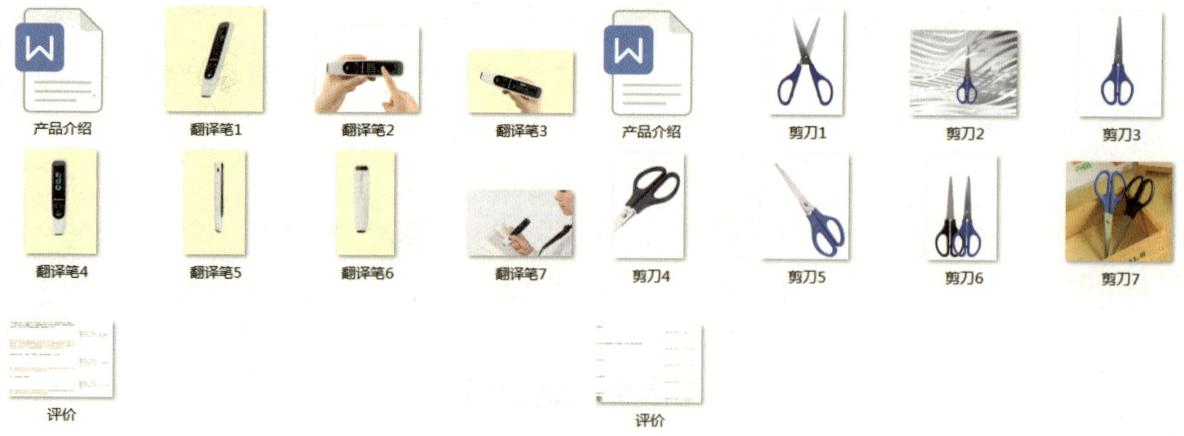

图2-71　解压素材

一般Banner是由文案（包括Logo）、商品模特（包括产品图）、背景、点缀元素四个元素组成的。

1. Logo制作技巧

Logo可以分为三大类：文字型Logo、图案型Logo、图文结合型Logo。

①文字型 Logo：文字标识有的是直接用中文、外文或汉语拼音的单词构成的，有的是用汉语拼音或外文单词的字首进行组合的。

②图案型Logo：通过几何图案或象形图案来表示的标识。图形标识又可分为具象图形的标识、抽象图形的标识与具象抽象相结合的标识。

③图文结合型Logo：一般以图形设计为主要，字体设计为次要。选择一个符合自己店铺的气质和定位的图形设计，再加入有关商品或需要表达的文字元素。

2. Banner处理技巧

（1）文案处理

①文字分层：如错层阴影，让字体有层次感；或者最常见的是将文案置于模特或产品图的背后。

②形状点缀：常见的是直线点缀，用来区分文案内容；也有用“/”等几何图形来进行装饰和点缀，从而突出文案，让阅读更流畅，使读者获得更好的阅读体验。

③笔触相连：分为细节连接和整体连接。细节连接是局部的笔画相连，整体连接是多处笔画同时连带。

（2）模特或商品图处理

前提是模特图或商品图该处理的地方要处理干净，需要优化的地方要认真优化。素材要择优选取，要体现卖家所需特征。

（3）背景处理

对于背景的处理，一般有用色（指渐变、色彩平衡搭配）、纹理和几何点缀三个方面的处理。要使文案呈现体现立体或微立体效果，可以直接构建（微）立体场景或使用同频渐变色（色相相同，饱和度或明度不一）的背景。

（4）点缀元素处理

点缀元素可以有一定的方向，如45°朝上或俯视视角。还有标签点缀、实物图或图

（纹）案点缀、圆（球）形等几何点缀。对于几何图形，可通过不同的属性来呈现多样性，如是否有描边、是否填充等。几何图形的点缀有扁平化与超写实之分。

?【想一想】

若店铺推广图中出现黑体字，请思考它可能会带来的产品效应。

任务检测

1. 简述店招制作的技巧。
2. 制作店铺广告常用的构图方式有哪几种?
3. 店铺活动推广图存在哪些规则和共性?

项目总结

通过对这两个任务的学习，李明已经掌握了如何申请和设置店铺，也学会了给商品进行分类。通过这次店招和店铺广告的制作，他在美工实践能力方面也得到了提高。接下来李明和他的小伙伴们就要把更多的精力用到店铺运营上去。

网店的运营需要方方面面的配合，在前期做好准备工作，在实践中不断学习，不断总结提高，这是成长中的网店运营者必须要做的。相信李明同学已经深有感悟，网店不同于实体店，只有买家喜爱你的店铺装修，才能良性地提高网店的信誉和销售成绩。本项目的学习让李明有了更大的信心，更扎实地走向了创业之路。

项目检测

一、单项选择题

1. 网页设计师使用的是（　　）的屏幕显示颜色模式。

A. CMYK　　B. RGB　　C. LAB　　D. 索引

2. 在Photoshop中，给对象填充前景色的快捷键分别是（　　）。

A. Ctrl+T　　B. Alt+Del　　C. Ctrl+Enter　　D. Ctrl+Enter

3. 在Photoshop中，（　　）属于“图层样式”。

A. 叠加　　B. 斜面与浮雕　　C. 透明度　　D. 蒙版

4. 在Photoshop中制作电商海报，尺寸一般是（　　）。

A. 1024像素×768像素　　B. 880像素×600像素

C. 700像素×700像素　　D. 1920像素×600像素

5. 广告文案的生命力所在是在于它本身的（　　）。

A. 真实性　　B. 夸性　　C. 双重性　　D. 创造性

二、多项选择题

1. 彩色的三要素是（　　）。

A. 色相　　B. 明度　　C. 设阶　　D. 包含度

2. 促销区设计要点是（　　）。

A. 卖点突出　　B. 文字精简　　C. 美观大方　　D. 价格实惠

3. 视觉营销的作用是（　　）。

A. 引起潜在客户的关注　　B. 引起买家兴趣和购买欲望

C. 传达信息　　D. 引起买家投资

4. 宝贝分类的基本原则是（　　）。

A. 新品和特价尽量靠前　　B. 不要出现无宝贝的分类

C. 充分考虑产品属性　　D. 受众的浏览习惯

5. Banner构图分类包括（　　）。

A. 水平构图　　B. 垂直构图　　C. 对称构图　　D. 均衡构图

E. 倾斜构图　　F. 交叉构图　　G. 中轴构图

三、判断题

1. 衣裤鞋帽搭配展示是为了促进商品捆绑销售，它可以驱动浏览者快速购买。（　　）

2. 广告图设计中过于修饰的形式会减弱传达，过多细节会对主题造成干扰。（　　）

3. 文字编排时，曲线阅读比直线阅读速度快。（　　）

4. CMYK的四个字母分别是指青（Cyan）、洋红（Magenta）、黄（Yellow）、黑（Black），在印刷中代表四种颜色的油墨。（　　）

5. 版式编排设计可以使视觉传达设计在一定程度上发挥传达信息的功能与作用。（　　）

四、案例分析题

安徽三只松鼠电子商务有限公司是一家定位于纯互联网食品品牌的企业，如图2-72所示，三只松鼠的企业文化特色鲜明，品牌名“三只松鼠”中松鼠是坚果的直接联想体，吸引着喜爱萌宠的年轻消费者的注意。天猫三只松鼠旗舰店的店铺整体形象以三只松鼠扁平化萌版设定为主体，突出企业动漫化。三只松鼠的手势和表情透露着乐观的生活态度，展现着青春与活力。针对三只松鼠的店铺形象，请做出详细说明。

图2-72 “三只松鼠”店铺首页

项目3 管理商品信息

项目概述

商品是为了出售而生产的劳动成果，是人类社会生产力发展到一定历史阶段的产物，是用于交换的劳动产品。在电子商务领域，可以通过互联网连接买卖双方，突破时空限制，使不同区域的商品交易成为可能。李明现在学会了如何创建店铺与装修网店，想要把网店经营好，还要学习商品知识、学会拍摄商品的技巧、精心美化商品图片和掌握发布商品的技能，李明和他的团队开始了新的学习。

认知目标

1．理解商品的概念，区分商品的价值和使用价值。

2．认识淘宝商品属性展示页，知悉淘宝商品属性页面的作用。

3．掌握商品拍摄技术。

4．认识淘宝商品属性展示页。

5．了解PS常用工具箱。

6．知晓橱窗推荐和店铺推荐的功能和作用。

技能目标

1．挑选符合淘宝规范下的商品。

2．利用淘宝平台填写商品属性页的相关内容。

3．学会小商品、大件商品的拍摄。

4．设计商品主图和详情图。

5．设计橱窗推荐和店铺推荐。

素养目标

培养学生独立思考和解决问题的能力及实际操作能力。

任务一　学习商品知识

任务描述

暑假到了，李明被老师推荐到一家电商企业产品部实习。在实习过程中，有些问题引发了他的思考，例如，淘宝中所售卖的产品都叫商品吗？那些充值类、服务类的虚拟产品也叫商品吗？淘宝对于商品的规范是什么？这些关于“商品”范畴的问题等待着李明同学去进一步探寻。

任务分解

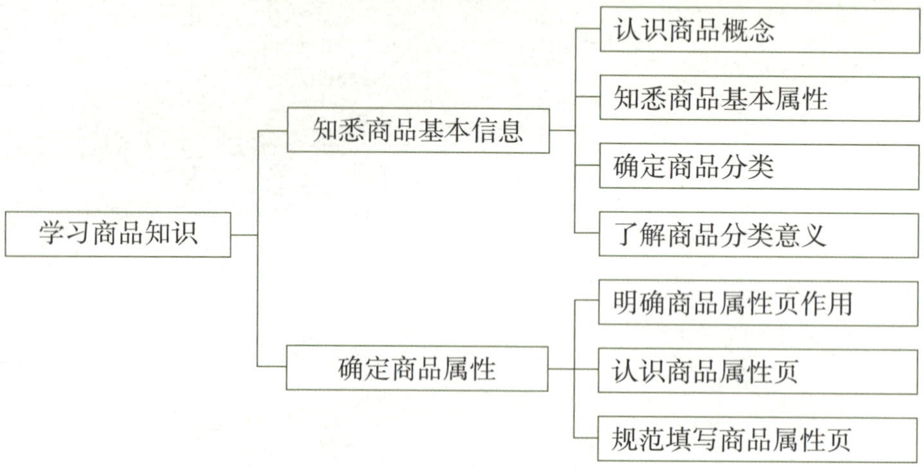

活动一　知悉商品基本信息

活动背景

淘宝等电商平台上所售卖的商品其外在形式就是一条信息流，但这条信息流又可以分为两种：一种是实物商品，这类商品通常需要借助物流、仓储、配送等手段来实现商品的流通；另一种是无形商品，如商家所提供的服务、虚拟商品等，这类商品不像实物商品那样需要借助“外力”，它们通过互联网即可实现商品买卖。但不管在互联网所售卖的产品是实物商品还是无形商品，均属于商品的范畴。

知识探究

一、商品概念

商品是为了出售而生产的劳动成果，是人类社会生产力发展到一定历史阶段的产物，是用于交换的劳动产品。

在马克思主义政治经济学中，商品的定义是“用于交换的劳动产品”。随着社会经济的发展，许多自然资源及非劳动产品也进入交换领域，因而现代经济学家对原有商品定义进行了扩展与外延，得出了广义的商品概念，即“商品是用于交换的使用价值”。其中特别强调，第一，商品必须可以进行交换；第二，在交换过程中实现了商品使用价值的转移。只有满足这两点，才能被称为“商品”。现代商品的概念是随着经济社会的发展，人们消费理念的不断更迭而变化的结果。探究这个变化过程，可以从需求角度来阐述。

马斯洛将人的需求划分为五个层次，即生理需求、安全需求、社交需求、尊重需求和自我实现需求。例如，图3-1中马斯洛需求的五个层次是由低级向高级发展的，只有低层次的需求获得满足后，才能获取更高级的需求。并且在这个过程中不能跨越，体现在每种需求的消费需求也不尽相同，这便树立了人们的消费观。随着人们需求层次的不断发展和消费观念的不断更新，商品的概念也就不断地变换着内涵。商品的整体概念包括三个层次，如图3-2所示。

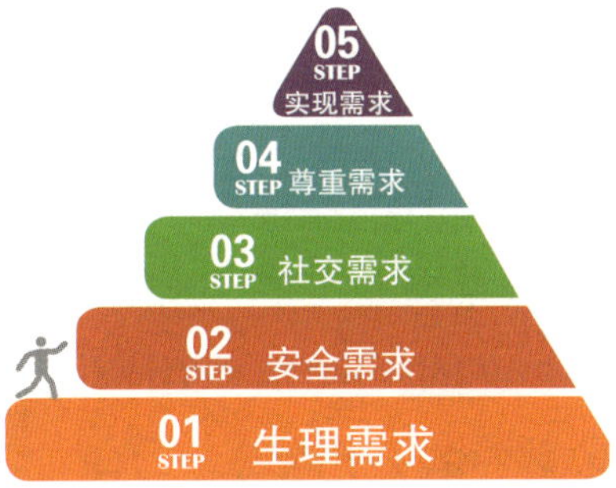

图3-1　马斯洛需求的五个层次

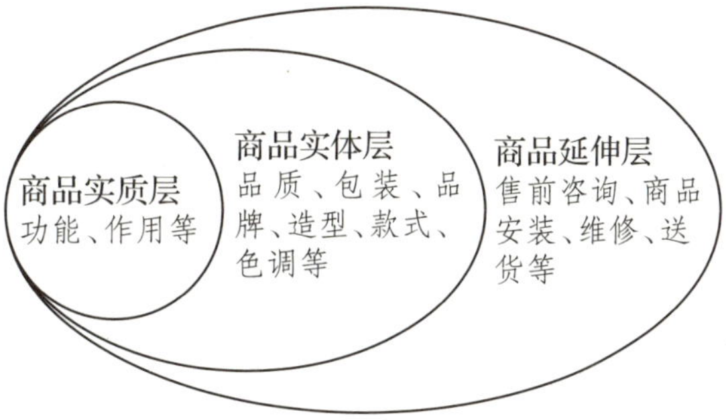

图3-2　商品的三个层次

（一）商品实质层

商品的实质层是商品的本质，即商品的功能和效用。消费者在购买某种商品时，不仅仅是为了获得商品本身，更主要的是要获得商品给他带来某种需求的满足，如果缺少这一层，消费者就不会去购买这种商品。例如，消费者购买电视机，实质上是为了满足其闲暇时休息和娱乐的需要；购买图书是为了丰富自己知识境界的需求。因此，企业在制订开发和营销策略时首先要考虑到商品的实质，明确商品能够为客户提供什么样的功效和益处。

（二）认识商品实体层

商品的实体层是商品的功能和效用通过一定形式反映出来的总和。它向人们展示的是商品的实质特征，包括外观形式、内在质量及促销成分，如品质、包装、品牌、造型、款式、色调等。在消费水平不高或商品供给不足的情况下，消费者购买商品主要考虑的是功能和效用，会降低对商品外在形式的要求。但随着经济社会的发展、消费观念逐渐改变及买方市场的出现，消费者的要求越来越高，选择余地也越来越大，除了考虑商品的效能外，商品的质量、造型、颜色、品牌等外在形式，成为影响人们消费决策的重要因素。

（三）知悉商品延伸层

商品的延伸层是指消费者在购买和使用商品时获得各种附加利益的总和，如售前的咨询服务、售中人工服务及售后的送货和维修服务等。对商品延伸层的理解，是以消费者的基本利益为核心的，强调服务是商品的组成部分，体现了现代市场营销的思想。

对于企业而言，伴随着商品延伸层所提供的各种服务，不但不是额外负担，恰恰相反，通过对商品延伸层的精心组织策划，可以反作用于企业，是企业提高市场竞争力的保证。

特别是在商品的实质层和实体层与竞争者相仿的情况下，企业竞争的高下往往取决于商品的延伸层。因此，正确认识商品的整体概念、提高服务质量和使消费者购买商品时得到更多的附加利益，是商品开发和管理中重要的基础工作。

二、商品基本属性

商品基本属性是商品的价值和使用价值。其中，价值是商品的本质属性，如木材可以生火做饭而钢材不可以，这是由于木材和钢材的本质属性不同决定的。而使用价值是商品的自然属性，不同的商品有不同的使用价值。例如，木材对人们来说可以打造家具，钢材可以制造汽车，这是由于其不同的使用价值决定的。

（一）认识商品的价值

凝结在商品中的无差别的人类劳动就是商品的价值。商品的价值是商品的本质属性、共同属性。商品的价值是商品所特有的。

（二）知悉商品的使用价值

商品的使用价值是一切商品都具有的共同属性之一。任何物品要想成为商品都必须具有可供人类使用的价值。反之，毫无使用价值的物品是不会成为商品的。此外，使用价值也是商品的自然属性。不同的商品具有不同的使用价值，不同的使用价值是由物品本身的自然属性决定的，同一种商品具有多种自然属性，因而具有多方面的有用性。

三、商品分类

商品分类是指根据一定的管理目的，为满足商品生产、流通、消费活动的全部或部分需要，将管理范围内的商品集合总体，以所选择的适当的商品基本特征作为分类标识，逐次归纳为若干个范围更小、特质更趋一致的子集合体（类目），如大类、中类、小类、细类，直至品种、细目等，从而使该范围内所有商品得以明确区分与体系化。这个过程有利于实现商品生产领域到消费领域的有效衔接。

在电商领域，通常可以按照商品的用途、原材料、生产方法、化学成分、使用状态等这些商品最本质的属性和特征，来确定商品分类中最常用的分类依据。通过商品在生产领域和流通领域的属性，确定商品的大类。商品中类、小类通常按照行业或者专业来划分。品类指商品中具有若干个共同性质和特征，在商品的品类中包含了具体商品的名称，是在商品小类之下。再对商品的品类再进行细分，就可以得到商品细目，这部分包含商品的规格、型号、质量等。具体可以参考图3-3中的实例。

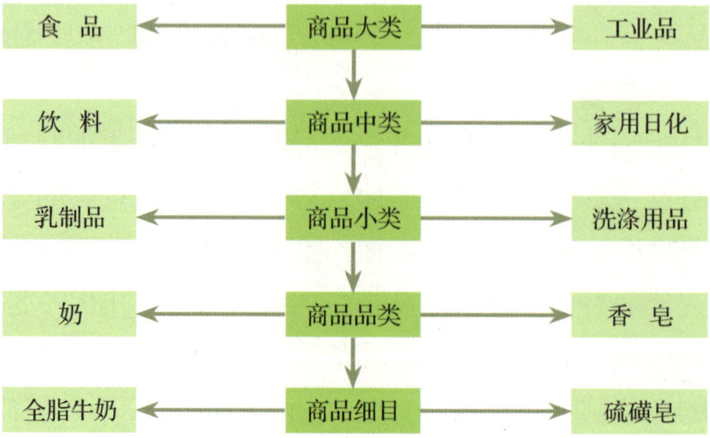

图3-3　商品分类实例

四、商品分类意义

任何商品集合都可以根据一定的标识，归纳为若干个局部的集合，将商品集合科学地、系统地依次划分的过程，被称为分类。合理的分类可以使原本杂乱无章的商品类别变得系统化、专业化。

（一）商品分类有助于国民经济各部门的各项管理的实施

国民经济各部门对商品在生产领域和销售领域进行合理的监督，是商品正常流通的保证。对商品进行精细化、合理化分类，有利于国民经济各部门行使监督权。

（二）商品分类有助于商业经营管理

商业经营管理是一个复杂的过程，而商品分类是其中的一部分，通过对商品进行细化，是企业经营者在开展经营活动中的一项重要依据。

（三）商品分类是实行现代化管理的前提

现代化管理是指企业运用现代自然科学和社会科学的研究成果，能够使管理适应现代科学技术的发展水平，而商品分类是实行现代化管理的前提。

（四）商品分类有利于了解商品特性

商品分类一般采用综合分类标准，将所有商品划分成大类、中类、小类和细目四个层次，其中细目是建立在商品特征基础之上的。

（五）商品分类有助于提高商品学的教学和科研工作

商品分类能够优化科研项目各级管理流程，提高科研项目管理效率、质量，提高商品学教学工作和科研水平。

活动二　确定商品属性

活动背景

经过上一节活动的学习，李明同学对商品的概念有了一个全新的认识，为学习本节知识打好基础。

知识探究

一、商品属性页作用

商品分类可以把原本庞杂的商品类目进行统一的规划和划分，使其科学化、规范化。淘宝的商品属性页就是建立在商品分类的基础之上的。

（一）方便客户通过“类目浏览”找到产品

通常客户提交订单的基本步骤是先在搜索框中检索自己所需要的商品，然后再进入细分类日，选择类目中的属性值。

电商平台会根据商品的分类标准设置一级分类、二级分类，更为精确的还包含了三级分类。然而并非类目越细越好，过多的类目增加了用户搜索的负担。如图3-4中唯品会的商品类目设置了二级类目。

图3-4　唯品会的商品类目设置

（二）提高客户通过“关键词搜索”找到产品的概率

淘宝搜索是一个庞大而复杂的过程，客户用关键词搜索产品，其实是带着一种目的性、精准的需求检索，搜索引擎会根据搜索引擎排序规则来展示该关键词下的产品排名，进而将结果展示给客户。通常情况下，影响搜索排名的因素有五个：①商品与买家搜索需求的相关性，这就是产品与关键词的关联性；②商品的信息描述质量，包括主图规范性要求、详情页描述等；③商品的交易转化能力，转化率是淘宝搜索展示的要求之一，高点击率、低转化率，说明商品编辑有问题；④卖家的服务能力，如客服相应时间、发货速度、售后问题解决速度及卖家好评率等；⑤搜索作弊的情况，如标题规范性描述、商品的信息描述质量、商品与买家搜索需求的相关性等，涉及相关属性的填写。

需要层次理论

可以看出关键词是用户检索商品的首要信息，因此完整正确的商品属性有助于买家通过关键词搜索、商品属性页面的筛选，提高商品曝光的概率。

（三）提高商品在报名平台活动入选的概率

商品属性填写的精确度越高，越有利于提高商品的质量分，提高商品在报名平台活动时的入选概率。

如图3-5所示，电商企业非常热衷于打造相关活动，商家通过报名参与活动可以提高店铺流量。报名平台活动的商品要经过由系统和人工审核两个环节，而每个商品属性的准确性都影响着系统对产品的判断，智能筛选商品符不符合活动的要求。

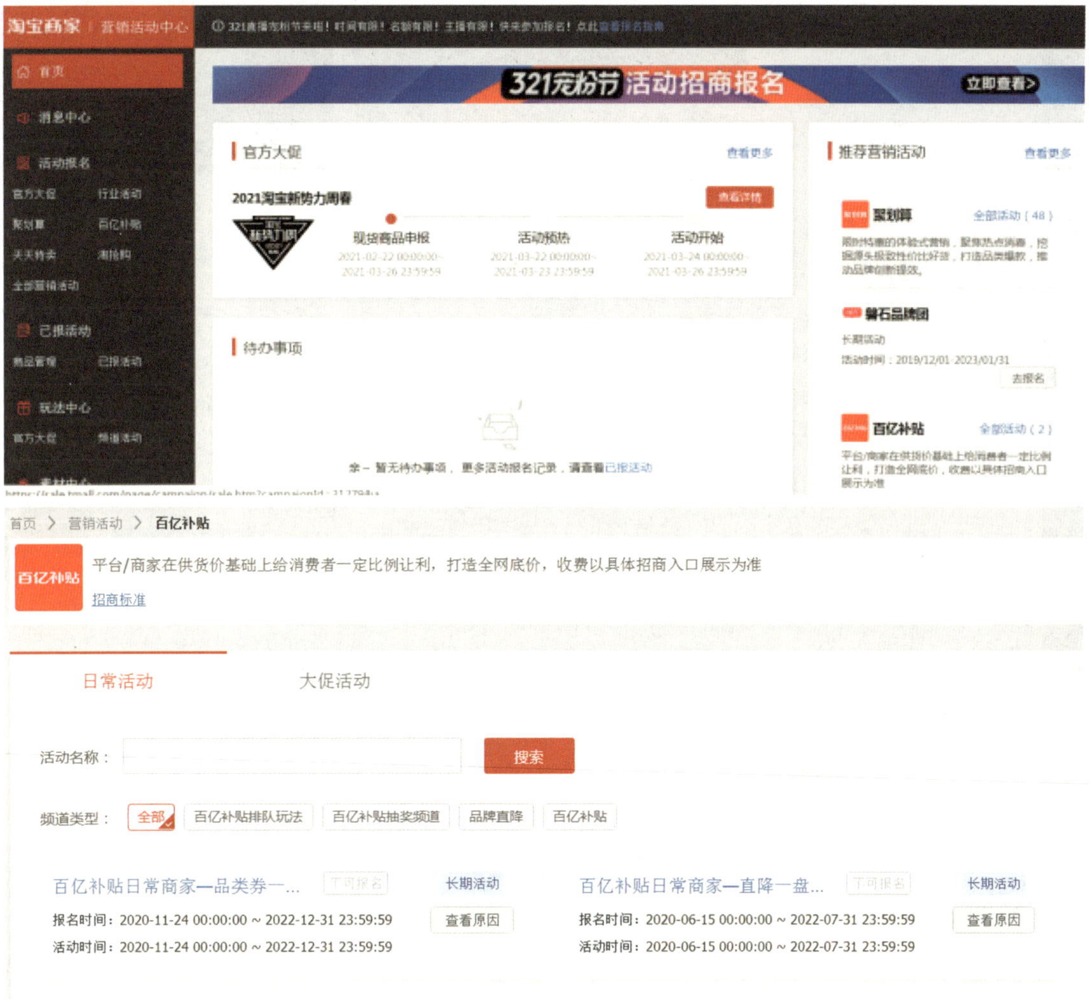

图3-5 淘宝活动报名页

准确填写商品属性还能增加商品的质量分，当然电商平台中评价商品的质量分的方式有很多种，如主图的尺寸、五张图片的是否规范、商品标题是否符合要求等。准确地填写商品属性是提高宝贝质量分的重要途径之一，从而让该商品在数以万计的竞品中被检索出来。

二、商品属性页

（一）商品属性概念

商品属性是产品本身所固有的特性，是产品在不同领域区别于其他产品的差异性集合。也就是说，商品属性是商品性质的集合，是商品差异性的集合。对于电商平台来说，属性就是产品的特质、特征、性质，如材质、颜色、风格、大小、尺码、季节、款式等。

（二）淘宝商品属性页

以图3-6为例，淘宝商品属性展示页部分类目中的属性是可以自定义的，既可以手工输入想要的信息，也可以通过检索系统自动推荐，如果发布是标类的产品，尽量选择系统推荐目录，防止类目放置错误。也有部分类目只有固定的属性，无法进行自定义，也无法添加属性，如阿里通信产品的类目就无法选择。如果有类目无法选择的，可以将描述内容放入宝贝详情，但客户要想通过类目查找产品的效果，其精准性就要差许多。

商品属性页在淘宝电脑端和手机展示略有不同，但展示效果和其承担的作用一样，对于中小卖家来说，一是商品在发布时的类目不能选错，二是商品的参数尽量填写准确、精细。

图3-6　淘宝商品属性展示页

三、填写商品属性页

下面我们就以淘宝平台为例来填写商品属性页面。首先登录千牛卖家平台，在宝贝管理栏中找到发布宝贝选项，选择并打开，按要求上传商品主图、辅图，有条码的填写条码，确认商品的类目，可以手动输入商品检索，也可以根据商品的属性自行选择类目，比如发布“六安瓜片”这款茶叶，类目中选择茶──►绿茶──►六安瓜片。图3-7商品发布页面中具有三级类目。

图3-7　淘宝商品属性页

根据每种商品的属性，填写商品的基本信息，淘宝商品琳琅满满，每种产品的类目也不太一样，如图3-8所示，平台对食品类的商品要求较高，除了填写商品基本信息外，还应当填写商品资质、食品安全等信息。

如果发布的商品具有多规格属性，如图3-9所示，服装类产品就需要使用多种规格编辑来发布商品。先在销售信息中选择颜色分类，再在尺码编辑栏中选择相应尺码，最后在商品销售规格中根据选定的规格和尺码输入相应的价格。

图3-8　淘宝食品类商品属性页

图3-9　多规格商品属性页

？【想一想】

学校超市里经营的商品大多数为快消品，学校超市的经营者如何根据商品的分类来确定商品的摆放和分区呢？

任务检测

1. 简述商品分类的含义。
2. 简述商品分类的意义。

3. 常见的商品分类标识有哪些？试分析下海飞丝洗发露的产品类目是如何划分的。

合作实训

世纪联华是国内比较大的超市品牌，超市内商品划分为若干大类，分别是冷冻食品类、饮料食品类、糖果糕点类、炒货蜜饯类、调味品类、烟酒茶类、软包装食品类、酱菜罐头类、腌制食品类、日化类等。同学们根据所学知识，选择一个产品大类，再确定其中类、小类及品类。根据下表所示的活动评价项目及评价标准总结自己的学习成果。

评价项目	分类准确程度（40%）	小组合作分析、比较、讨论表现（40%）	职业素养（20%）
评价标准	1. 分类统计合理、有效、完整 2. 分类统计比较完整 3. 分类统计不完整	1. 积极参与、有主见 2. 参与主动性一般 3. 不积极参与、没有自己的主见	1. 大有提升 2. 略有提升 3. 没有提升
自己评分			
小组评分			
教师评分			
第三评分			
总分			

任务二　拍摄商品

任务描述

客户在电商平台中想要找到自己所需要的商品，其实就是寻找一条信息流。这条信息流包含了图片、文字、视频等形式，通过电商平台连接买卖双方，所以在电商平台交易中信息流就显得尤为重要。如何在淘宝平台中上传一件优质的商品？首先就是需要准备商品的照片。如何提高商品图片的点击率，这就需要掌握一定的拍摄技巧。李明同学经过一段时间的学习，掌握了商品的基本知识，了解了淘宝对于商品的规范，现在让我们和他一起学习商品拍摄技巧吧！

任务分解

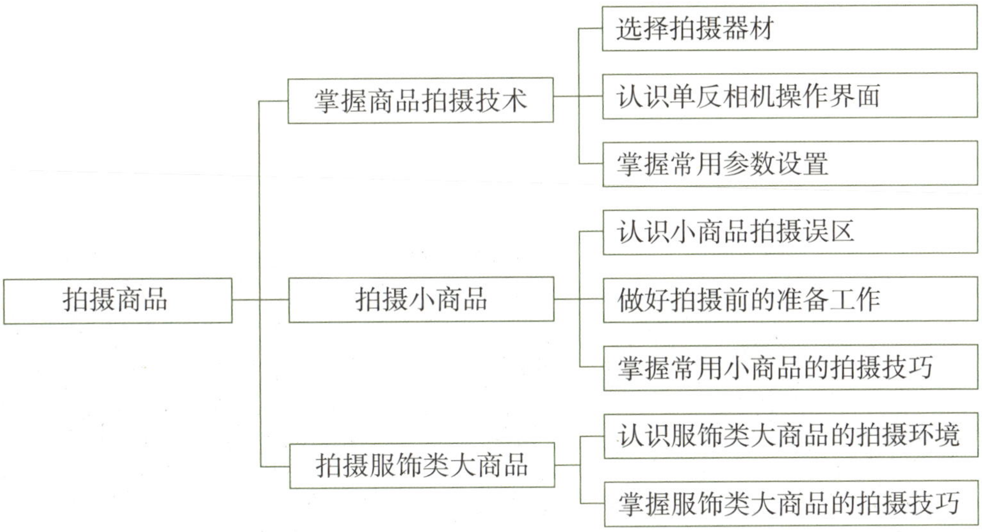

活动一　掌握商品拍摄技术

活动背景

网络店铺相比于传统店铺而言，最大的区别就是在商品展示中没有实物，卖家通过网络向买家传递图片、文字、视频等商品信息，买家获取信息后形成购买决策。此如何将实物转化为信息流，这就需要卖家掌握一定的拍摄技巧。

知识探究

一、拍摄器材

商品的拍摄不仅要求美观，而且还应当吸引消费者的注意，这就需要使用相应的器材来突出、展示商品的整体和细节。高端摄影器材在微距等特殊要求的拍摄方面有优势，但是摄影器材的价格偏高。拍摄一张优秀的图片，摄影器材选择要适当，但并不是说摄影器材越高端越好。

（一）家用数码相机

家庭用的数码相机如图3-10所示，我们也称之为卡片机。这种相机操作简单，可以实现自动调整焦距、曝光度等参数，并且现在大部分数码相机的像素均在1000万以上，所以像衣服、大家电等无需过多细节的商品，使用数码相机就能完全满足需求。

图3-10　卡片机

（二）单反相机

单反相机在拍摄高清、近距离的商品时，具有普通数码相机无法比拟的优势，通过选配各种焦距的镜头，可以拍摄小物件和展示精美细节的商品图片。如图3-11所示，使用单反相机需要了解其相关的常用参数和掌握一定技巧，如曝光三要素、对焦和焦距、景深、白平衡、曝光补偿等。

图3-11　单反相机及其常用参数

二、单反相机操作界面

单反指的是单镜头反光（Single Lens Reflex，SLR），这是当今最流行的取景系统，大多数35mm照相机都采用这种取景器。在这种系统中，反光镜和棱镜的独到设计使得摄影者可以从取景器中直接观察到通过镜头的影像。因此，可以准确地看见胶片即将“看见”的相同影像。

图3-12为佳能单反相机450D正面结构，可以根据所拍摄的物体场景选配各种焦距的镜头，如广角镜头、长焦镜头、微距镜头等。在拍摄的过程中，一般是右手握住相机手柄，左手托住相机镜头底部。使用变焦镜头时，左手可以方便地转动镜头上的变焦环进行变焦。

图3-13为佳能单反相机450D反面结构，除了功能按键，还包含了取景器、液晶显示屏。图3-14为液晶监视器拍摄设置显示，如光圈值、ISO感光度等。图3-15为取景器显示参数细目。

图3–12　佳能单反相机450D结构正面

图3–13　佳能单反相机450D结构反面

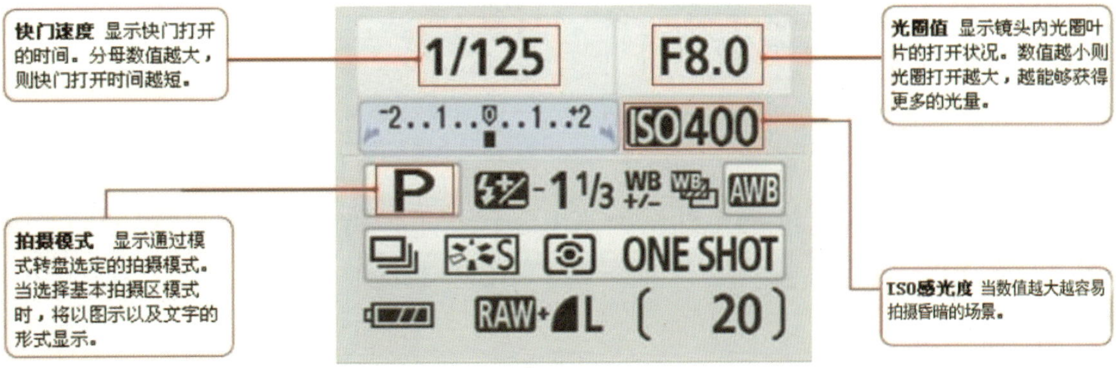

图3–14　液晶监视器拍摄设置显示

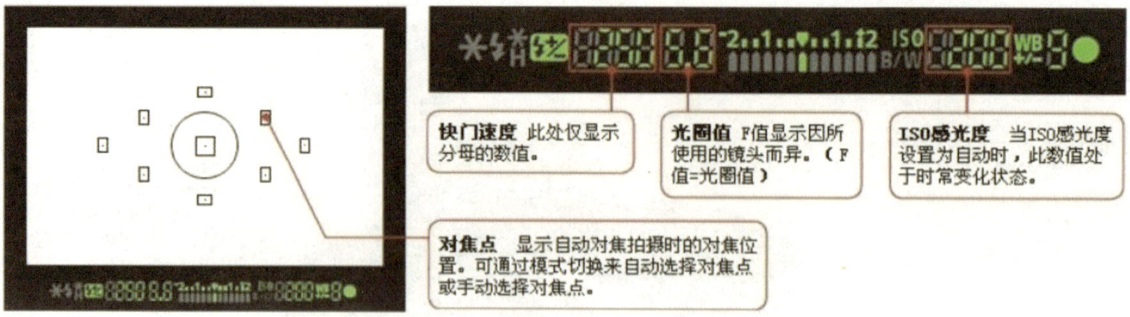

图3-15　单反相机取景器显示参数

图3-16为佳能单反相机450D顶部结构，此时的单反相机已经安装好标准变焦镜头。拍摄开始时，先保证正确握机姿势，再打开电源，根据场景调整相关参数。如果是初学者可以把模式旋转盘调整为全自动模式的应用，即AUTO模式。在这种模式下基本上不需要人工调整各种参数，也不需要考虑环境因素，只需要确定好构图后按下快门就可以完成一张照片的拍摄。

图3-16　佳能单反相机450D顶部结构

图3-17为佳能单反相机450D侧面结构，主要包含了各种接口输入和输出接口，还可以通过传感器控制灯光、无线遥控等，不但丰富了单反相机的功能，还拓展了单反相机的应用场景。

图3-18为佳能单反相机450D底部结构，主要包含三脚架接口和电池仓。对稳定性要求较高的拍摄环境可以选配标准接口的三脚架，以防止机身抖动造成图片模糊。

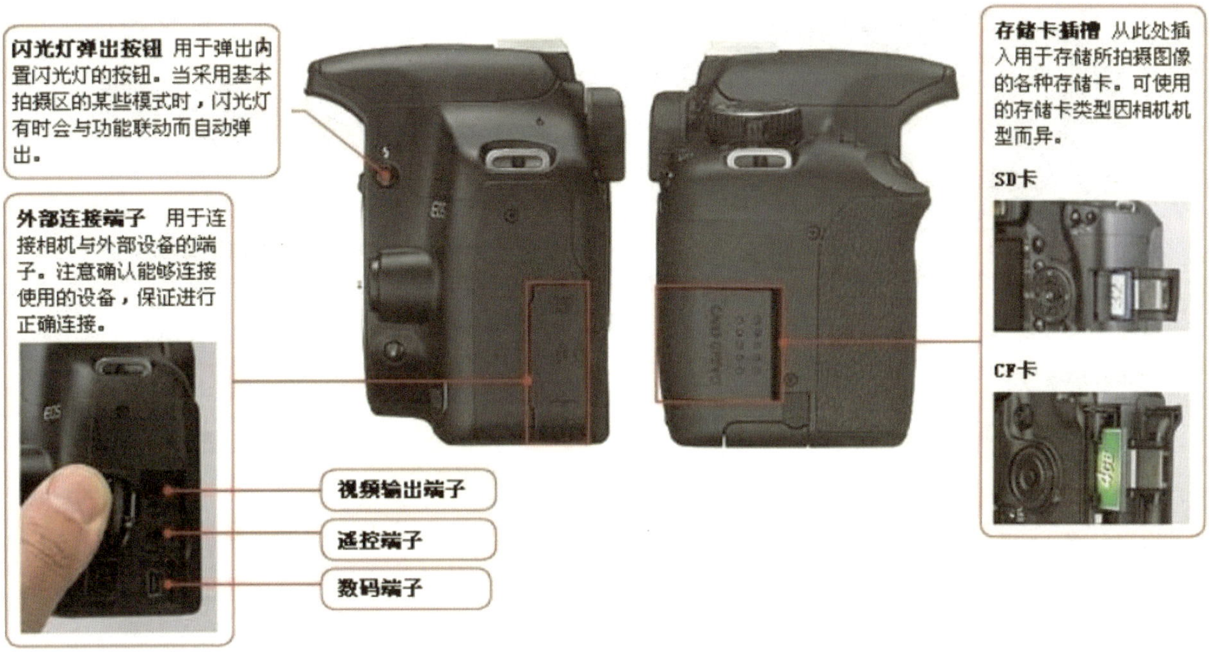

图3-17 佳能单反相机450D侧面结构

图3-18 佳能单反相机450D底部结构

三、常用参数设置

单反相机中包含很多参数设置，这些参数设置需要拍摄者根据场景、拍摄环境来进行调整，所以单反相机的熟练使用是建立在摄影师大量实践基础之上的。

（一）认识曝光三要素

单反数码相机的曝光三要素指的是：光圈、快门、感光度(ISO)。在实际拍摄过程中，已知任意两个参数，可以确定另外一个参数，这样一种换算方式摄影上称为互易律，或者叫作“倒易律”。

1. 光圈、F值、进光量

光圈就是相机的孔径大小，主要作用是控制进光量。图3-19为光圈在镜头内的位置及光圈设置。F值就是光圈值，计算公式为：F值=镜头焦距÷镜头有效口径直径。这说明F值和镜头焦距成正比，和镜头有效口径直径成反比。所以，假定其他参数不变的情况下，F值越小，光圈越大，孔径越大，进光量越多，画面亮度越亮。F值越大，光圈越小，孔径越小，进光越少，画面亮度越暗。

单反相机的光圈

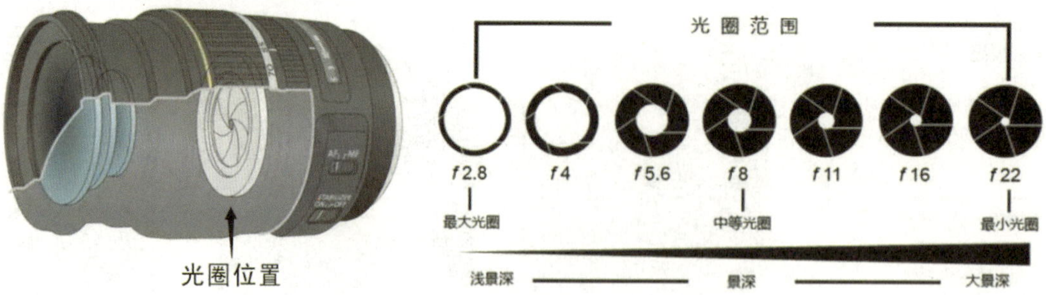

图3-19　光圈在镜头内的位置和光圈设置

此外，光圈还对景深有很大的影响：光圈越大，景深越浅，背景虚化；光圈越小，景深越大，背景清晰。

2. 快门速度

快门速度就是控制光线进入相机的时间。在日常的拍摄时只需要把模式转盘调整到TV模式，如图3-20所示，也就是快门优先模式。

通过快门优先设置我们可以捕捉运动物体瞬间画面。在其他参数设置不变的情况下，快门速度越快，曝光时间短，不容易出现抖动，但画面越暗，适合在光线充裕的环境中拍摄，如拍摄体育运动、野生动物、人物运动等室外场景。快门速度越慢，曝光时间长，很容易出现抖动，但画面越亮，适合拍摄水流、瀑布、车轨、星轨、烟花、光绘等。

图3-20　快门速度设置

3. 感光度

感光度（ISO）就是相机感光元件对光线的敏感程度，ISO数值越高表明该感光元器件的感光能力越强。平时拍摄的过程中可以使用低感光度，如100～1600。

单反相机的ISO可以划分为20个等级，如图3-21所示，最低值100，最高值12800。ISO数值越高，感光元件感应到的光线越多，画面越亮，噪点多，画质差。ISO数值越低，感光元件感应到的光线越少，画面越暗，噪点少，画质好。

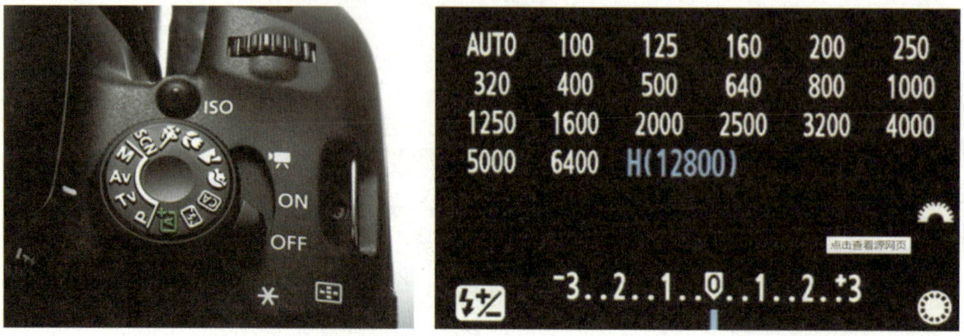

图3-21　感光度（ISO）按钮及设置界面

（二）知悉对焦和焦距

1. 认识对焦

对焦是让拍摄主体成像清晰的相机结构，先选择一个对焦主体，通过手动或自动调整对焦环来让拍摄主体清晰。如图3-22所示，常见的对焦模式有：①单次对焦AF-S，适合拍摄静止物体；②伺服（连续）对焦AF-C，适合拍摄运动物体；③自动对焦：相机决定对焦，一般越靠近相机的物体越容易被对焦到。④手动对焦：手动调整对焦环进行对焦，更加精准。

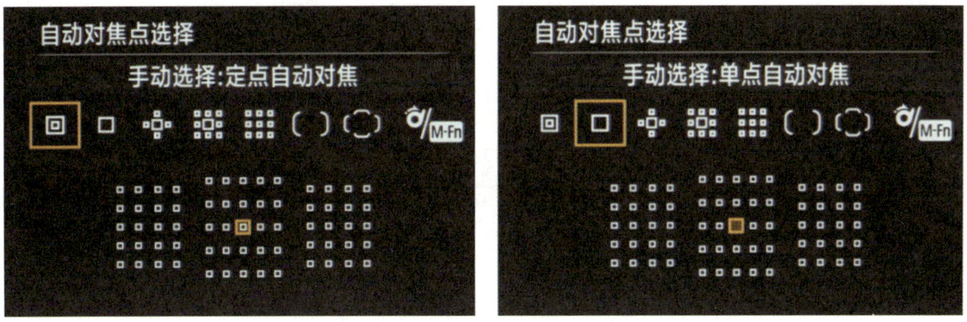

图3-22 单反对焦设置

2. 焦距

焦距就是我们镜头光学中心到感光元件的距离。焦距对视角有影响，在同样的地点拍摄：广角镜头（小焦距）可以容纳更多的内容到画面中，景深大，背景清晰；长焦镜头（大焦距）可以将远处的物体拉近拍摄，景深浅，背景虚化。图3-23中左边是广角镜头，右边是长角镜头。

图3-23 广角镜头和长焦镜头

（三）了解景深

景深就是我们对焦主体前后的清晰范围，分为前景深、后景深。在对焦主体之前的清晰范围叫前景深，之后就叫作后景深。景深=前景深+后景深。浅景深也叫小景深，就是景深范围小，背景虚化；大景深就是景深范围大，背景清晰。

影响景深主要有三个方面：①光圈越大，景深越小；光圈越小，景深越大。②焦距越长，景深越小；焦距越短，景深越大。③物距越近，景深越浅；物距越远，景深越大。图3-24为不同景深下的花朵照片。

图3-24 不同景深下的花朵

（四）认识白平衡

白平衡就是维持画面白色的平衡，主要和色温相关，是控制画面色彩的很重要的指标。一般建议调整K值就可以了，如果想要画面偏黄显暖调，就调低K值；如果想要画面偏蓝显冷调，就调高K值。建议白平衡后期进行微调，储存选择RAW格式。图3-25即为不同K值下的拍摄效果。

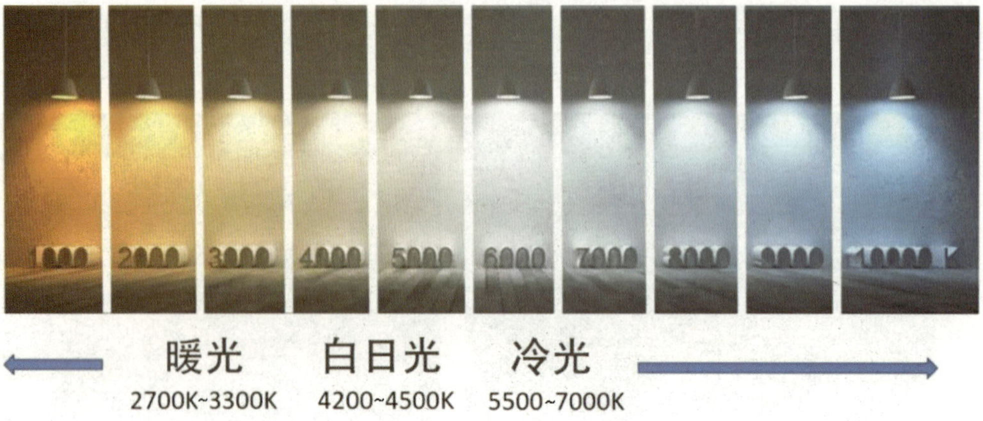

图3-25　不同K值下的拍摄效果

活动二　拍摄小商品

活动背景

通过前面的学习，我们对拍摄工具有了全新的认识，掌握了相关拍摄技巧。李明同学准备利用前期所学习的知识，来尝试拍摄几件小商品。

知识探究

一、小商品拍摄误区

网站竞争日趋激烈，商品图片同质化严重，特别是中小卖家，没有很好的设备、没有专业的人员，通常会选择相同或相似的图片进行模仿。这种情况下，想要在成千上万的卖家中突破重围，就会显得困难重重。通常在拍摄小商品的图片时会有哪些误区呢？

1. 图片感官与品牌定位不符

图3-26为知名化妆品品牌“兰芝”。图3-26的左图整体设计简洁大方，没有过多装饰，凸显“兰芝”隔离霜的功效，也彰显了品牌的自信。但网店拍摄的图片让人很难将商品与品

图3-26　与品牌定位不符

牌商品挂钩。即便网店所售的是正品，但通过这样的图片也很难让消费者信服，更别提点击率和转化率了。

2. 图片失真严重

通过图3-27中的左图和右图对比可以看出，左图拍摄角度是从上往下倾斜，整体失真严重，显得头重脚轻，而且没有布置好灯光，图片显得黯淡无光，同时背景的设置也有问题，灰色的背景不能很好地突出产品。相比之下，右图拍摄角度是正面，设置背景、灯光、投影也显得更加立体。

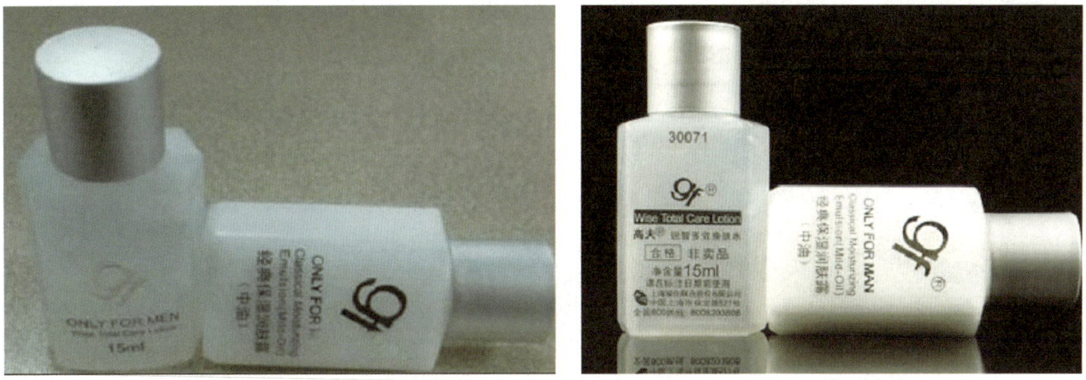

图3-27　拍摄角度出现问题

3. 商品背景环境设置错误

一般来说，白色底图显得有些单调，在商品的拍摄的过程中，有时会在辅图中加入场景从而使构图更加生动，但应当注意场景不能过于复杂、配色之间不能冲突，不然会喧宾夺主。如图3-28中的图片，由于背景环境杂乱，导致商品的主体凸显不出来，而且还增加了后期美工修改图片的难度。

二、拍摄前的准备工作

拿到商品之后，选择好拍摄工具，接着就是确定商品背景和灯光布置了，一般网店会选择在静物台上拍摄小商品。

图3-28　商品背景

（一）拍摄背景布的选择

背景布是室内摄影必备品，单色的背景布由于是纯色，所以有利于商品图片的后期处理。也有题材类的背景布，这种背景布和相关道具组合成不同的场景。拍摄背景布的选择要注意：①在拍摄时避免画面杂乱无章，若使用单一色彩背景布，可以采用同一色系的不同深浅的背景布来搭配成背景拍摄；②通常情况下，背景颜色不要过于艳丽；③背景布的颜色应与产品的颜色搭配和谐；④拍摄时可以适量增加道具进行画面点缀；⑤选择背景布的核心是突出产品主体，其次是凸显画面美感，切忌本末倒置。

（二）认识常用背景布材质

1. 植绒背景布

植绒背景布是利用电荷的自然特性产生的一种新工艺，具有立体感强、手感柔和、耐摩擦等特点。如图3-29所示，小商品拍摄时优先考虑高度加厚的植绒背景布，因为植绒背景布细致、较少出现强反光，拍出来图片背景干净、质地感强。

图3-29　植绒背景布及其拍摄效果

2. 无纺布背景布

无纺布背景布具有色彩丰富、价格低廉、柔韧、质轻、不易燃等特点。如图3-30所示，无纺布背景布多用于拍摄大件商品。

图3-30　无纺布背景布及其拍摄效果

3. 毛毡背景布

毛毡背景布多采用动物毛发制成，由牛毛、羊毛或人工合成纤维利用工业技术辅助黏合而成。如图3-31所示，毛毡背景布富有弹性，黏合性能好，不易松散，保温性能较高，组织紧密且空隙小，耐磨性较强，毛毡的伸缩性比较大，具有一定的吸光性。一般在服装拍摄时选择毛毡背景布，尤其是在平铺服装拍摄时。

图3-31　毛毡背景布及其拍摄效果

4. PVC背景布

PVC即聚氯乙烯，摄影背景中的PVC背景布一般是在聚氯乙烯树脂中加入增塑剂、稳定剂等制得。如图3-32所示，PVC相对来说具有轻便、耐用、耐磨、不易撕破、防水、比较细腻、性价比高等特点。

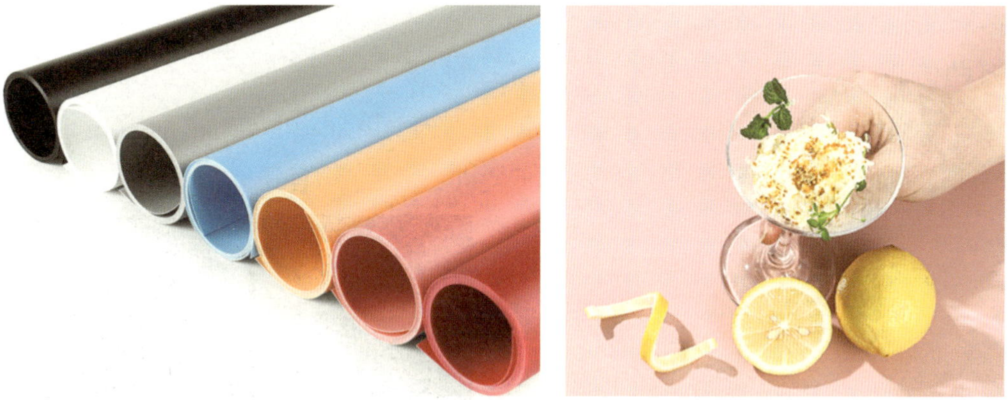

图3-32　PVC背景布及其拍摄效果

5. PP摄影背景板

PP摄影背景板是现在摄影背景板市场上的主流产品。相比传统的背景纸和背景布，PP背景板耐用性好、不易皱、不易破损、可水洗、反光性低。如图3-33所示，PP摄影背景板适用于饰品、皮革、毛绒及各种易脏物品和液体的拍摄，拍摄出的图片中商品的立体感和层次感强，并且图片易于后期处理。

图3-33　PP背景板及拍摄效果

6. 亚克力背景板

亚克力又名特殊处理有机玻璃，是有机玻璃换代产品。如图3-34所示，用亚克力制作的背景板有透光性能好、颜色纯正、色彩丰富、外观平整、使用寿命长等特点。

图3-34　亚克力背景板及其拍摄效果

（三）布置灯光

在商品拍摄中布置灯光就是确定摄影灯光线路径的选择，不同光线配合不同背景所拍摄出来的图片效果各不相同。

1. 前方两侧布光

如图3–35所示，前方两侧布光是商品拍摄中最常用的布光方式，前方投射出来的光线全面而均衡。相机沿着光线路径拍摄，商品表现全面，不会有暗角。

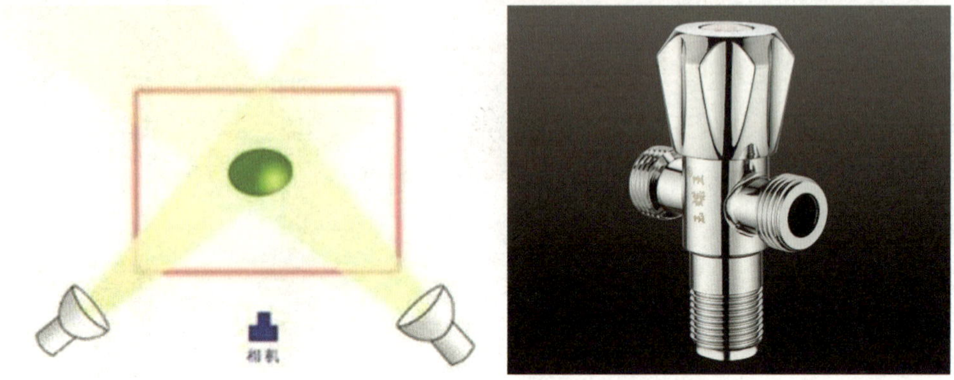

图3–35　前方两侧布光及拍摄样品

2. 后方两侧布光

如图3–36所示，后方两侧布光，商品的正面会产生大片的阴影，从而无法看出商品的全貌。因此，除拍摄需要表现如琉璃、镂空雕刻等具有通透性的商品外，最好不要轻易尝试这种布光方式。

图3–36　后方两侧布光及拍摄样品

3. 两侧45° 角布光

如图3–37所示，两侧45° 角布光使商品的顶部受光，正面没有完全受光，适合拍摄外形扁平的小商品，不适合拍摄立体感较强且有一定高度的商品。

图3–37　两侧45° 角布光及拍摄样品

4. 单侧45° 角不均衡布光

如图3-38所示，单侧45° 角不均衡布光时，商品的一侧会出现严重的阴影，底部的投影也很深，商品表面的很多细节无呈现。同时，由于减少了环境光线，反而增加了拍摄的难度。

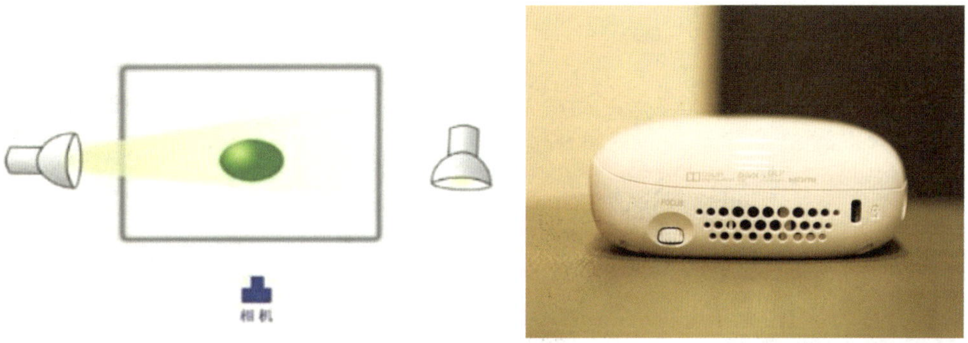

图3-38　单侧45° 角布光及拍摄样品

5. 前后交叉布光

如图3-39所示，前后交叉打光可以表现出商品表面的层次感，如果两侧的光线还有明暗的差别，那么就既可以表现出商品的层次又保全了所有细节，比单纯关掉一侧灯光的效果更好。

图3-39　前后交叉布光及拍摄样品

三、常用小商品的拍摄技巧

（一）掌握首饰类商品拍摄方法

首饰类商品具有金属或玻璃质感，这类商品在拍摄过程中容易反光，所以应尽量避免使用闪光灯拍摄，应当选取在周围色彩比较单一、与商品本身颜色呈相对色或深色的环境里拍摄。如图3-40所示，背景布可以选择植绒背景布、PVC背景布，灯光采用单侧45° 角不均衡布光，单反参数设置建议为光圈值F/8、曝光时间1/40 s、ISO 100。

图3-40　首饰类商品的拍摄

（二）熟悉化妆品类商品拍摄技巧

化妆品类商品一般采用瓶装或盒装，体积相对较小，拍摄工具可以选择背景板、柔光灯、单反或卡片机。如图3-41所示，为凸显细节和商品的质感，一般采用纯色背景，也可以使用白色背景板或黑色背景板作为底面。

图3-41　化妆品类商品的拍摄

（三）知悉透明商品拍摄方法

在拍摄透明商品的过程中，容易出现反光和投射背景，商品本身也容易出现污渍，所以需要保持背景和商品本身的干净。如图3-42所示，场景可以选择纯色背景板，这样才能凸显商品主体，柔光灯不要直接照射在物品上，肉眼明显感觉偏暗的区域可以增加反光板或白卡纸映衬，塑造立体感，角度一般采用45°角，从而带有一定的倾斜感。

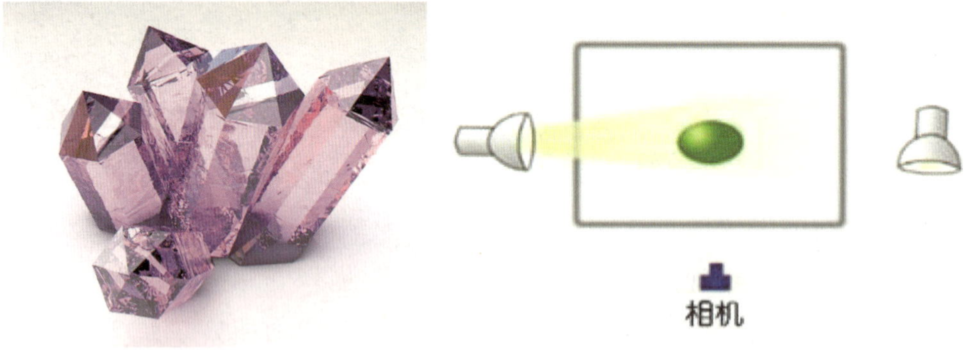

图3-42　透明商品的拍摄

活动三　拍摄服饰类大商品

活动背景

通过上一个活动，我们学会了小商品的拍摄技巧，在电商平台的类目中还有女装、男装等大商品类目，该如何拍摄服饰类大商品呢？

知识探究

一、服饰类大商品的拍摄环境

服饰类大商品通常的拍摄环境可以选择室外街景、室内布景及棚内拍摄三种方式。在户外拍摄商品时，复杂的场景和光线是最主要的干扰因素，所以在拍摄的过程中要注意以下三个方面。

（一）室外街景

商业气氛浓厚的闹市区非常适合拍摄时装，临街的商场、路灯和广告牌都是很好的布景，可以充分地加以利用，从而很好地表现出服装的潮流、品位和时尚感。但要注意不能选择在阳光直射的环境中拍摄，因为在阳光直射的环境中非常容易造成相片曝光过度或色彩出现偏差。户外拍摄时可以选择在遮挡物下面进行，如在大树、屋檐下配合反光板进行拍摄。

（二）棚内拍摄

棚内拍摄商品时，干扰因素相对较少，最好是使用一个可以将背景纸卷起来的支架，这样可以方便根据不同服装的颜色来更换相配的背景纸。拍摄男装的时候可以尝试大胆地使用男人较喜欢的黑色、灰色等背景，只要与服装风格协调，拍出的画面就会显得简洁而时尚。

（三）在室内搭建实景

在室内搭建实景进行拍摄比摄影棚内的背景纸更具有立体感、现场感和真实感，对比也更加强烈。可以充分利用室内的每个角落、每件家具来布景，也可以放置一些自制的木板箱、小柜子、几何体和小装饰物等作为拍摄道具。但是这类布景必须充分考虑道具颜色与拍摄主体的协调性，而且不能喧宾夺主。如果衣服的颜色比较浅，可以选择比较深颜色的背景，这样拍出来的商品图片才会色彩分明，更加立体、真实。

二、服饰类大商品的拍摄技巧

拍摄服饰类大商品时，一般选择模特和平铺两种方式。模特试穿可以加入街景，这样会有很好的代入感，但如果选择色彩过多的街景往往会对商品产生干扰，导致商品不突出，影响拍摄效果。

（一）学会背景虚化拍摄

在拍摄服饰类商品的图片时，如图3-43所示，可以通过虚化背景来凸显商品。例如，设置光圈参数，光圈越大，背景越虚；选择长焦镜头，焦距越长，背景越虚；拉开主体与背景的距离，被摄物体离身后背景越远，背景越虚。

图3-43　女装户外拍摄

（二）使用商品平铺摆拍

商品平铺摆拍容易抓住细节、突出亮点。首先要选择适合的背景板，可以根据衣服的材质及展示的效果和性质来选择，建议选择纯白色背景板、木质的背景板或布艺等淡色的背景板，因为无论是后期抠图还是具体的展示，淡色背景一般能吸引眼球且不喧宾夺主。

在选择背景板之后，还需要对衣服进行整理。平整的衣服比凌乱的衣服更能显示出质感。需要对衣服的领子、袖子及所需摆拍的侧边等进行展示的时候，可以对衣服进行叠加和搭配。

平面摆拍服装的时候可以选择摆着拍、放着拍、正面拍，也可以把衣服挂着拍。如图3-44所示，衣服挂在衣架上，通过不同的灯光照射进行服装的拍摄，能给人一种质感和立体感。

图3-44 平面摆拍

（三）适当加入道具

当我们采用摆拍方式的时候，如图3-45所示，可以在墙上或地上添加小装饰物来增加构图上的美感，漂亮的衣架、鲜花、玩具、书籍、小家具都是不错的选择。甚至可以直接将服装挂在白色或原木的小架子上，利用架子的摆放角度来打破原来贴墙悬挂时呆板的横平竖直的构图，使商品照片显得更加生活化。

图3-45 加入道具点缀

（四）突出拍摄商品细节

多角度的细节拍摄可以把最真实的商品信息传递给消费者，这就需要对商品的细节进行挖掘。如图3-46所示，独特的设计、细腻的材质和精美的商标，这些都需要我们着力去呈现。细节展示能够增加消费者好感和下单欲望，通常需要掌握微距拍摄的技巧。

图3-46 牛仔裤细节展示

？【想一想】

随着科技的发展，手机变得越来越智能、像素越来越高。那么，我们在商品拍摄中，手机是否能取代单反相机呢？试着讨论一下。

任务检测

一、单项选择题

1. 防震、防晒、防热、防潮和（　　）是照相机维护和保养的基本要求。

A. 防盗　　B. 防借他人使用　　C. 防频繁使用　　D. 防尘

2. 常用照相机的光圈系数排列顺序为（　　）。

A. F/2F/2.8F/4F/5.6F/8F/16F/22　　B. F/1.4F/1.8F/2.8F/4.8F/6F/8

C. F/1F/2F/3F/4F/8F/16　　D. F/2F/2.8F/4F/5.6F/8F/11

3. 在同等条件下，F/5.6的景深（　　）F/11的景深。

A. 大于　　B. 大于或等于　　C. 小于或等于　　D. 少于

4. AF符号是指（　　）。

A. 测光方式　　B. 自动调焦　　C. 光圈系数　　D. 曝光模式

5. 镜头的焦距通常用（　　）来表示。

A. mm　　B. cm　　C. mc　　D. hh

6. 感光度和曝光量的关系是（　　）。

A. ISO50比ISO100感光度高　　B. 感光度和曝光量没关系

C. 感光度越低，需要的曝光量越多　　D. 感光度越低，需要的曝光量越少

7. EV是指摄影中的（　　）。

A. 曝光量　　B. 曝光值　　C. 曝光方式　　D. 曝光范围

8. （　　）快门能够记录被摄体的瞬间状态，是对拍摄对象时空片段的截取。

A. 高速　　B. 低速　　C. 极速　　D. 全速

9. 下面哪种装置可以在光线不足的情况下对物体进行补光？（　　）

A. 灰板、反光伞　　B. 灰板、闪光灯

C. 遮光罩、反光板　　D. 闪光灯、反光板

10. 光圈系数和快门速度的每个组合所取得的曝光量都是一样的，这叫作（　　）。

A. 曝光正常　　B. 等量曝光　　C. 倒易律　　D. 曝光量

二、填空题

1. 光圈的主要作用是控制__________和__________。光圈越大，曝光量__________，景深__________；光圈__________，曝光量__________，景深__________。F值__________，表示光圈__________。

2. AV模式是________优先式曝光模式。

3. ________是商品拍摄中最常用到的光源，它是一种便携式的强光源。

4. ________是拍摄时用于固定相机，保持相机曝光时稳定性的辅助摄影器材。

5. 当拍摄主体太小的时候应该利用相机的________功能进行拍摄。

三、简答题

1. 简单介绍平时拍摄中所用到的辅助摄影设备。

2. 简单阐述拍摄中对焦失败导致照片模糊的两个原因及其解决方法。

合作实训

图书类目在电商销售品类中占比较大，同学们根据所学的知识，结合商品拍摄技巧，选择我们的教材作为拍摄商品。所有同学可以分成若干个小组，每个小组配备一台单反相机，利用本次任务所学的知识，对比一下在不同模式下的照片效果，最后对照片和活动进行评价。

评价项目	照片美观度（40%）	小组合作分析、比较、讨论表现（40%）	职业素养（20%）
评价标准	1. 图片清晰美观、无变形 2. 图片偏色、变形、模糊等 3. 图片色彩、变形较重	1. 积极参与、有主见 2. 参与主动性一般 3. 不积极参与、没有自己的主见	1. 大有提升 2. 略有提升 3. 没有提升
自己评分			
小组评分			
教师评分			
第三评分			
总分			

任务三　美化商品图片

任务描述

商品拍摄好就可以直接上传网店了吗？答案是否定的，受制于光线、场景、拍摄技巧等因素的影响，拍摄商品图片时往往会出现偏色、失真等问题，这就需要我们使用图片处理工具，对商品图片进行后期处理了。

任务分解

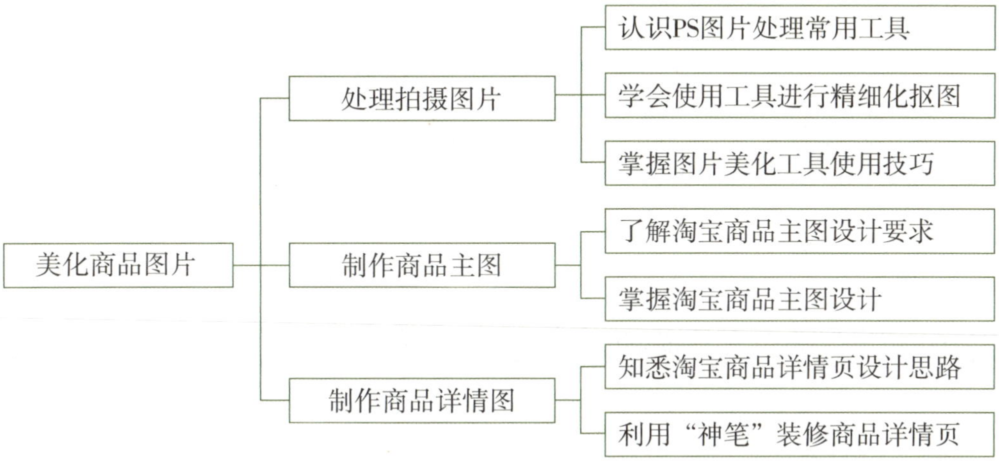

活动一　处理拍摄图片

活动背景

李明同学通过前期的知识学习，掌握了商品图片的拍摄技巧，但拍摄好的商品图片就能直接上传淘宝平台吗？李明同学浏览了淘宝平台后发现，淘宝平台对图片有所要求，如图片尺寸是否合规等。这时他想起计算机课程中的PS软件，决定利用PS中的常用工具对商品进行处理。

知识探究

一、PS图片处理常用工具

（一）修补工具修复图像

当图片的某个区域出现瑕疵时，我们可以使用修补工具来修复图片，修补时需要先创建一个选区，将需要修补的区域选中，然后按住鼠标左键，将选区拖动到正常像素的区域即可。图3-47是PS的修补工具栏。

图3-47　修补工具栏

PS的修补工具栏的功能选项包括以下四项：①源，将修改选区拖动到目标选区，则源区域图像将对目标区域的图像实现覆盖；②目标，将选定区域作为目标区域，用来替换需要修改的区域；③透明，可以将图像中差异较大的形状图像或差异像素修补到目标区域中；④使用图案，选定图片中需要修改的区域，点击使用图案，在后方弹出图案预设选项，选择即可以对选定区域的图案进行修复。效果如图3-48所示。

图3-48 修复图片

（二）掌握修复画笔工具使用方法

修复画笔可以选择从图像中取样或用图案来填充图片，以达到修复图像的目的。图3-49为PS的修复画笔工具栏，主要功能选项有取样和图案：①取样，可以从图像中取样来修复有缺陷或多余的图像；②图案，将使用图案智能填充画笔选定区域。

图3-49 修复画笔工具栏

具体使用方法是选择修复画笔工具，按住Alt键，在图像中没有污损的位置，单击取样，最好选择污损周围的好的像素，这样修复效果会更好，然后单击污损的位置，即可将刚才取样位置的像素复制到当前的位置。效果如图3-50所示。

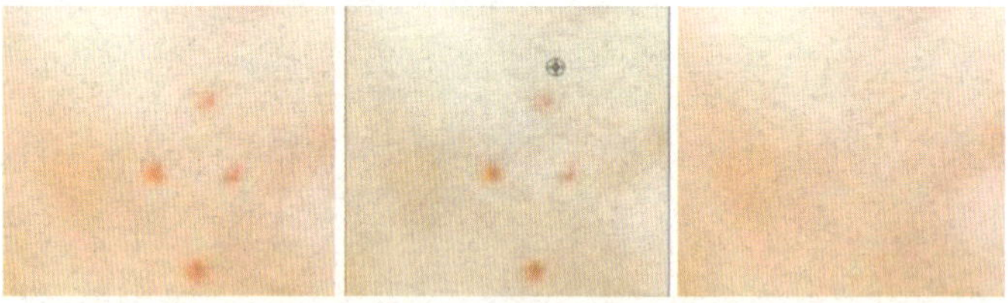

图3-50 修复画笔处理图片

（三）裁剪工具的使用

使用裁剪工具可以将图片裁切到合适的尺寸或合适的角度，图3-51为PS的裁剪工具栏。可以通过工具栏，设置裁剪图片长宽像素。

图3-51 裁剪工具属性栏

具体使用方法如图3-52所示，第一步先使用PS打开需要编辑的素材图，选择工具箱中的“裁剪工具”，在图片中按住鼠标左键不放并拖动绘制裁剪区域，松开鼠标，将出现一个裁剪框，裁剪框外是将裁剪掉的图像区域。第二步先定义好裁剪框后，按Enter键，或者在裁剪框内双击鼠标左键均可执行裁剪操作。若希望取消裁剪，可按Esc键取消裁剪。

图3-52　皮包裁剪效果

二、使用工具进行精细化抠图

（一）利用魔棒工具进行抠图

魔棒工具是根据在图片点击处的颜色范围来创建器选区的一种工具，适合图像是纯色背景、图像与背景色差明显或图像的边界色差明显的时候，我们可以使用魔棒工具进行抠图处理。图3-53为PS的魔棒工具栏。

图3-53　魔棒工具栏

如图3-54所示，在使用的过程中：第一步，打开需要处理的图片；第二步，在选项工具栏中勾选“连续”，根据需要扣取的背景颜色，设定相应的容差值（容差是用于确定颜色取样的范围值，容差值越大选区的色彩范围就越大，容差值越小选区的色彩范围就越小）；第三步，确定选区后，按键盘中的Delete键，删除选中的选区。

图3-54　利用魔棒工具进行抠图

（二）利用快速选择工具进行抠图处理

使用“快速选择工具”，利用可调整的圆形画笔笔尖来快速建立选区。拖动时，选区向外扩散并自动查找和跟随图像中定义的边缘。图3-55为PS的快速选择工具栏。

图3-55　快速选择工具栏

打开需要编辑的图像，选择“快速选择工具”，在要选取的图像上单击并拖动鼠标，与鼠标拖动位置相近的颜色区域将被选中，如图3-56所示。

图3-56　利用快速选择工具进行抠图

（三）使用钢笔工具进行抠图

1. 确定抠图路径

钢笔工具是绘制路径的基本工具，利用钢笔工具可以绘制各种各样的路径，在Photoshop点击钢笔工具。图3-57为PS的钢笔工具栏。

图3-57　钢笔工具栏

路径：该下拉选项中，包含“形状”“路径”“像素”三种钢笔模式。

选区：可以建立选区并设置选区的羽化半径像素。

蒙版：新建矢量蒙版。

形状：新建形状图层。

路径操作：该下拉选项中，包含“新建图层”“合并图层”“减去顶层形状”“与形状区域相交”“排除重叠形状”“合并形状组件”六种路径操作模式。

路径对其方式：选择绘制路径的对齐方式。

路径排列方式：设置路径的四种排列方式。

自动添加/删除：用户可以在线段中添加锚点，也可以单击锚点时删除锚点。

2. 绘制闭合路径

选取钢笔工具，在图层窗口中单击，如图3-58所示，确定起点，移动光标到下一个位置再单击鼠标左键，创建第二个锚点，根据需要绘制多个锚点，当光标移动到起始锚点的位置再单击，就新建了一个闭合路径。

图3-58　绘制直线工具

3. 绘制曲线路径

如图3-59所示，在图层窗口点击鼠标左键，绘制起始锚点，在图层窗口中点击形成第二个锚点，注意这时的鼠标左键不能松开，直接向上或者向下，就可以拖动出一条曲线，依次可以绘制U形曲线和S形曲线。

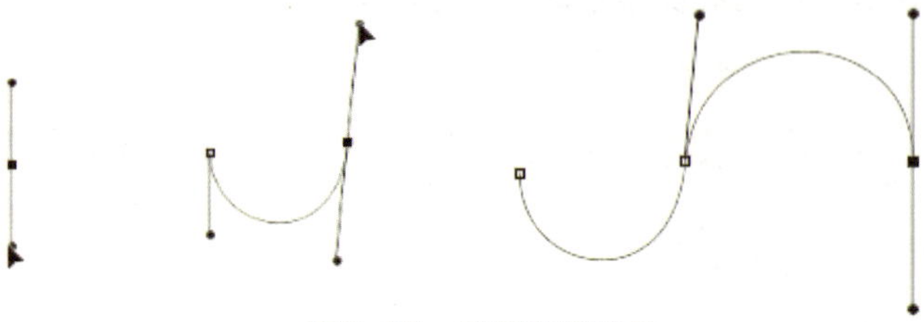

图3-59　绘制曲线工具

4. 利用钢笔工具完成抠图

第一步，打开需要编辑的图片，选择钢笔工具，工具栏属性设置为路径，在所需要扣选的图像边缘点击鼠标左键，绘制第一个锚点，然后沿着图像边缘另一个位置，单击鼠标左键绘制第二个锚点。

第二步，按住Ctrl键不放，“钢笔工具”临时转换为“直接选择工具”，用该工具拖动第二个锚点上下方的控制手柄，使第一条曲线段贴合于图像的边界，调整好曲线段后可松开Ctrl键，此时光标又还原为“钢笔工具”。

第三步，按住Alt键的同时单击第二个锚点，将其转换为角点，此时删除该锚点上方的控制手柄。

第四步，参照第二步和第三步的方法，使用钢笔工具勾勒出图像的轮廓，然后按Ctrl + Enter组合键，把路径转换为选区。再按Ctrl + J组合键复制选区内的图像，并且隐藏“背景”图层，即可将商品图像抠取出来。具体过程如图3-60所示。

图3-60 使用钢笔工具抠图

三、图片美化工具使用技巧

在拍摄商品图片时，由于受场景环境、拍摄技术等原因的限制，拍摄出来的成品与想要传达的视觉感受会有些许差别，这时可以使用“色彩平衡”命令，来调整整体画面的颜色倾向。如果对图片明暗、偏色等不满意，可以通过“色阶”“曲线”等命令调整商品图片。

（一）学会使用色阶命令来调整图片

色阶命令可以通过调整图像的阴影、中间调和高光的强度级别，从而校正图像的色调范围和色彩平衡。选择“图像——调整——色阶”命令或按组合键Ctrl + L，弹出“色阶”对话框。

如图3-61所示，色阶对话框中间部分的横轴代表亮度范围（从左到右由全黑过渡到全白），纵轴代表处于某个亮度范围内的像素数量。当大部分像素集中于黑色区域时，图像的整体色调较暗；当大部分像素集中于白色区域时，图像的整体色调较亮。

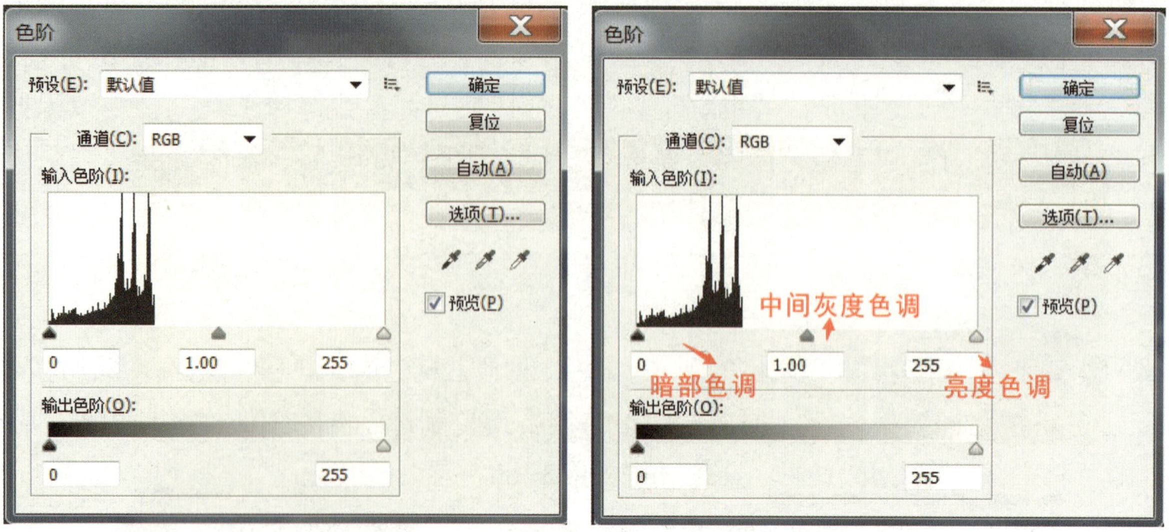

图3–61　色阶对话框

以图3–62所示，打开需要编辑的图片，按组合键Ctrl＋L弹出“色阶”对话框，从对话框中了解到该图像的像素都集中在暗部区域，我们可以通过拖动白色和灰色滑块调整图像的高光区域和中间灰度区域。

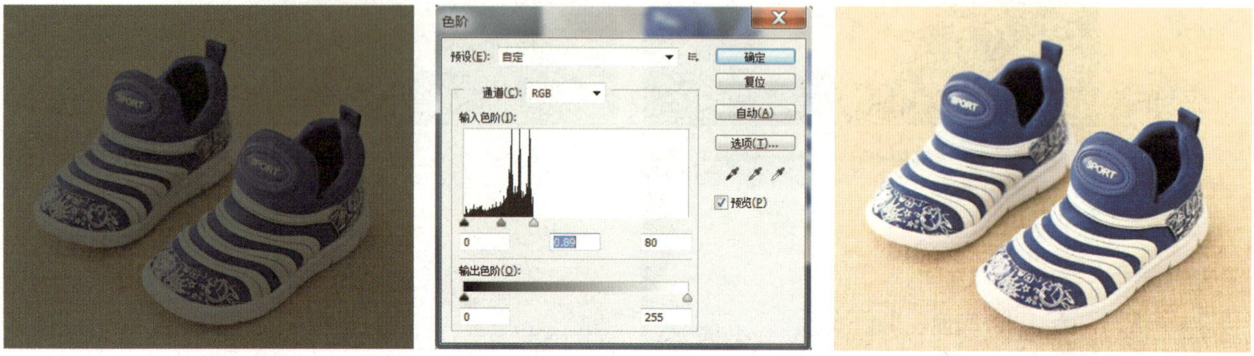

图3–62　利用色阶调整图片

（二）利用曲线精修图片

曲线工具是通过调整图像色彩曲线上的任意一个像素点来改变图像的色彩范围，是用来改善图像质量的首选工具。它不但可调整图像整体或单独通道的亮度、对比度和色彩，还可

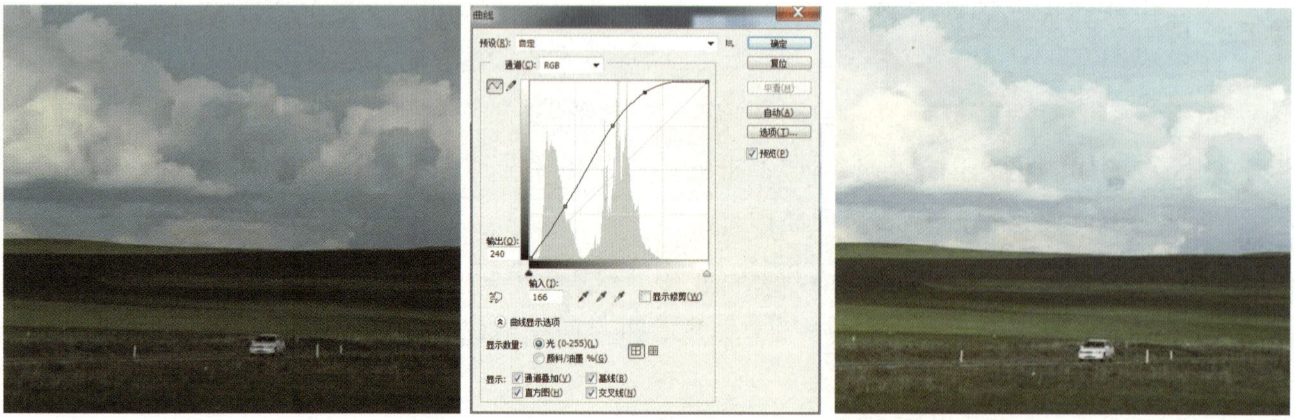

图3–63　利用曲线精修图片

调节图像任意局部的亮度。

打开我们需要编辑的图片，选择“图像——调整——曲线”命令，或按组合键Ctrl＋M，弹出“曲线”对话框。可以从下拉列表中选择不同颜色通道来调整图像，X轴为色彩输入值，Y轴为色彩输出值，曲线代表输入和输出色阶的关系，调节图像的明暗和色调。以图3-63为例，通过曲线工具的调整，该图像在亮度、对比度和色彩饱和度方面和原图有着明显的区别。

（三）利用色彩平衡调整图片

色彩平衡命令可以快速调整偏色的图片。色调平衡中的阴影、中间调和高光表示调整色偏的主体范围。如果勾选阴影，色调将以暗部为主，中间调和高光则是调整亮部变化。我们一般根据图像来判断，高亮图，趋白的亮度略多，色彩饱和度很低，色彩表现差，我们将重点调色彩饱和略高，一般就调节中间调或阴影。反之低亮图，将重点调中间调或高光区域。

如图3-64所示，打开需要编辑的图像，选择“图像——调整——色彩平衡”命令或按组合键Ctrl＋B，弹出“色彩平衡”对话框。图3-64中的左图出现了明显色差，图像整体色调偏黄，我们可以看到墙上颜色、猫的皮毛和环境严重偏色。按照图3-64中间图的参数设置，调整后如图3-64中的右图所示。

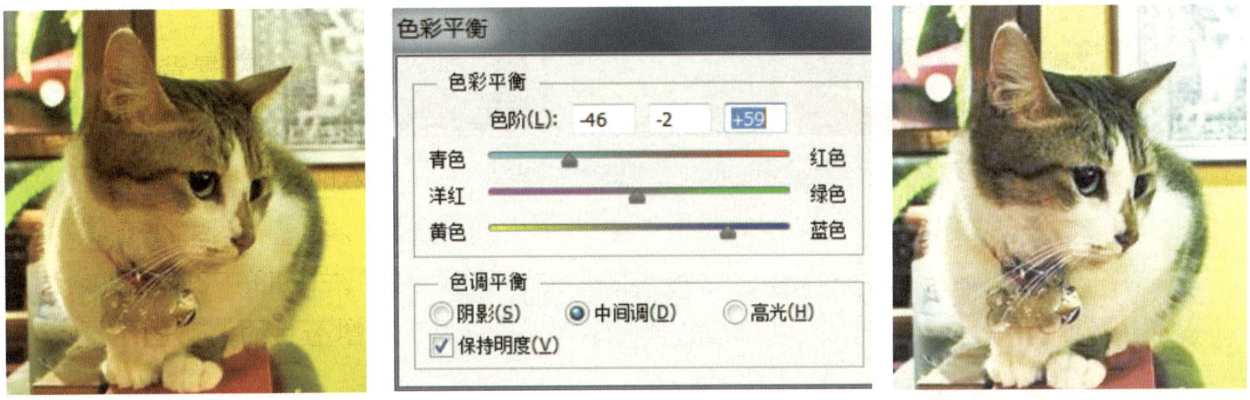

图3-64　利用色彩平衡调整图片

活动二　制作商品主图

活动背景

当用户通过关键词搜索某件商品时，最先展示在用户眼前的就是商品的主图，所以一张优秀的商品主图能够提高店铺的点击率，引导顾客进入店铺。

认识商品主图

知识探究

一、淘宝商品主图设计要求

在淘宝商品主图设置中，第一张图片为主图片，第二、第三和第四张图片为辅助图片或细节图，第五张图片为白色背景图片。

（一）知悉商品主图和辅图作用

第一张主图是产品的卖点图，它不仅需要传递商品整体结构，还要传达活动文案，所以主图是商品整体图和相关文案共同组成。第二张到第四张图片为商品的辅图，详细的图片既能放大产品的特点，还能增加购买者的好感。第五张图片是没有边框和水印的白色背景图片，白底图能够最大程度地突出产品，增加店铺的点击率，也是活动报名必备的图片。

（二）学会使用商品主图

一般来说，第一张主图上的信息是第一个卖点，其他辅图上会有第二个卖点、第三个卖点和其他卖点。在详细信息页面的顶部将首先列出产品的第一个卖点。主画面常会有一个场景画面，给买家一种替代感，这样效果会更好更明显。但是，我们应该注意总体规划，坚持完整、大气的风格，图片做到美观的同时还应突出商品主体，切不可被场景喧宾夺主。

在主图中还应当展示商品的亮点。例如，图3-65中三只松鼠主图设计的五张图片，都有它们自己独特的效果。第一张主图里面的元素包含：三只松鼠Logo，突出品牌；连续8年全网坚果销量第一，突出优势；价格、满减和超值装，突出划算。然后是三张辅图，突出商品细节和礼包内容。最后是白底图。五张图片设置循序渐进，从而使顾客看得更清楚，促使客户下单。

图3-65　三只松鼠主图设计

二、淘宝商品主图设计

淘宝为中小卖家提供1GB的多媒体存储空间，可以将处理过后的主图上传到千牛卖家素材库中，但需要满足淘宝平台的相关基本要求。

设计制作商品主图

（一）满足平台基本要求

首先，主图应为正方形(有个别表示长方形)，图片的长度和宽度相同，在显示时才不会变形。在淘宝和天猫中，如果主图的外边框有黑色边缘覆盖或主图被强行地变形拉伸，则是因为主图尺寸不是正方形的结果。

其次，淘宝主图的大小不能超过500KB，但也不要压缩得太小，太小了图片会失真，主图一般可以上传4～6个不同角度的图片。主图尺寸如果大于700像素×700像素，主图可以显示为放大镜功能。为了使主图更合理，建议主图的尺寸设置为800像素×800像素。这样的图片具有更清晰的图像质量，并且还具有放大镜的功能。客户可以通过放大镜功能查看产品的局部细节。

最后，Logo或独特标记均放置在主图的左上角，一是为了图片美观，二是凸显产品的品牌或标记，Logo不能随意放置。

（二）解决主图产品基础拍摄问题

拍摄主图时应当注意图片的构图和产品的位置。如图3-66所示，常用的构图方法有三角形组合法和九宫网格图案法，还有中心构图法和对角线构图法等。

还有一些由后来加工制作的主图，这种主图需要我们拍摄白色背景，也就是我们说的白底图。拍摄白色背景照片，实际上比带有场景的照片简单。因为带有场景和构图的照片还需要考虑光线射入路径、色彩搭配等因素。白底图的拍摄原则是要注意产品轮廓清晰，特别是商品的边缘不能模糊，以方便以后的抠图。天猫商家可以通过专业的拍摄设备和摄影人员来实现，而初创的淘宝小卖家理想的选择是使用白色的背景布。

图3-66　三角形构图法和九宫格构图法

（三）挖掘买家痛点，突出产品卖点

1. 主图的设计规范

拍摄好优质的产品图片后，我们将开始制作主图。在制作之前我们必须思考两点：一个是产品定位；另一个是消费者个性分析。只有充分了解目标客户群，才能制作出他们感兴趣的主图。

淘宝中高点击率的主图，第一眼看起来不仅美观、舒服，而且它还能传达商品的主题思想，其中的文本可以很好地表达商品的卖点，如价格、活动、产品优势等，让客户一目了然。如图3-67所示，在主图的设计中，要注意文本内容突出商品特点、优势，却不能夸大宣传。

图3-67　淘宝优秀主图设计

2. 知悉辅图的功能

辅图主要的作用是画龙点睛。一方面，它可以清晰地反映产品的主要特征；另一方面，它还可以创造自己的风格，如细节图、白底图等。

图3-68　洽洽瓜子辅图设计

如图3-68所示，在实际操作中，网店可以列出商品的卖点并优化想要在辅图上显示的内容，同时还应当考虑目标客户的年龄范围及偏好等。这样可以更好地精确吸引客户，提高点击率和转化率。

活动三　制作商品详情图

活动背景

主图设计的好坏直接关系到点击率的高低，但是对于电商运营的企业来说，转化率才是最为关心的。当客户通过主图打开店铺商品时，说明客户对商品感兴趣，想要进一步了解商品。所以说详情页的优劣是决定店铺转化率的高低的关键因素之一。

知识探究

一、淘宝商品详情页设计思路

淘宝详情页直接影响客户的浏览时间，客户停留时间的长短也是提升宝贝商品权重的方法之一，所以一张好的详情页设计不仅能够留住客户，同时还能提高客户转化率。想要把淘宝店铺运营好的卖家，一定要想办法设计一张优秀的淘宝详情页。那么，一张优秀的详情页是如何设计的呢？

（一）分析商品特点，做好商品规划

分析自身商品的特点，突出商品的优势，做好详情页的规划。一般详情页的构成要素是商品海报、商品参数、细节展示、商品优势、配件物流，通过图文结合的形式将商品全方位地展现出来。

（二）充分利用好主题海报

依据规划做出详情页，其中详情页的前三屏是比较重要的，第一屏默认是做海报。这张海报要体现产品的最大特色，宽度默认是750像素，高度不限制，但不要过长，如果详情页设计过长，可以使用PS中的切片功能，切片的时候尽量选择纯色背景区域，白色最佳。图3-69是三只松鼠和洽洽瓜子的海报设计。

图3-69　三只松鼠和洽洽瓜子的海报

（三）突出优点、发掘特色

在众多卖点中找到几个最有特色、最主要的卖点来进行宣传，按规划展示商品的特点、细节、商品优势等，让客户全面了解商品。如图3-70所示，茶叶类商品这样的细节图一般不止一个。再如衣服类的商品就需要模特的侧面、背面、衣服衣领、袖口的细节图，还有像家电类商品，不仅要多角度展示，还要体现厂家实力或买家评价等。

图3-70 发掘商品优势

（四）标明商品详细信息

商品的详细信息要写得仔细。如图3-71所示，售卖茶叶要把包装的规格、商品的含量、保质期等都要展示出来，商品详情信息可以放在特点的后面。

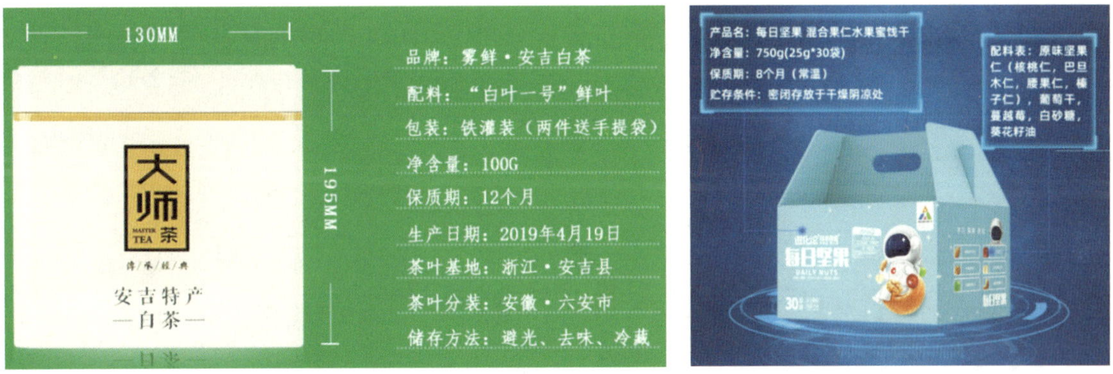

图3-71 商品详细参数

（五）关注买家须知

买家须知可以放到最后，如图3-72所示的储藏方式、发货时间、退换货规则等，这些因素是在客户有意向购买商品时才会关注的。而且，客户如有疑虑，可以咨询相关客服得到精准答案，所以可以把它放在详情页的最后。

图3-72 买家须知

（六）做好关联商品推荐

看完商品详情描述后，有的客户还未下单。对于那些犹豫的客户，一方面说明客户对商品感兴趣，另一方面说明商品某些问题和客户的需求存在偏差。如图3-73所示，这时候就需要使用关联商品推荐功能。

图3-73　关联商品推荐

二、利用“神笔”装修商品详情页

淘宝神笔是淘宝专为卖家提供商品详情描述的工具，模块化编辑，可以快速、便捷地设计出具有美感的详情图。

首先，打开淘宝商品发布页面，选择商品描述模版中的“使用旺铺详情编辑”按钮，打开“神笔”工具，如图3-74所示。

图3-74　打开“神笔”装修页

其次，在淘宝神笔商品详情编辑器中，选择合适的模板，商品详情模板分为免费版本和收费版本。免费版本如图3-75所示。

图3-75　详情页中的免费版本模板

最后，在淘宝神笔商品详情编辑器实现的是模块化编辑，即通过相应的模板，点击模块，右边会出现模块工具栏，在模块工具栏里可以实现替换图片、插入连接或编辑文字等操作，如图3-76所示，也可以将详情页统一设计，经过切图后直接上传。

图3-76 模块化编辑

?【想一想】

随着直播电商的兴起，很多客户都是通过看主播对商品的介绍便提交了订单，有些人便认为直播电商中商品的主图和详情页不需要设计。请你想一想并谈谈你的理解。

任务检测

一、单项选择题

1. 修补工具选择（　　）选项，将选定区域作为目标区域，用来替换需要修改的区域。

A. 源　　B. 目标　　C. 透明　　D. 使用图案

2. 选择修复画笔工具，按住（　　）键，在图像中没有污损的位置单击取样，然后单击污损的位置，即可将刚才取样位置的像素，复制到当前的位置。

A. Shift　　B. Alt　　C. Ctrl　　D. Enter

3. 在图片中定义好裁剪框后，按（　　）键，或者在裁剪框内双击鼠标左键便可完成执行裁剪操作。

A. Shift　　B. Alt　　C. Ctrl　　D. Enter

4. 在魔棒工具中（　　）是用于确定颜色取样的范围值。

A. 取样大小　　B. 容差值　　C. 选区　　D. 路径

5. （　　）不是钢笔工具中路径包含的模式。

A. 形状　　B. 路径　　C. 像素　　D. 选区

二、填空题

1. 选择“图像——调整——色阶”命令或者按组合键________，即可弹出“色阶”对话框。

2. PS中的“曲线”工具是通过调整图像色彩曲线上的________来改变图像的________。

3. 淘宝商品主图设置中，第一张图片被称为__________，第二、第三和第四张图片被称为________。

4. 淘宝中主图尺寸一般设置为__________像素。

5. 通常状态下，详情页第一屏我们可以放置__________。

三、简答题

1. 简述淘宝主图的设计思路和注意事项。

2. 淘宝详情页的一般布局思路是什么？

合作实训

上节课实训我们学习了图书类目商品的拍摄，现在大家利用所学的知识完成教材的主图、详情图的制作，全部同学可以分成若干个小组，小组成员可以在机房写作完成并进行评价。

评价项目	图片设计是否规范（40%）	小组合作分析、比较、讨论表现（40%）	职业素养（20%）
评价标准	1. 图片设计规范、商品卖点、特点非常突出。 2. 图片设计规范、商品卖点、特点没有很好表现。 3. 图片设计混乱，色彩搭配不协调，主题不突出	1. 积极参与、有主见 2. 参与主动性一般 3. 不积极参与、没有自己的主见	1. 大有提升 2. 略有提升 3. 没有提升
自己评分			
小组评分			
教师评分			
第三评分			
总分			

【技能大赛直通车】

一、网店开设装修竞赛内容

2021年全国职业院校技能大赛电子商务赛中网店编辑，包含了网店的开设与基本信息设置两个模块，由两名选手共同完成首页的“店标（Logo）、商品分类、网店Banner、商品推荐”的设计与制作，商品详情页的“商品展示类、吸引购买类、促销活动类、实力展示类、交易说明类、关联销售类”的设计与制作，竞赛时间为2小时，分值为25分。

（一）商品主图设计与制作

图片必须能较好地反映出该商品的功能特点、对顾客有很好的吸引力，保证图片有较好的清晰度，图文结合的图片中文字不能影响图片的整体美观、不能本末倒置。

要求：赛场制作4张尺寸为800像素×800像素、大小不超过200KB的图片。

（二）商品详情页设计与制作

商品信息（图片、文本或图文混排）、商品展示（图片）、促销信息、支付与配送信息、售后信息。商品描述中包含该商品的适用人群，以及对该类人群有何种价值与优势；商品信息中可以允许以促销为目的宣传用语，但不允许夸张。

要求：运用HTML+CSS和图片配合对商品描述进行排版；要求使用Dreamweaver处理成HTML代码或用Photoshop设计成图片后放入商品描述里添加，分值如图3-77所示。

商品开设装修	店铺首页	店标设计是否符合试题尺寸要求（“符合”得0.4分，“不符合”得0分）	0.4分	客观评分
		四张Banner设计为试题规定商品且尺寸符合要求（每符合1张，得0.4分）	1.6分	客观评分
		店标设计风格与店铺整体风格一致，设计独特、简洁，有一定的创新性	2分	主观评分
		Banner设计主题、字体、配色等视觉效果统一	1.5分	主观评分
		Banner设计采用图文混排，排版、布局合理	1.5分	主观评分
		Banner设计与店铺经营商品具有相关性	1.5分	主观评分
		Banner设计有吸引力并具有一定的营销属性，能提升店铺整体风格	1.5分	主观评分
	商品详情页	四张商品主图设计为试题规定商品且尺寸符合要求（每符合1张，得0.5分）	2分	客观评分
		商品详情页是否包含商品规格信息（“包含”得1分，“不包含”得0分）	1分	客观评分
		商品标题包含体现商品名称、属性、卖点的关键词（每个关键词0.3分，最高到1.5分为止）	1.5分	主观评分
		商品主图设计美观	1.5分	主观评分
		商品主图设计主题突出，具有营销导向	2分	主观评分
		商品主图设计有视觉冲击力	2分	主观评分
		商品详情描述包含商品属性，特点，卖点	2分	主观评分
		商品详情描述包含配送、支付、售后、评价等相关内容的信息	1.5分	主观评分
		商品详情描述采用图文混排，符合详情页设计逻辑	1.5分	主观评分

图3-77　网店开设与装修评分细则

二、竞赛赛卷

参赛选手登录竞赛系统，竞赛平台会提供比赛资源下载，点击下载所需要的素材压缩包，解压后得到素材文件，包含四个Banner素材文件夹、一个详情页产品素材、背景资料、比赛资源说明和卖家身份证图片，如图3-78所示。

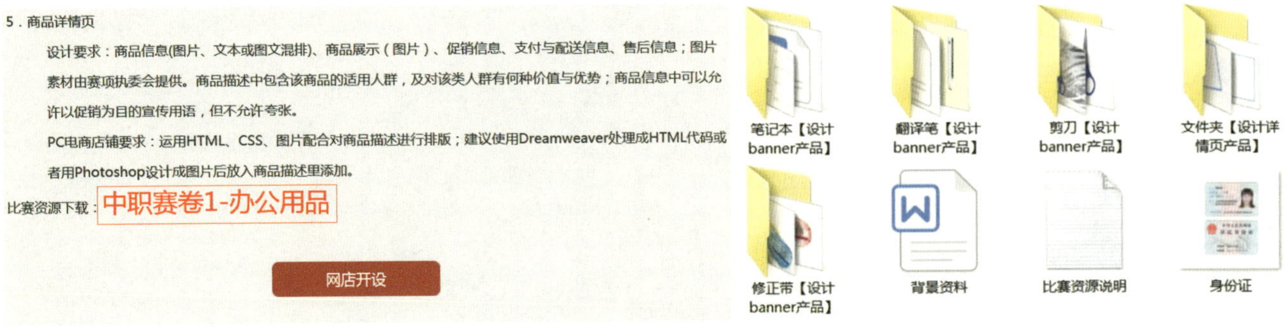

图3-78　竞赛系统素材文件

三、赛题解析

如图3-79所示，商品主图和详情页的设计需要满足以下条件：四张商品主图设计为试题规定商品且尺寸符合；商品详情页包含商品规格信息；商品标题包含体现商品名称、属性、卖点的关键词（每个关键词0.3分，最高到1.5分为止）；商品主图设计美观；商品主图设计主题突出，具有营销导向；商品主图设计有视觉冲击力；商品详情描述包含商品属性、特点、卖点；商品详情描述包含配送、支付、售后、评价等；商品详情描述采用图文混排，符合详情页设计逻辑。

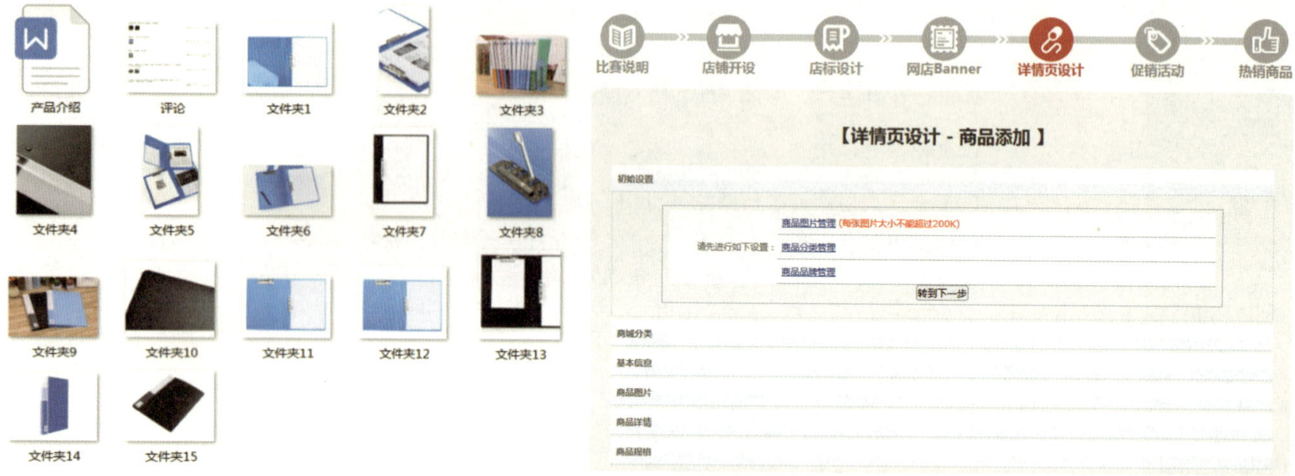

图3-79　店铺详情页设计

任务四　发布商品

任务描述

信息流是电子商务活动重要组成部分，李明将商品的主图和详情图设计好后，下一步需要上传到相应的电子商务平台中，从而实现商品的展示，但发布商品的前提是要了解发布商品的流程和规则。

任务分解

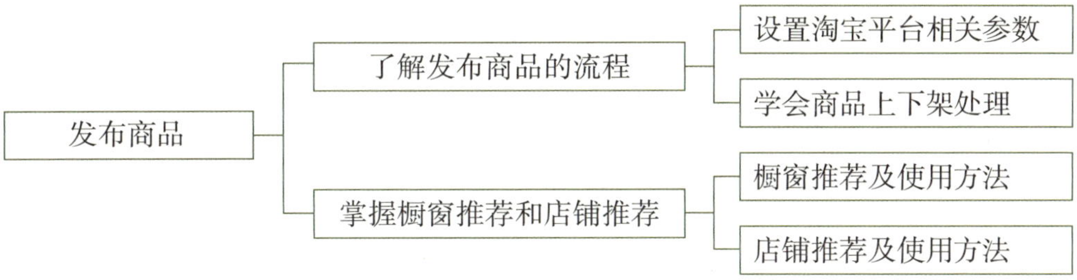

活动一　了解发布商品的流程

活动背景

通过前面知识的学习，李明掌握了商品知识，学会了商品拍摄技巧，知道淘宝的主图和详情页是如何设计的，下一步就是把设计好的素材上传到淘宝平台中。前期工作已经准备好了，李明摩拳擦掌，跃跃欲试。

知识探究

一、淘宝平台相关参数

淘宝发布商品之前，首先对需要发布的商品进行分类。前面我们已经学习过，一般的商品只需设置一级分类、二级分类，更为精准的还有三级分类。但过多的商品分类会加重消费者寻找商品的负担，不利于提高消费者的购物体验。还有一点需要注意的是，一级分类和二级分类是包含与被包含的关系。

（一）知悉商品分类设置

登录千牛卖家后台，在店铺管理中找到宝贝分类管理，打开宝贝分类管理页面，选择添加手工分类，输入一级分类和二级分类，以六安瓜片、霍山黄芽为例，它们都属于茶叶中的绿茶，所以一级分类可以设置为绿茶，二级分类是六安瓜片、霍山黄芽。如果再精细的话，可以从产品等级、加工工艺等方面考虑。

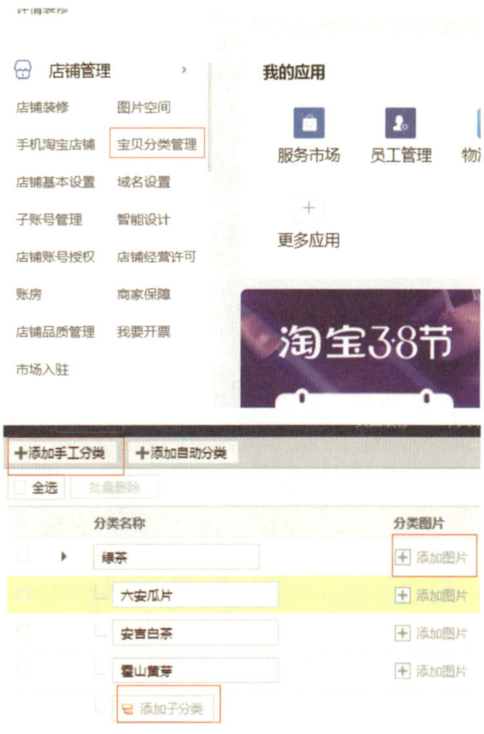

图3-80　添加商品分类

淘宝网为了个性化的需要，如图3-80所示，还可以添加一级分类和二级分类的图片，这个分类图片只有在电脑端才能展示，图片的宽度不能超过160像素。

（二）学会发布商品

1. 知悉发布商品和确认商品类目

在宝贝管理中找到发布宝贝选项，上传商品主图。如图3–81所示，淘宝默认五张图片，一张主图、三张细节图及一张商品整体图片或商品白底图。

淘宝有很多流量来源，平台活动是最主要的引流方式，在报名平台活动时需要使用不同尺寸的白底图，系统对白底图有相应的设计要求，如商品主题居中、背景白色、无其余装饰。

发布首页中设置的商品类目也可以被称为淘宝类目，是淘宝平台区分商品品类的主要方式，分类的展示页在商品检索页面里，消费者可以手动选择类目支持关键词检索或系统推荐两种方式。

图3–81 发布商品

2. 设置好商品标题

选择好类目、上传好主图之后，接着就需要设置商品标题。在淘宝上购买商品需要通过关键词检索，关键词就相当于商品的标签。通过关键词匹配结合商品权重，从而形成商品展示页，而商品的标题就是由这些关键词组成。设置一个好的商品标题，可以通过以下三种方法。

（1）巧妙利用淘宝搜索下拉框

核心词就是和商品属性相关性强的关键词，每个标题里面都必须有一个或多个核心词，长尾词是通过核心词拓展出来的。在对长尾词加权的过程中，长尾词中的所有词根都会跟着加权，长尾词中所包含的核心词的权重也会跟着提高，核心词的权重提高，就可以通过核心词给商品带来更多的流量。

如图3–82所示，打开淘宝网首页，确定商品的核心词，通过淘宝搜索栏检索核心词，系统会推荐近期搜索拓展词，这些拓展词就是长尾词，把核心词和长尾词结合，就可以得到商品的标题。

图3-82　淘宝检索栏统计关键词

（2）利用直通车流量解析功能

打开千牛卖家后台，选择直通车⟶工具⟶流量解析⟶关键词分析，我们可以获得的三个指标分别是市场趋势、人群画像、竞争透视。如图3-83所示，在“流量解析”页面下端，有个“词表下载”，可以得到最新的关键词排名。

图3-83　直通车关键词统计

（3）使用付费版生意参谋

打开千牛卖家后台，找到“生意参谋”、选择“市场”再点击“搜索分析”，就出来“搜索词分析”的输入框了，我们在输入框输入“核心词”，可以获得该“类目词”下所有相关联的“关键词”，更能清晰地看到这些词的“市场数据”。如搜索人气、搜索热度、点击率、点击人气、点击热度、交易指数、支付转化率、在线商品数、直通车参考价等，如图3-84所示。

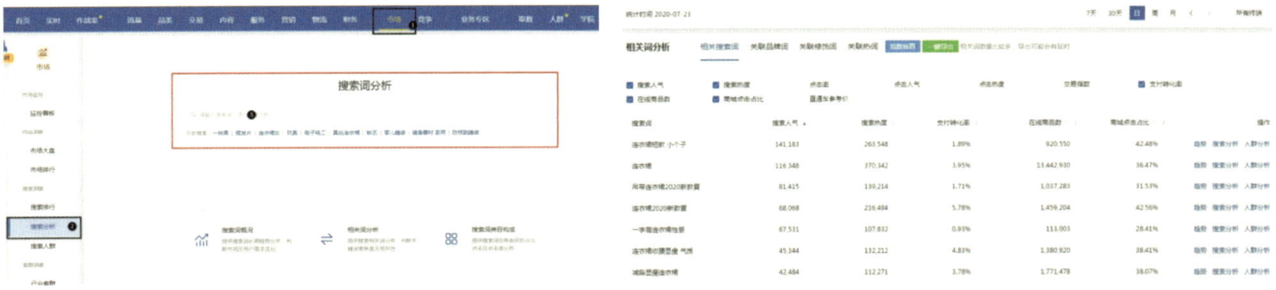

图3-84　生意参谋关键词统计

3．设置产品参数

设置好其余产品参数，选择电脑端描述中的图像按钮，上传设计好的详情页。如果前期在图片空间中上传过图片的话，直接点击相应图片选中即可。也可以使用神笔宝贝详情编辑器编辑详情页。手机端商品详情页可以选择直接导入电脑端描述，如图3-85所示。

图3-85　设置商品详情图

二、商品上下架处理

如图3-86所示，淘宝在发布商品时三种上架方式为立即上架、定时上架、放入仓库。立即上架的商品在淘宝展示的周期为7天，如果时间到了商品没有更新，系统会自动下架处理。定时上架就是在卖家设定的时间商品的上架。对于暂时编辑过的产品还没有上架需求，可以选择放入仓库中。

图3-86　商品上架设置

淘宝搜索规则中有一个非常重要的因素，就是商品的上下架时间，对于那些即将下架的商品，会在淘宝搜索中获得优先展示，以保证每个商家的商品在淘宝平台中都有一个公平的检索机会。所以，合理设置商品上下架时间是商品搜索优化的重要手段之一。比如淘宝的第一流量高峰期为晚上9~10点，第二流量高峰期为下午3~5点，第三流量高峰期为上午9~11点，店铺商品尽量在此时间段上架商品，如图3-87所示。

图3-87　商品上架时间设置

活动二　掌握橱窗推荐和店铺推荐

活动背景

李明在商场中经常看到大面积的落地窗，在落地窗里放置着打扮精致的模特模型或展示着光彩夺目的商品。通过落地窗可以极大地拓展商品的曝光率，那么在虚拟平台中有没有这样的一个窗口呢？答案是可以利用橱窗推荐这个方法。

知识探究

一、橱窗推荐及使用方法

京东搜索排序是一个动态、复杂的流程，搜索关联性、客服响应时间、产品类目等都是其干扰因素，橱窗推荐就是其中之一。

淘宝商家可以选择自己店铺中的优质商品，通过设置橱窗推荐来对外展示。这些商品就像在实体店中落地窗里面的商品，客户在搜索同类的商品时会优先展现出来。设置过橱窗推荐的商品，比没有设置橱窗推荐的商品会得到优先展示的权利；都设置了橱窗推荐，系统会根据商品权重进行排序。

对于中小卖家来说，京东的橱窗推荐也可以算是一种免费的引流方式，所以在发布宝贝的过程中一定要把橱窗推荐设置好。

（一）掌握京东橱窗推荐的设置技巧

1. 爆款推荐

先选择店铺性价比较高的商品放到推荐位，再选择两款利润率比较高的商品放到推荐位，不同卖家等级所具有的橱窗推荐数是不一样的，一般不会少于六个。性价比高的产品适合打造爆款，但也意味着利润较低，甚至出现亏损。所以，店铺还是需要利润率比较高的商品来撑，只有获得相应利润，店铺才能正常运营。

2. 自动橱窗

自动橱窗是一款具有自动推荐功能的工具，系统自动推荐快要下架的商品，无需人工干预。根据京东规则，离下架时间越近的商品，在搜索排名上越靠前，开启自动橱窗后，软件会自动识别、优先推荐快要下架的商品，最大程度地优化卖家的橱窗推荐使用效率。

3. 顺序推荐

顺序推荐是商家手动设置推荐，将快接近下架时间的商品放到橱窗中，因为这类商品的在橱窗中的搜索权重最高，而且越接近下架时间的商品排名越靠前，这样被买家点击查看的概率就更大，成交率也更高。相比于自动橱窗推荐，顺序推荐需要店家自己甄选哪些商品适合橱窗推荐。

（二）京东橱窗推荐设置方法

1. 入口和路径选择

登录京东商家后台选择营销中心⟶营销工具⟶商品推荐，找到功能的入口，如图3-88所示。并非所有京东商家都有入口显示，橱窗推荐只适合在京东白名单内的商家。

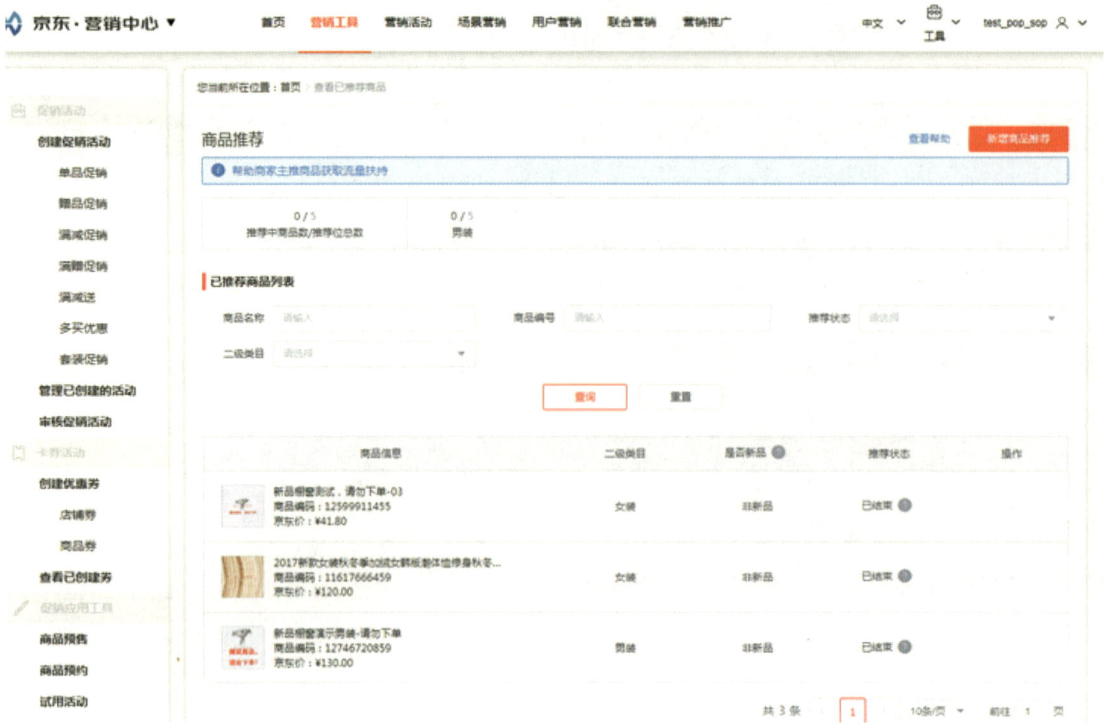

图3–88　京东橱窗推荐

2. 查看已推荐商品

初次使用时进入页面会弹出“功能说明”的介绍弹窗，关闭弹框后进入功能页面。使用过橱窗推荐的商家，则会显示推荐位的使用情况，包括已使用橱窗的数量和推荐位数量，各种类目的使用数量和推荐数量不同。

如图3–89所示，若该商家经营的商品跨多个二级类目，则所涉及的各二级类目下都会有橱窗数量，但只有男装、女装、运动户外类目下橱窗可使用。不同商家、不同类目、不同商家分层，其橱窗位数也不同。

图3–89　查看已推荐商品

3. 新增商品推荐

如图3–90所示，点击商品推荐的新增商品推荐，即可跳转到新增橱窗商品页。可进行新品推荐的商品需要满足以下条件：商品是新品；商品的推荐状态为未推荐；商品所属类目尚有推荐位。

对于不符合推荐条件的商品，无法进行推荐操作。光标悬停在蓝色小标上可以查看原因说明，不可推荐的原因包括“该类目暂不支持推荐”等。商家可通过新品筛选、店内分类筛选，确定哪些商品适合推荐。

图3-90　新增商品推荐

二、店铺推荐及使用方法

淘宝店铺推荐实质上有两个功能：一是增加店铺商品的曝光率；二是加强店铺之间的互助行为。顾客通过关键词进入商家店铺，但不意味着会下单，对那些没提交订单的顾客，商品可能在某些方面没有满足顾客个性化的需要。这时通过店铺推荐功能进行大数据分析，就可以把相似店铺联合起来展示。

（一）设置店铺推荐

店铺推荐从字面上理解，就是推荐店内的商品，让这些商品无论是店铺的热卖款，还是店铺的利润款，通过设置店铺推荐，提高顾客看到商品的概率。

店铺推荐只是起到展示功能，作为商家，归根结底是通过展示来提高店铺里商品的销量，所以有一定质量分积累的商品才适合被推荐。淘宝平台的卖家需要对平台的各项规则及后台功能进行不断的学习和研究，来提高自己的店铺的点击率和转化率，提升店铺整体权重。

（二）掌握店铺推荐设置方法

店铺推荐设置流程是：点击进入千牛卖家中心⟶店铺装修⟶详情装修，在其中找到要装修的宝贝，再点击装修详情⟶营销模块⟶卖家推荐⟶设置添加商品。

目前，如图3-91所示，若上架设置了卖家推荐，前三个推荐的商品，就是卖家设置推荐的商品，后三个商品是平台算法综合进行推荐；若商家没有设置卖家推荐，则六个商品均为算法推荐的商品展示。

图3-91　淘宝旺铺推荐设置

?【想一想】

结合前面所学的知识，在淘宝后台发布商品时，商品的分类是不是越细越好？请你想一想并谈谈你的理解。

任务检测

一、单项选择题

1.（　　）不是淘宝商品商家上架的方式。

A. 立即上架　　B. 定时上架　　C. 设定上架　　D. 放入仓库

2. 淘宝在发布产品时，不可以选择的上架方式是（　　）。

A. 立即上架　　B. 暂时保存　　C. 定时上架　　D. 放入仓库

3. 关于橱窗排名的原则是（　　）。

A. 同一平台橱窗不会连续出现三页　　B. 同一平台橱窗不会连续出现两页

C. 同一平台橱窗不会出现四页　　D. 同一平台橱窗不会连续出现

4. 关于优化橱窗效果不正确的是（　　）。

A. 产品曝光率高　　B. 点击率高

C. 说明关键词用得合理　　D. 需要修改关键词

5. 基于“人群”视角，针对买家的引流场景不包括（　　）。

A. 快速引流（全店推广）　　B. 新客引流，老客召回

C. 定制营销的推广方式包括星探　　D. 不提倡大促包

二、简答题

1. 分析京东橱窗推荐的功能和作用。

2. 淘宝店铺推荐的设置方法是什么？

合作实训

对于电商专业的同学来说，开启电商之路的第一步便是发布商品。同学们根据这节所学的知识，在自己的淘宝店铺中发布相关商品（如前期没有做好选品工作，可以把我们的课本作为素材进行发布）并进行评价。

评价项目	独立商品发布（40%）	小组合作分析、比较、讨论表现（40%）	职业素养（20%）
评价标准	1. 能够独立完成 2. 能够独立完成，但是设置细节出错，如类目设置错误，主图尺寸错误等 3. 不能独立完成整个商品的发布	1. 积极参与、有主见 2. 参与主动性一般 3. 不积极参与、没有自己的主见	1. 大有提升 2. 略有提升 3. 没有提升
自己评分			
小组评分			
教师评分			
第三评分			
总分			

项目总结

李明经过本项目的学习，认识了商品知识，掌握了商品图拍摄技巧和拍摄方法，学会了商品图片后期处理技巧，拓展了淘宝京东店铺后台设置知识。

本项目理论结合实践，通过做中学、学中做的方式，既丰富了李明的理论知识体系，又提高了实际动手经验，为以后从事"电商"行业奠定了坚实的基础。

项目检测

一、单项选择题

1. 商品使用价值就是商品的（　　）。

A. 功能　　B. 有用性　　C. 价值性　　D. 质量

2. 商品使用价值的大小是用（　　）来衡量的。

A. 消费者的需要　　B. 商品属性　　C. 商品质量　　D. 商品价值

3. 商品学研究的具体内容是（　　）。

A. 商品使用价值　　B. 商品质量

C. 与商品质量密切相关的问题　　D. 商品性能

4. 下列（　　）光圈最大。

A. F/1.2　　B. F/5.6　　C. F/8　　D. F/16

5. （　　）焦段的镜头是最接近人眼视觉效果的镜头。

A. 50 mm　　B. 60 mm　　C. 90 mm　　D. 100 mm

6. 当发现自己拍摄的宝贝图片产生偏色时，可以运用Photoshop的（　　）功能调整。

A. 色阶　　B. 亮度/对比度　　C. 色相/饱和度　　D. 锐化

7. （　　）不可以采用吸光类商品的拍摄方法。

A. 帆布鞋　　B. 衣服　　C. 亚光塑料　　D. 钻戒

8. 曲线工具的快捷键是（　　）。

A. Ctrl+L　　B. Ctrl+M　　C. Ctrl+A　　D. Ctrl+P

9. 淘宝主图如果需要使用放大镜的功能，尺寸必须大于（　　）。

A. 320 px　　B. 480 px　　C. 640 px　　D. 750 px

10. 详情页设计第一屏一般为（　　）。

A. 主图　　B. 海报　　C. 优惠券　　D. 营销活动

二、简答题

1. 简述马斯诺人的需求五个层次。

2. 如何使用色阶来调整图片？

三、论述题

1. 如何对淘宝标题进行优化？

2. 设置淘宝商品进行上下架的好处是什么？

项目4 推广网店

项目概述

美丽坊电子商务服务有限公司是一家成立于2016年的主营女装的电商企业，目前公司拥有在淘宝、京东、拼多多三大平台的六家店铺，月访问量上万次，月销售订单近1万件，销售额约200万元。作为一家纯互联网女装专营企业，2022年公司全线进军O2O，准备增加更多线上产品类目，扩大运营团队。李明这次有幸通过网上应聘被招进公司运营部，实习近三个月了，主要工作是担任运营部张部长的助手。在此期间，李明尽职尽责，认真完成各项任务，表现突出，被张部长视作重点培养对象。接下来的三个月实习期里，张部长会给李明安排更多的工作任务，希望锻炼李明营销推广方面的技能，以培养他成为公司优秀的推广专员。

认知目标

1．学习如何做一名合格的网店推广专员。

2．学会常见的网店推广方法和营销策略要点。

3．了解淘宝店铺活动的主要类型及操作流程。

4．掌握网店推广基本流程及工作技巧。

技能目标

1．能够独立完成淘宝官方活动流程，提升店铺销售量和知名度。

2．能够利用直通车、钻石展位等推广工具完成一件产品的推广工作。

3．能够利用QQ、微信、微博、百度、网上论坛和网络直播等完成对宝贝的推广工作。

素养目标

1．培养积极活跃的思维和学以致用的意识。

2．培养正确的职场心态，关注岗位，关注社会。

3．培养优秀的团队精神和职业素养。

4．培养良好的创业和创新意识。

任务一　掌握站内推广方法

任务描述

一周后将是美丽坊五周年纪念日，公司计划做一次店庆活动，希望通过这次店庆活动清理库存过季女装，并且为上线新品打造爆款做准备。公司晨会上，运营部张部长分析了本次店庆活动的情况，给部门人员都布置了具体任务，李明作为张部长的助手，协助运营部做好相关工作，其中首先要做好的就是站内推广。

任务分解

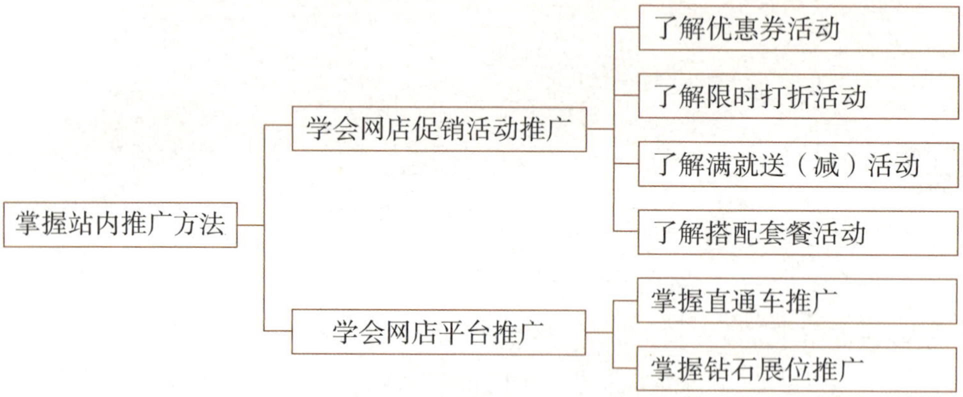

活动一　学会网店促销活动推广

活动背景

做站内推广，首先要做好网店促销活动。为了完成本次五周年店庆的执行任务，李明找同事沟通相关事项，并且向张部长请教网店促销活动形式和具体操作流程。在张部长和同事指导下，李明是如何学习做好网店促销活动的呢？

活动实施

以淘宝店铺为例（下同），常见的网店促销活动形式有：优惠券、限时打折、满就送（减）、搭配套餐等。

一、了解优惠券活动

（一）认识优惠券

优惠券是一种虚拟的电子券，卖家可以在不用充值现金的前提下针对买家或不同等级会员发放不同面额的优惠券，刺激买家购买或回购，增加顾客黏性，最终实现店铺的高转化率。优惠券在淘宝平台叫淘宝卡券，包括店铺优惠券、商品优惠券、包邮券等多种形式，如图4-1所示。

（二）设置优惠券

卖家进入“商家营销中心”，选择“淘宝卡券”选项，就可以设置优惠券了，如图4-2所示。

图4–1 优惠券

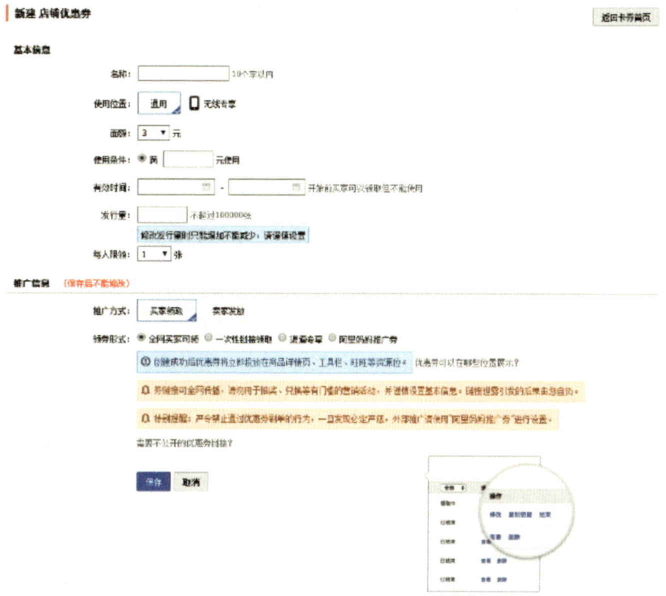

图4–2 优惠券设置

二、了解限时打折活动

（一）认识限时打折

限时打折即淘宝“单品宝”，是淘宝为卖家准备的一款商品打折促销工具，通过一定时间内对商品价格进行打折来提升消费者的购买热情和店铺流量，如图4–3所示。

（二）设置限时打折

在限时打折活动中，商家可以设置活动名称和促销时段，选择参加活动的商品，以及设置商品的限时折扣和每人限购的数量，如图4–4所示。

图4–3 限时打折

图4–4 限时打折设置

三、了解满就送（减）活动

（一）认识满就送（减）

满就送（减）即淘宝的“店铺宝”，为网店级优惠工具，它支持创建部分商品或全店商品的满减、满折、满包邮、满送权益、满送赠品等营销活动，如图4-5所示。

（二）设置满就送（减）

在“商家营销中心”的优惠活动中就可以设置“满就送（减）”，商家可以设置活动名称、活动时间、优惠方式、优惠条件及优惠内容等，如图4-6所示。

图4-5 满就送（减）打折活动

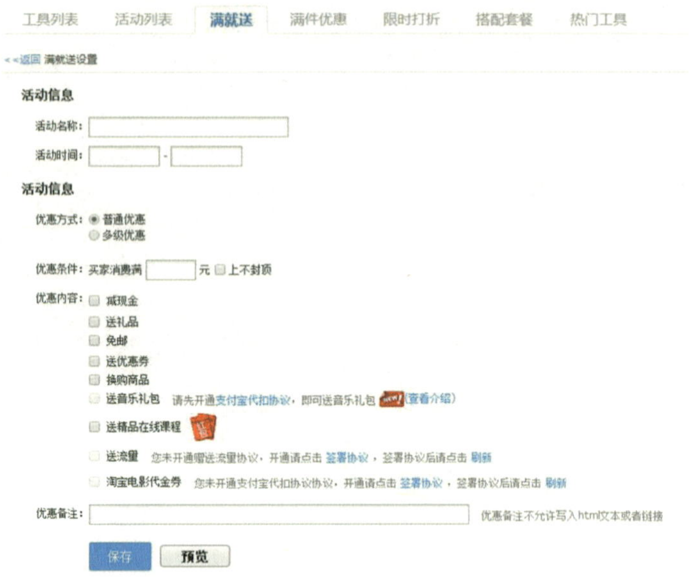

图4-6 满就送（减）设置

四、了解搭配套餐活动

（一）认识搭配套餐

搭配套餐即淘宝的“搭配宝”，是淘宝为商家准备的一款促销工具，它将几种商品组合在一起设置成套餐来销售，通过促销套餐可以让消费者一次性购买更多的商品，让其享受优惠，如图4-7所示。搭配套餐有利于提升店铺的销售业绩，提高店铺购买转化率，增加商品曝光力度。

图4-7 搭配套餐

（二）设置搭配套餐

在“商家营销中心”的优惠活动中商家就可以设置搭配套餐，可以设置“套餐标题”，选择“搭配宝贝”，设置“套餐商品价格”，选择“套餐图片”等操作，如图4-8所示。

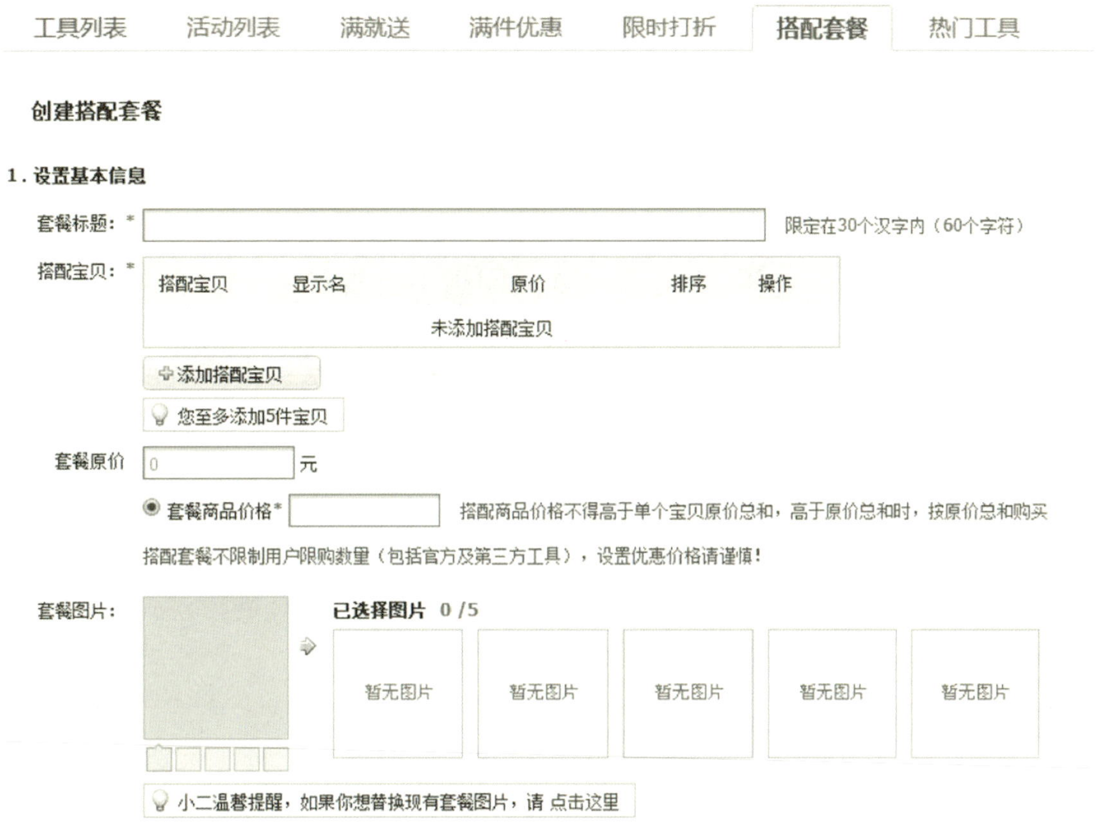

图4-8 “搭配套餐”设置

小链接

淘宝营销活动

淘宝网的活动可分为官方大促、营销活动和行业活动三种类型。其中淘宝营销活动主要有聚划算、天天特卖、百亿补贴、淘抢购等。

一、聚划算

聚划算是淘宝网的团购频道。一般来说，聚划算的活动包括商品团、品牌团、聚名品、聚新品、品牌清仓等，参与的商品类别有美容类、彩妆类、女装类、男装类、男鞋女鞋类、配饰类、箱包类、金银珠宝类、母婴类、保健品类、食品类、大型运动器械类、家居家纺类、汽车用品类，几乎所有淘宝商品都囊括其中。

二、天天特卖

天天特卖联合源头供应链商提供高性价比商品，参加活动的商品除在天天特卖频道展示外，还有机会在淘宝特价版、支付宝、手淘主搜等多渠道展示。天天特卖主要包括日常单品、店铺团两种开团形式，日常单品是以单个商品参团的活动形式，店铺团是商家通过店铺参团的活动形式。

三、百亿补贴

百亿补贴是指平台或卖家在供货价基础上给买家一定的让利以打造全网低价。“百亿补贴”现已成为手机淘宝的一级入口，点击“百亿补贴”入口即可进入“百亿补贴”界面。

四、淘抢购

淘抢购是淘宝网最具特色的限时限量闪购业务，通过限时开团的单品打造“抢”的氛围，为买家提供质优价廉的好货，同时帮助品牌拉动商品流量和成交额，形成店铺日销小高峰。点击手机淘宝一级入口页面中“聚划算”，进入下一界面即可看到“淘抢购”的商品。

活动评价

除了优惠券、限时打折、满就送（减）、搭配套餐等促销活动之外，还有包邮、淘金币等促销活动。网店促销活动形式很多，我们在做活动策划时要有选择地来操作，尽量选择适合自身店铺商品的促销活动。

活动二　学会网店平台推广

活动背景

此次店庆除了做好网店促销活动，另一个工作重点就是要做好网店平台推广。为了做好这项工作，张部长组织专门人员跟进，并且亲自指导李明协助开展相关工作。在张部长的带领下，李明又跟着团队一起学习了网店平台推广技能与技巧。

活动实施

一、掌握直通车推广

（一）认识直通车

直通车是为淘系卖家量身定制的、按点击付费的效果营销工具，能够实现商品的精准推广。直通车推广在给商品带来曝光量的同时，其精准的搜索匹配也给商品带来了精准的潜在买家。

1. 直通车原理

卖家设置与推广商品相关的关键词和出价，在买家搜索相应关键词时，推广商品获得展现和流量，实现精准营销，卖家按所获流量（点击数）付费。卖家加入淘宝/天猫直通车，即默认开通搜索营销。

2. 直推车推广展位

直通车的宝贝推广展位极佳，电脑端显示在淘宝网搜索结果页面的右侧16个掌柜热卖广告位和底部5个掌柜热卖广告位；在手机端显示在首屏广告位，“HOT”标识一目了然。

3. 直通车推广优势

一是超准流量。根据买家明确的购买意向，匹配相关的推广宝贝，展现在淘宝直通车专有的推广位置上。直通车是最精准的推广方式，只给想买的人看。

二是超省成本。免费展示，买家点击之后才进行扣费；根据预算，可自由设定推广出价，最低0.05元；全自助的操作后台，真正实现自主调控推广成本。

（二）直通车推广流程

1. 加入直通车

进入“卖家中心”⟶“营销中心”⟶“我要推广”页面，如图4-9所示。单击“淘宝/天猫直通车”链接，进入淘宝直通车后台页面，如图4-10所示。

单击“我要充值”按钮，进入“充值”页面，如图4-11所示。首次充值最低为500元，以后每次充值最低为200元。

图4–9　“我要推广”页面

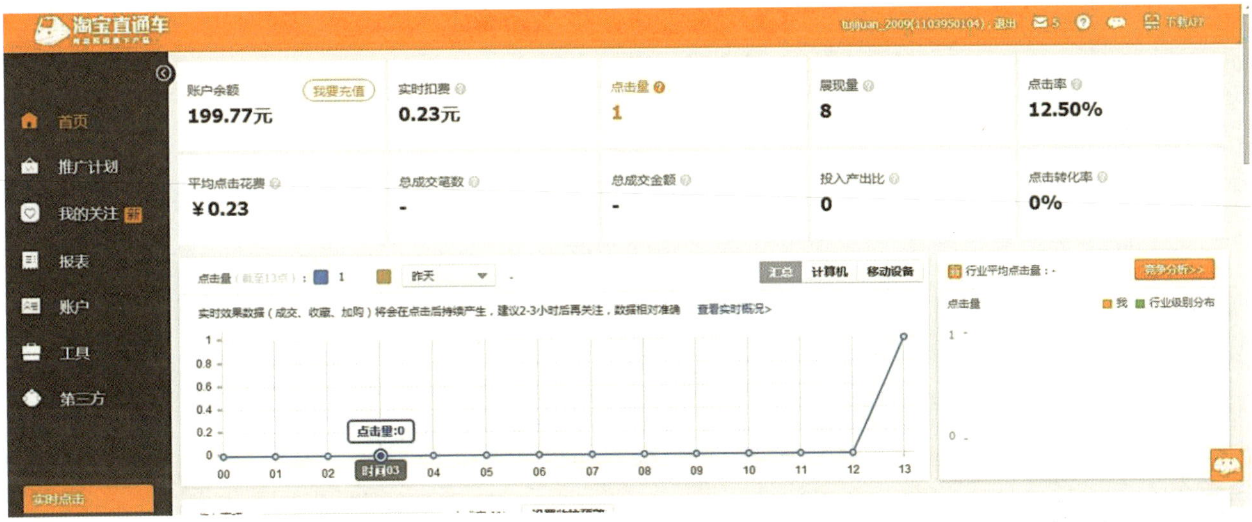

图4–10　直通车后台页面

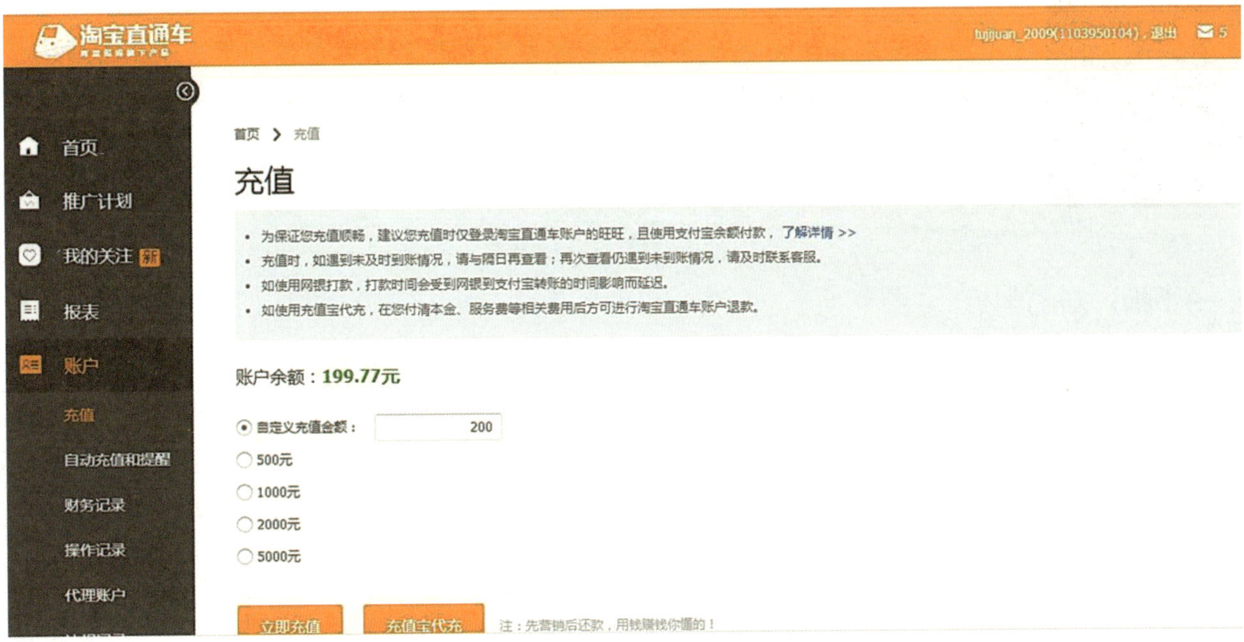

图4–11　“充值”页面

2. 新建推广计划

“我的推广计划”是根据淘宝直通车用户推广的需求，专门研发的多推广计划功能（一般有4个或8个计划），可以实现对所有推广宝贝进行不同计划的针对性管理，使推广更加有效和精准。如图4-12所示，预热的产品和热卖的产品可以分别放入不同的计划中，不同分类的产品也可以放入不同的计划中。

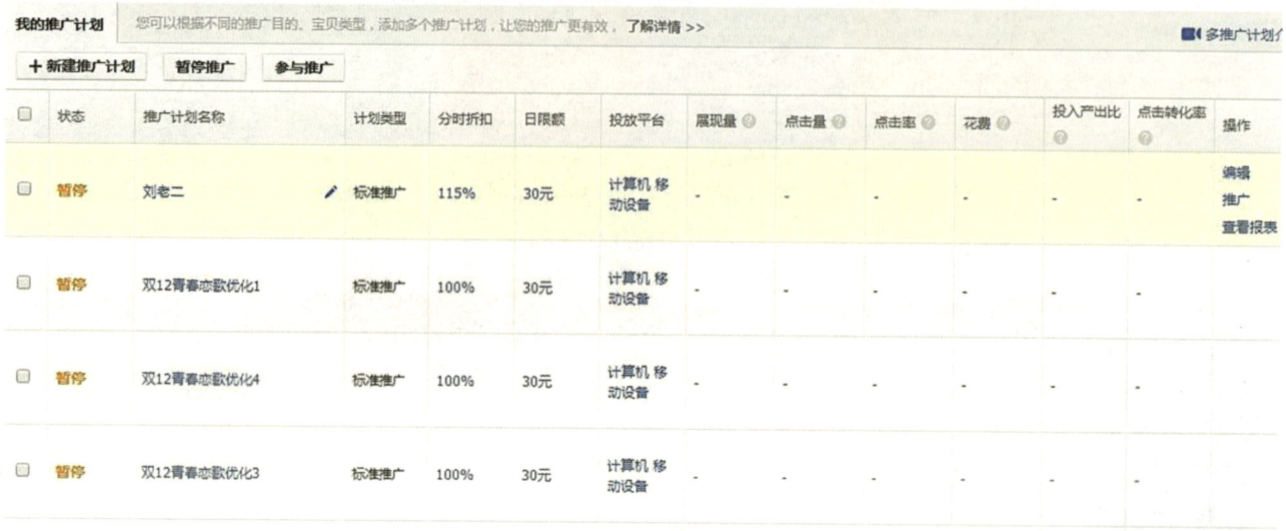

图4-12　新建推广计划

对新建的推广计划可以进行一定的设置，包括设置日限额、设置投放平台、设置投放时间和设置投放地域，如图4-13所示。

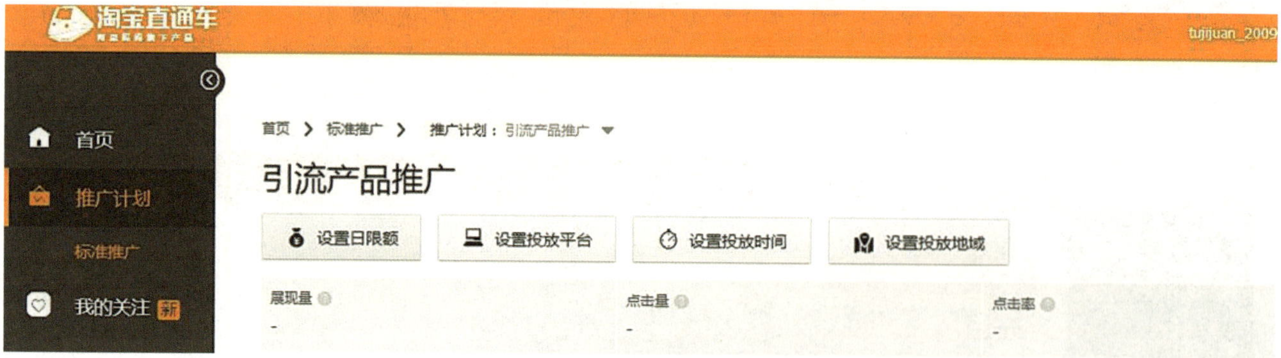

图4-13　“推广计划”设置

3. 推广新的宝贝

步骤1：单击“新建宝贝推广”链接，在“选择宝贝”区中选择要推广的宝贝，如图4-14所示。

步骤2：设置推广。设置推广目标，如图4-15所示；添加创意，如图4-16所示；关键词及出价，如图4-17所示；添加精选人群，如图4-18所示；最后，单击“完成推广”按钮。

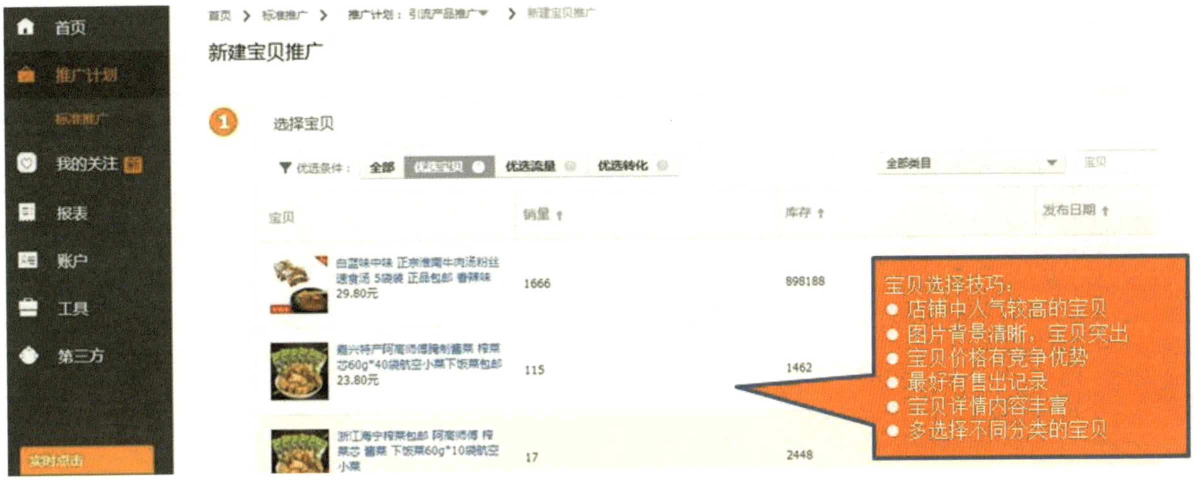

图4–14　选择宝贝

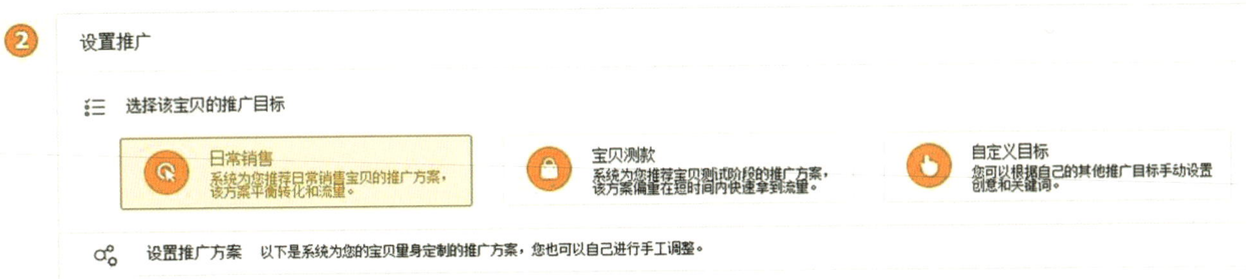

图4–15　设置推广目标

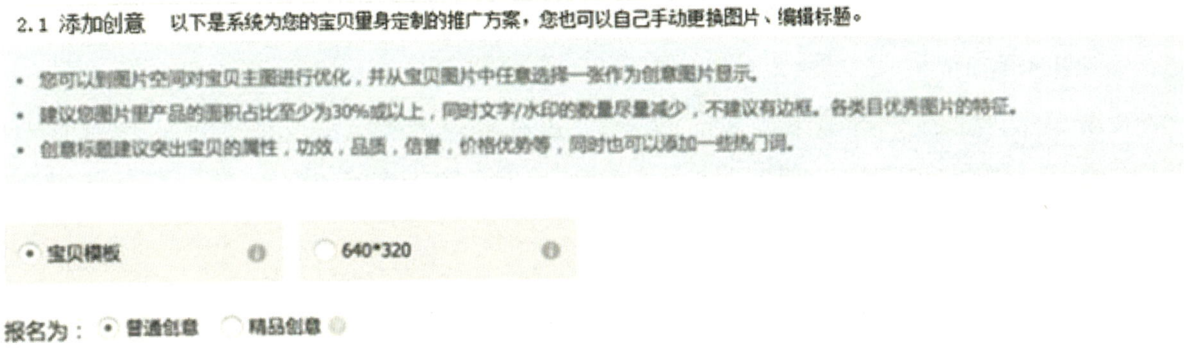

图4–16　添加创意

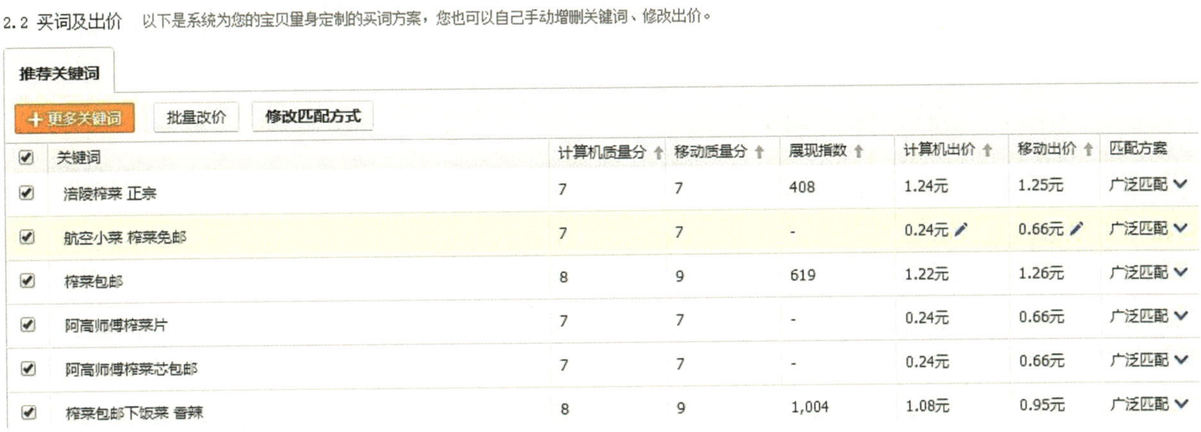

关键词	计算机质量分	移动质量分	展现指数	计算机出价	移动出价	匹配方案
涪陵榨菜 正宗	7	7	408	1.24元	1.25元	广泛匹配
航空小菜 榨菜免邮	7	7	-	0.24元	0.66元	广泛匹配
榨菜包邮	8	9	619	1.22元	1.26元	广泛匹配
阿高师傅榨菜片	7	7	-	0.24元	0.66元	广泛匹配
阿高师傅榨菜芯包邮	7	7	-	0.24元	0.66元	广泛匹配
榨菜包邮下饭菜 香辣	8	9	1,004	1.08元	0.95元	广泛匹配

图4–17　关键词及出价

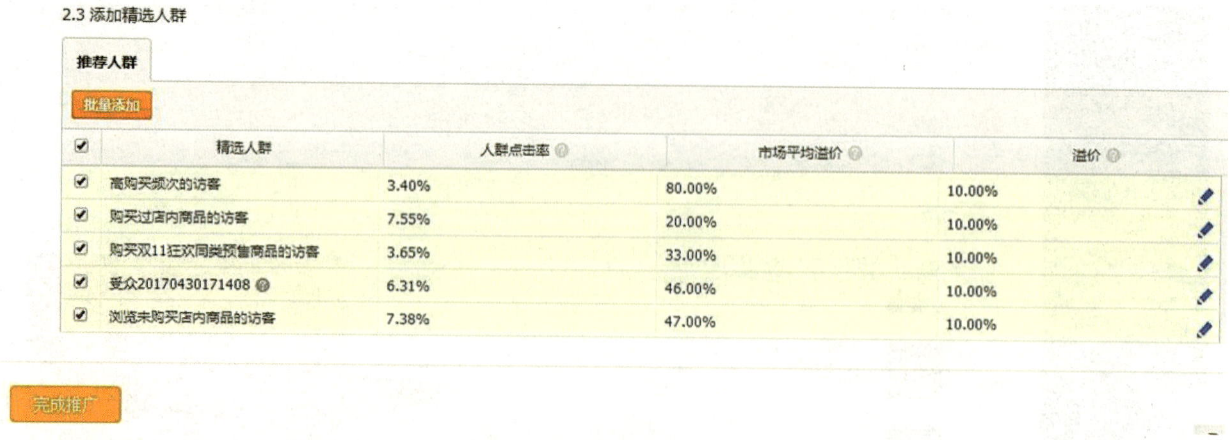

	精选人群	人群点击率	市场平均溢价	溢价
☑	高购买频次的访客	3.40%	80.00%	10.00%
☑	购买过店内商品的访客	7.55%	20.00%	10.00%
☑	购买双11狂欢同类预售商品的访客	3.65%	33.00%	10.00%
☑	受众20170430171408	6.31%	46.00%	10.00%
☑	浏览未购买店内商品的访客	7.38%	47.00%	10.00%

图4-18　添加精选人群

二、掌握钻石展位推广

（一）认识钻石展位

钻石展位（简称“钻展”）是淘宝网图片类、文字类、视频类广告位竞价投放平台，是为淘宝卖家提供的一种广告产品。钻展是在淘宝首页或其他位置做广告，依靠图片、文字或视频创意吸引买家，获取巨大流量。

1. 钻展原理

钻展按照流量竞价售卖广告位，计费单位CPM（每千次浏览单价），即广告被看到1000次所需要收取的费用。卖家的推广信息按照出价高低顺序展现，系统将各时间段的出价按照竞价高低进行排名，价高者优先展现，如果出价相同，则优先展现创建更早的计划图片。

2. 钻展的资源位

钻展现有全网上百个资源位，包括淘宝/天猫首页等大部分的图片类广告位及各个频道大尺寸展位；站外包括门户、视频、社交、垂直行业等数十个行业的媒体，具体可以在钻展后台“资源位”中查看。

3. 钻展推广优势

一是超大流量。全网钻石展位现有共700余个资源位，覆盖全国80%的网上购物人群，每天超过15亿次的展现机会，具有超大流量。

二是超炫展现。展现形式绚丽，展示占位不仅支持图片格式，还支持GIF和Flash等动态格式，可以把展示图片做得非常美观，同时钻石展位的尺寸都比较大，视觉冲击力强，可以最大程度地吸引买家进入卖家店铺。

三是超准定向。钻石展位支持向特定人群展现，目标定向性强，细分各种购物人群，投其所好，更加精准，提高订单转化率。

四是超优产出。门槛低，流量和花费控制灵活，卖家可以自由组合信息发布的时间、位置和费用等，实现最优投产比。

小提示

钻展和直通车的比较

比较内容	钻展	直通车
付费方式	按展现付费	按点击付费
流量级别	超大	大
引流速度	快	慢
CPC（平均点击费用）	较低	较高
精准度	精准	最精准
主动性	主动展示给买家	搜索被动展示、定向部分主动展示
广告位	精选优质占位、尺寸大、位置多	尺寸小、搜索位、定向展位
广告数量限制	没有限制	一个页面最多2个广告

（二）钻展推广流程

1. 加入钻展

进入“卖家中心”⟶“营销中心”⟶“我要推广”页面，单击“钻石展位”链接进入钻石展位后台页面。

钻石展位推广与直通车推广一样，在推广之前都需要向账户充值，钻石展位每次最低充值300元。

2. 新建推广计划

充值以后单击“新建推广计划”按钮，系统进入“推广计划”页面。在该页面中首先选择营销目标，包括全店日常销售、全店拉新和全店自定义三个目标。其次设置投放计划的基本信息。

3. 设置推广单元

设置新建单元，填写单元名称，添加投放资源位，设置定向及出价。此处选择的资源位就是商家的广告展示位，对应的出价是商家愿意为该广告位千次展示（CPM）所付出的费用，出价越高，展示的概率越大，这种展示主要是指通投。通投只针对位置展示，不区分人群特点。

4. 添加创意

添加创意首先需要根据之前所选择的资源位的相应尺寸来制作创意图片，因而在制作创意图片前，商家应该仔细查看与该资源位对应的创意要求。在钻石展位后台的“创意”页面中选择左侧导航栏中的“创意快捷制作”选项后，系统会自动为该店铺推广的商品应用快捷模板，选择“创意模板库”选项，可查看与自己行业商品相关的模板，如图4-19所示。

图4-19　添加创意

5. 投放成功

完成以上操作，钻石展位投放成功。

小链接

不推荐钻石展位推广的使用环境

如果店铺的商品没有太多的市场竞争优势且销量一直不高，则不推荐使用钻石展位推广。

如果店铺在市场推广方面的预算非常有限，则不推荐使用钻石展位推广。

如果店铺经营的是竞争非常激烈且特色不明显的商品，如饰品、家居小件物品、销量不高的男装、男（女）鞋、男（女）包，同样不推荐使用钻石展位推广。

如果店铺中产品的单价非常高，但店铺规划设计水平还处于起始阶段且销量也不乐观，不建议使用钻石展位推广。

合作实训

直通车推广设置

实训目标：

了解如何进入直通车后台，掌握设置直通车关键词的方法。

实训内容：

1. 在进行直通车操作之前，首先要加入直通车。

2. 进入“我的淘宝”界面，单击左侧边栏“营销中心”下的“我要推广”选项，进入直通车后台。

3. 进入一个“直通车推广计划”，单击“新建宝贝推广”中的“选择宝贝”页面。

4. 在“选择宝贝”页面可以通过搜索栏直接搜索到要推广的商品或通过浏览找到要推广的商品，单击“推广宝贝”中的“设置宝贝推广”页面。

5. 选择该商品的推广目标并添加推广创意，直通车创意包含直通车推广商品的标题和主图，这里需要注意，商品推广标题需要控制在20个汉字以内。

6. 选择推广关键词并出价，完成直通车商品推广的设置。

完成任务：

1. 全体同学以小组为单位，4人一组，教师说明实训内容，分配实训任务。

2. 分组开始任务，组内可讨论交流。

3. 将设置好的页面截图并提交，教师点评，提出问题与建议。

【技能大赛直通车】

一、竞赛内容

2021年全国职业院校技能大赛电子商务赛中网店推广模块，是由 4 名选手在竞赛规定时间内合作完成，包括直通车推广、钻石展位营销和标题优化。通过直通车推广获得关键词竞价排名，增加商品的展现量，获得更高的点击量、点击率、转化量、转化率，在推广过程中采用合理的推广策略提高关键词质量分，降低关键词平均点击花费；通过钻石展位营销定位精准人群，锁定优质资源位，为店铺带来优质流量，增加点击率与转化率；通过标题优化提高商品的自然排名，增加商品展现量，获得更高的点击量、点击率、转化量、转化率。

二、竞赛赛卷

2021年全国职业院校技能大赛电子商务赛赛卷之一。

1. 分值：40分

2. 竞赛时间：150分钟

3. 背景资料

以卖家角色，在给定的 10 万元的推广资金内，为一家经营 3C数码配件的店铺进行一个周期的推广活动。需根据系统给定的资源分析，分析店铺内的商品、买家搜索需求与搜索习惯、买家特征，根据分析结果与掌握的专业知识制订直通车推广策略、钻石展位营销策略、标题优化策略。通过直通车推广获得竞价排名，获得更多的展现量、点击量、成交量。在推广过程中能够采用合理的推广策略提高关键词质量分，降低关键词点击花费。通过钻石展位营销定位精准人群，锁定优质资源位，为店铺带来精准流量，增加商品的展现量、点击量、成交量。直通车推广与钻石展位营销的目的是通过有限的花费获得合理的点击量与成交量。直通车推广与钻石展位营销结束后，需要进行标题优化，通过标题优化提高商品的自然排名，获得更多的展现机会，提高标题优化得分。

三、赛题解析

登录竞赛系统后台，如图4-20所示，可以看到以下七个关键指标，通过对关键指标的数据分析，客观合理考核网店运营推广实施情况。

（一）店铺宝贝

商品标题：30 个汉字，60 个字符。

商品描述：商品详情描述信息。

商品属性：商品详细属性资料。

所属类目：当前产品所属类目。

商品推广前展现量：当前商品被买家看到的次数。

商品推广前点击量：当前商品被点击的次数。

商品推广前点击率：推广前商品的点击率=推广前商品点击量÷推广前商品展现量。

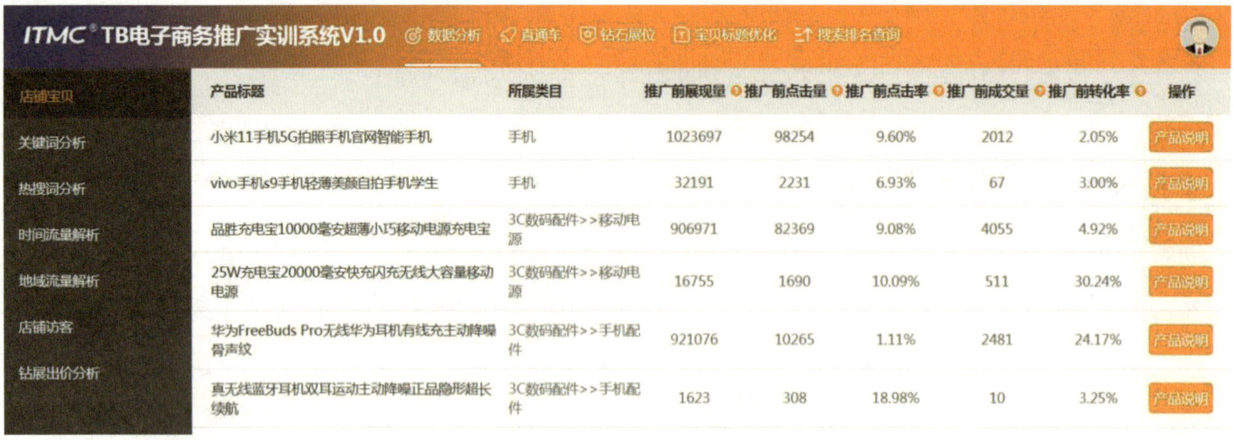

产品标题	所属类目	推广前展现量	推广前点击量	推广前点击率	推广前成交量	推广前转化率	操作
小米11手机5G拍照手机官网智能手机	手机	1023697	98254	9.60%	2012	2.05%	产品说明
vivo手机s9手机轻薄美颜自拍手机学生	手机	32191	2231	6.93%	67	3.00%	产品说明
品胜充电宝10000毫安超薄小巧移动电源充电宝	3C数码配件>>移动电源	906971	82369	9.08%	4055	4.92%	产品说明
25W充电宝20000毫安快充闪充无线大容量移动电源	3C数码配件>>移动电源	16755	1690	10.09%	511	30.24%	产品说明
华为FreeBuds Pro无线华为耳机有线充主动降噪骨声纹	3C数码配件>>手机配件	921076	10265	1.11%	2481	24.17%	产品说明
真无线蓝牙耳机双耳运动主动降噪正品隐形超长续航	3C数码配件>>手机配件	1623	308	18.98%	10	3.25%	产品说明

图4–20　网店推广竞赛系统

商品推广前成交量：当前商品被拍下并成功交易的次数。

商品推广前转化率：推广前商品转化率=推广前商品成交量÷推广前商品点击量。

（二）关键词分析

搜索词：买家搜索关键词。

关键词搜索人气：以展现量为主反映该关键词的搜索热度。

关键词点击率：点击率=点击量÷展现量，即关键词带来的点击率。

关键词转化率：转化率=总成交笔数÷点击量，即关键词带来的成交转化率。

关键词竞争指数：反映该关键词的竞争热度，其中付费推广得到的流量为关键词总流量的 50%。

（三）热搜词分析

热搜词分析：查询某些地区的热搜词。

展现增长指数：该关键词在查询地区大于其他地区展现量的指数表示，指数越大，说明该关键词在查询地区的展现机会越大。

点击率增长指数：该关键词在该地区大于其他地区点击率的指数表示，指数越大，说明该关键词在查询地区的点击的概率越大。

（四）时间流量分析

展现指数：查询一周内每天每个时间点的展现指数，查看每天展现指数的变化趋势，指数越大，展现量越大。

点击率转化率指数：查询一周内每天每个时间点的点击率指数和转化率指数，查看每天展现指数的变化趋势，指数越大，点击率和转化率越高。

（五）地域流量解析

查看不同类目不同地域的展现指数，展现指数越大，展现量越大。可以通过地图与条状图两种形式查看，地图颜色越深，展现指数越大；条状图越满，展现指数越大。

（六）店铺访客

店铺曝光访客数：统计周期内店铺曝光的人数。

店铺搜索访客数：统计周期内搜索店铺的人数。

店铺点击访客数：统计周期内点击店铺的人数。

店铺收藏人数：统计周期内收藏店铺的人数。

产品曝光访客数：统计周期内商品曝光的人数。

产品搜索访客数：统计周期内搜索商品的人数。

产品点击访客数：统计周期内点击商品的人数。

产品收藏人数：统计周期内收藏商品的人数。

产品加购人数：统计周期内将商品加入购物车的人数。

产品下单人数：统计周期内产生下达行为的人数。

产品支付人数：统计周期内支付商品订单的人数。

（七）钻展出价分析

店铺展位：推广整个店铺时的资源位。

宝贝展位：单个商品推广时的资源位。

CPM：按千次展现付费。

CPC：按点击付费。

按照不同类型展位不同付费方式查询最低出价、平均出价、建议出价。

最低出价：该展位按 CPC 或 CPM 付费时所有卖家的最低出价。

平均出价：该展位按 CPC 或 CPM 付费时所有卖家的平均出价。

建议出价：该展位按 CPC 或 CPM 付费时的建议出价。

?【想一想】

小丽在淘宝平台上开了一家主营女装的店铺，针对的客户群体是15~22岁的女性消费者，现在她得到一个融资机会可以进行新一年的推广活动，请你帮她分析：是采用直通车方式还是采用钻石展位推广方式比较合适？为什么？

任务检测

1. 在做满就送（减）活动时，你会设置怎样的优惠条件和优惠内容？
2. 新手卖家应如何开通直通车？
3. 钻石展位推广能给卖家带来哪些好处？

任务二 掌握外部推广方法

任务描述

李明学以致用，在团队的帮助下对公司网上店铺做了站内推广，经过努力，如期完成了任务。此次店庆活动推广策划中除了做好站内推广，还有一个就是站外推广。在公司晨会上，公司对店庆活动进行了全面筹划。李明明白了网店让买家光顾店铺，让买家的点击量转化为成交量，唯一的方法就是积极主动地推广营销，否则尽管网店的产品质量好、价格便宜、店铺有特色，买家却根本不知道。有了目标，李明在张部长和同事的帮助下，很快就学会了网店站外推广与营销技能，为这次店庆活动做好准备。

任务分解

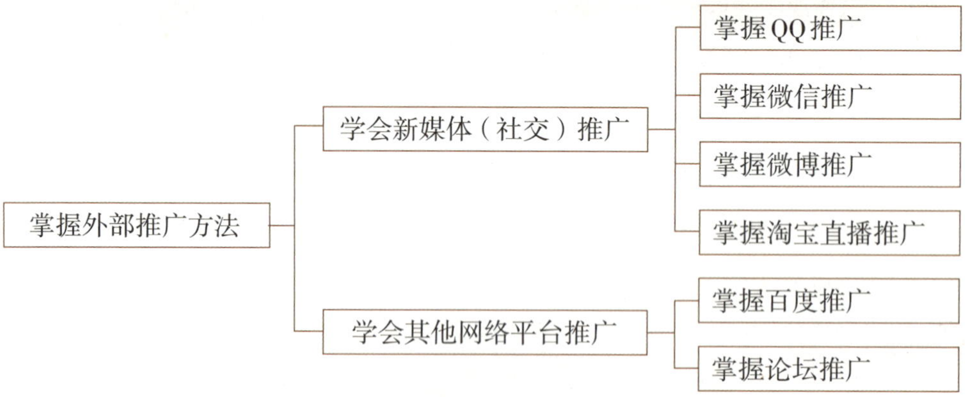

活动一 学会新媒体（社交）推广

活动背景

临近店庆，为了让李明学会外部推广，张部长安排专人指导李明学习，以加强其相关技能操作。根据活动计划，新媒体（社交）推广是必不可少的推广手段，所以李明同样要学习如何利用QQ、微信、微博、淘宝直播等新媒体社交平台推广网店。

活动实施

一、掌握QQ推广

QQ是一种即时聊天工具，充分利用它可以达到网店宣传和推广的效果。

（一）利用QQ基本资料进行推广

QQ基本资料包括昵称、性别、年龄、头像、个性签名等。利用QQ基本资料进行推广，对头像、个性签名等基本资料的设置有一定的技巧。

1. 头像

头像是最容易让人形成印象的地方，就像人的长相一样。可以使用个人的真实身份信息，也可以使用店铺的Logo或商品图片作为头像。不建议使用另类的图片。另外，图片的清晰度要高一些，模糊不清的图片容易让人产生反感。

2. 个性签名

个性签名是一个“广告位”。一般来说，添加好友后，个性签名是首先会被注意到的地方。无论是宣传店铺还是商品，都可以通过个性签名做一个初期的展示。在设置个性签名时，可以添加店铺名称或广告信息，从而引起关注。

（二）利用QQ空间进行推广

庞大的用户和使用量，加上QQ空间功能的多样性，使得QQ空间推广成为QQ推广中不可或缺的一环。

1. 空间日志

在QQ空间日志里添加店铺信息，通过日志互相转载可以被一传十、十传百地传播，也可去访问别人的QQ空间，通过“互踩”引导别人回访。这样利用QQ空间可以提高流量，也可以有一定的推广效果。

2. 空间说说

与空间日志推广类似，说说推广以简短、碎片化的特点更受现代年轻人的追捧。现代人生活节奏较快，短小精炼的说说配上相应的图片或视频，能够吸引读者，进而转发分享，往往可以带来大量的流量。

（三）利用QQ群进行推广

QQ群是一个供多人聊天交流的一个公众平台，利用QQ群的功能进行推广的方式简单有效，如何将QQ群从一个简单的多人聊天平台转化成有效流量需要一定的技巧。

1. 寻找加入目标QQ群

可以根据产品的特点查找相关的QQ群，如要推广的是美容产品，那么申请加入的QQ群可以是女生群、女性交流群等。

2. 拉近距离

加入QQ群之后，不要直接就开始发广告，否则很可能会被直接踢出群，即使没有被踢出群，所发广告的引流效果也不会好。QQ群推广需要和客户建立良好的关系，所以首先需要取得客户的信任，进群之后主动参与大家的话题，和大家熟悉之后再进行相应的推广才会取得较好的效果。

3. 达成推广目的

在QQ群里建立良好的关系之后，就可以尝试在群里做一些相应的推广活动，同时可以把群里的客户加为好友。加好友之后可以通过其他的推广方式，如QQ空间推广等进一步达成自己的推广目的。

当然，除了加入已有的QQ群之外，还可以作为群主建群，自建群占据主动，易于操控。QQ群推广是个长期经营的过程，需要在群里建立长期的人际关系，才会起到良好的推广效果。

二、掌握微信推广

随着微信平台的用户和影响力不断扩大，微信推广成为店铺营销推广的常用手段。微信推广包括微信公众号推广和微信个人号推广。

（一）微信公众号推广

微信公众号是商家在微信公众平台上申请的应用账号，通过公众号商家可在微信平台上实现和特定群体的文字、图片、语音的全方位沟通、互动，形成一种主流的线上线下微信互动营销推广方式。

1. 微信公众号推广技巧

微信公众号推广主要是通过推送文章并植入广告（即软文形式）进行推广，微信公众号文章可以把卖家想对买家说的话用推销感不强的形式表现出来，然后形成口碑效应，进而吸引粉丝，传播卖家品牌，增加卖家知名度，更加方便卖家开展网店推广工作。

2. 微信公众号推广流程

（1）注册和登录微信公众号进入微信公众号的注册和登录页面，如图4-21所示。

图4-21　微信公众号登录页面

（2）选择注册账号的类型

微信公众号目前有订阅号、服务号、小程序和企业号，订阅号适合个人及媒体注册，服务号适合企业和组织注册，小程序适合服务内容的企业和组织注册，企业号适合企业客户注册，如图4-22所示。

图4-22　微信公众号注册类型

（3）新建图文信息

登录微信公众账户后，选择左侧的“素材管理”选项，新建图文信息，完成微信公众号信息的发布，如图4-23所示。

图4-23　新建发布图文信息

（二）微信个人号推广

相对于公众号的信息传递，微信个人号更看重交流互动，如果能够和微信好友正常沟通，获得信任，通过微信朋友圈发布一些碎片化、及时性的状态来传达店铺或产品的信息，就能迅速将好友转化为有效流量。

1. 利用微信个人资料信息进行推广

微信个人资料信息能够很好地表达店铺的诉求。一般来说，微信名称可以使用“名字+工作”或“店铺名称”的形式，头像可以使用店铺的Logo，在个性签名里可以展示自己店铺的业务范围，这样让添加的朋友看到你的头像、名称和签名等，能第一时间清楚你是做什么的，然后才是看你朋友圈发送的内容对他们有没有帮助。

另外，朋友圈的背景展示墙也是一个绝佳的广告位，可以用来展示自己店铺的产品，也可以用来展示公店铺的Logo或是其他想要第一时间被好友接收的信息。

2. 利用微信群进行推广

利用微信群进行推广不是直接发广告，而是提供一个好的交流平台，每天为客户提供他们需要的商品信息，让客户感觉在微信群里能够获得价值和归属感，提高客户的参与感和满足感，通过借助微信群沟通的力量来完成店铺和商品的推广。

3. 利用朋友圈进行推广

朋友圈推广主要靠互动。互动的目的是提升店铺对卖家的信任，信任度越高，越容易成交。朋友圈的互动包括点赞、评论、回复、转发等方式。

三、掌握微博推广

微博推广是以微博作为推广平台，每个粉丝都是潜在营销对象，店铺通过更新自己的微博向粉丝推广商品的信息，树立良好的个人形象和店铺形象。

微博营销

（一）微博推广技巧

运营微博推广最重要的是内容，通过发布内容来增加商品曝光率，以优质的内容吸引粉丝关注、转发、传播，是目前微博引流最主要的手段。

1. 发布店内促销或上新信息

将店铺促销、新品上架等信息直接传达给粉丝，通过商品自身的品质及促销活动的刺激来吸引粉丝查看商品，达到为店铺推广的效果。

2. 开展有奖互动活动

互动是非常重要的，商家除了日常回复、转发粉丝留言外，还可以经常发起一些有奖互动活动。获奖规则可以灵活多样，如回复有奖，转发抽奖和最多赞有奖等。

3. 发布买家秀

消费者一般比较信赖买家的评价，尤其是在购买服饰鞋包时特别关注买家秀。因此，店铺要充分利用优质买家秀的强大说服力，时常发布效果好的买家秀图片或视频，让消费者帮店铺做推销。

4. 发布话题

店铺可以发起热门话题讨论，使微博内容具有一定的娱乐性，不至于导致粉丝因长期被动阅读商品推荐内容而产生厌烦情绪。

5. 举办粉丝福利活动

店铺可以定期举办粉丝福利活动，在节假日和周年庆等特殊日子里举办互动参与活动，提高粉丝活跃度和品牌关注度。

6. 分享知识

店铺可以在微博中分享生活、工作、健康、理财方面的小知识和小技巧，以此培养微博的活跃度，吸引更多的粉丝。

（二）微博推广流程

1. 注册并登录微博

打开微博网址，单击“立即注册”链接，进入注册页面，注册完毕后输入账号和密码即可登录新浪微博，如图4-24所示。

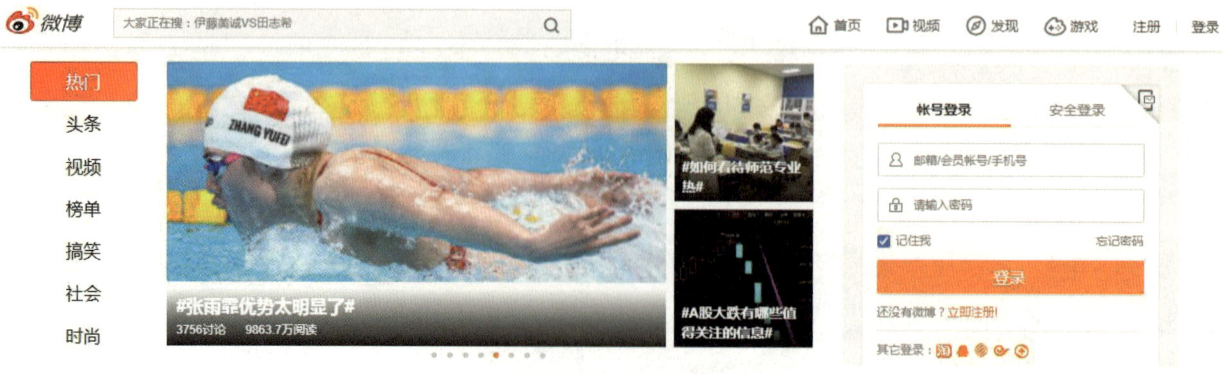

图4-24 注册登录微博

2. 设置个人信息

登录微博以后需要对个人信息进行设置，包括个人基本信息设置、头像设置、隐私设置、消息设置、屏蔽设置、偏好设置等，如图4-25所示。

图4-25 设置个人信息

3. 发布微博信息

结合要推广的商品编辑发布的信息，每条信息只能写入140个字，在信息内容中可以添加图片、视频和头条文章等。

小链接

手机微博App如何分享淘宝店铺商品

使用手机微博App分享淘宝店铺商品的操作步骤如图4-26所示。

图4-26 手机微博App分享淘宝店铺商品

四、掌握淘宝直播推广

网络直播是一群人在同一时间通过网络在线真人互动的节目。淘宝直播是阿里推出的直播平台，是用实时视频方式引领消费的无线互动工具。淘宝直播和其他的直播平台不同，淘宝卖家做淘宝直播一般都是为了推销自己店铺里的商品。网络直播时直播间的人气和流量非常重要。

淘宝直播
开播操作流程

（一）开通淘宝直播权限门槛

淘宝申请开通直播权限的门槛为：普通行业，微淘粉丝1万；特殊行业，微淘粉丝3万。天猫申请开通直播权限的门槛为普通行业，微淘粉丝3万。

（二）淘宝直播推广技巧

1．做好定位

什么样的直播吸引什么样的人，做淘宝直播一定要做好定位，创设个性标签，培养粉丝群体。

2．做好内容策划

在一场直播开播之前，一定要做好充分的准备。这场直播要播多长时间，在什么时候开播，播什么内容，卖什么产品，直播过程当中重点讲解哪些内容，包括封面的选择、文案的设计、活动的预热都需要规划。淘宝直播引流最重要的就是要做好内容策划。

3．做好活动预热

淘宝直播间的前期宣传要做好。淘宝直播之前要预热，可以在微信、QQ、微博推广店铺的二维码、链接提前宣传，提高曝光度。这样在没有直播之前已经积累了部分客户，在直播进行中客户就会慢慢增多。

4．注重互动引导

直播的过程就是跟买家不断互动的过程，目的就是通过各种展示或语言来吸引消费者前来购买商品，可以在直播时通过粉丝打赏、关注、抽奖及红包等多种互动模式调动各位买家的积极性，让消费过程充满趣味性。

5．重视直播后的维护

做好直播后的互动可最大化用户存留，实现再次或多次营销。不仅售前要做好，售后服务也一定要比其他卖家优秀，才能让他们不断回购，用更好的用户体验去换取更多的利益。

活动评价

推广是一个店铺的生存根本。外部推广起着不可替代的作用，QQ、微信、微博和淘宝直播等都是很好的站外推广资源，而且比较适合商品单价低的店铺，商家可以根据自己经营的类目进行选择。

活动二　学会其他网络平台推广

活动背景

店铺的经营有自身的节奏，为了在店庆活动和激烈市场竞争中创造佳绩，公司不遗余力地做好一切店铺的营销推广。接下来我们来看，在张部长的指导下李明是如何与同事进一步发力推广店铺的。

活动实施

一、掌握百度搜索推广

百度系列推广的渠道有很多，付费的推广渠道包括百度竞价和百度搜索推广，免费的推广渠道包括百度知道、百度贴吧、百度文库、百度经验和百度百科等。

（一）认识百度搜索推广

百度搜索推广是一种按效果付费的网络推广方式。每天网民在百度进行数亿次的搜索，其中一部分搜索词则明确地表达了某种商业意图，即希望购买某种商品、寻找某种服务的提供商或希望了解该商品或服务相关的信息。同时，提供这些商品或服务的企业或店铺也在寻找潜在客户。如图4-27所示，通过百度搜索推广的关键词定位技术，可以将高价值的企业或店铺推广结果精准地展现给有商业意图的搜索网民，同时满足网民的搜索需求和企业或店铺的推广需求。

图4-27　百度搜索推广

（二）百度搜索推广产品展现样式

1. 百度搜索推广WISE样式

百度搜索推广WISE样式即无线搜索推广样式，是指百度提供的在百度网站和无线端相关页面，以关键词在线出价展示广告主所推广的网站信息并按照点击收费的一种推广形式。百度搜索推广WISE样式如图4-28所示，WISE样式产品展现如图4-29所示。

图4-28　百度搜索推广WISE样式

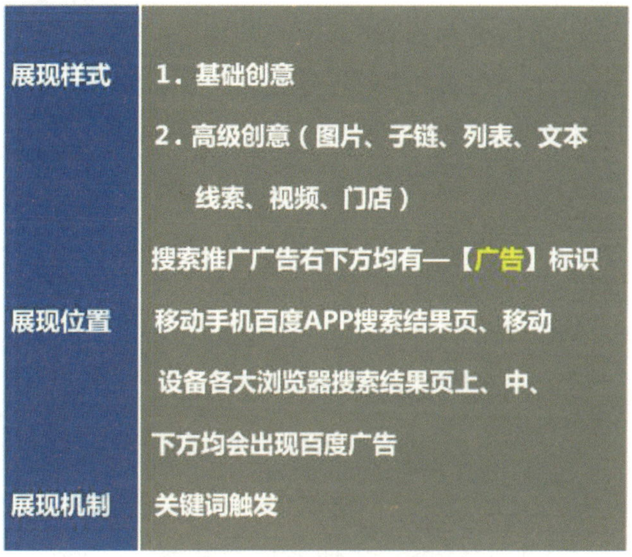

图4-29　WISE样式产品展现

2. 百度搜索推广PC样式

百度搜索推广PC样式是指百度提供的在百度网站和PC端相关页面，以关键词在线出价展示广告主所推广的网站信息并按照点击收费的一种推广形式。百度搜索推广PC样式如图4-30所示，PC样式产品展现如图4-31所示。

图4-30 百度搜索推广PC样式

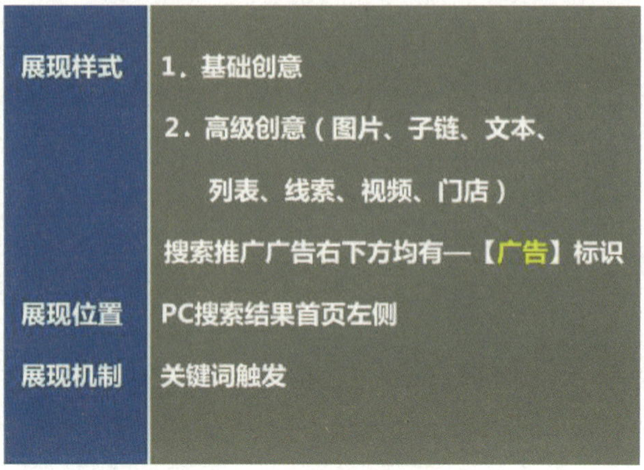

图4-31 PC样式产品展现

3. 百度搜索推广技巧

在做百度搜索推广时，如何花最少的费用获得最有效的展示和点击，是进行搜索推广的关键。所以，做百度搜索推广也需要掌握一些技巧，并不是竞价越高就越好。

（1）设置关键词匹配模式为精准匹配

开启精确匹配功能时，只有网民的搜索词与你提交的关键词完全一致时，你的推广结果才有展现机会，如图4-32所示。

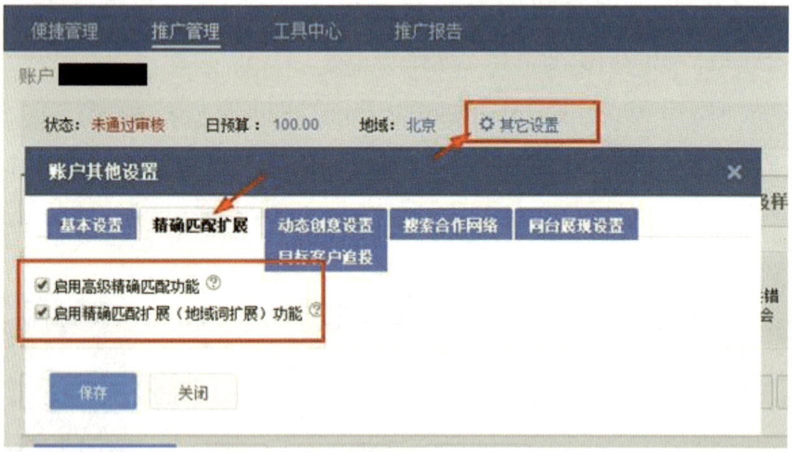

图4-32 关键词精准匹配模式

（2）设置主关键词和副关键词并进行分组管理

为了便于管理，可以设置多个分组，针对不同的关键词进行分组管理，如品牌关键词、业务关键词等。业务关键词是主关键词，竞价也相对更高，品牌关键词是品牌形象推广的一部分，作为副关键词，竞价相对较低，分开管理有助于批量设置出价，如图4-33所示。

（3）设置投放区域

设置投放区域可以有效确定目标用户区域，同时关键词出价相对会更低一些，如图4-34所示。

（4）设置投放时间

互联网是24小时不停运转的，如果不设置搜索时间，很容易将资金消耗掉，而没有达到好的转化率，所有设置投放时间便于我们更好地控制广告资金及展示效果，如图4-35所示。

图4–33　关键词分组管理

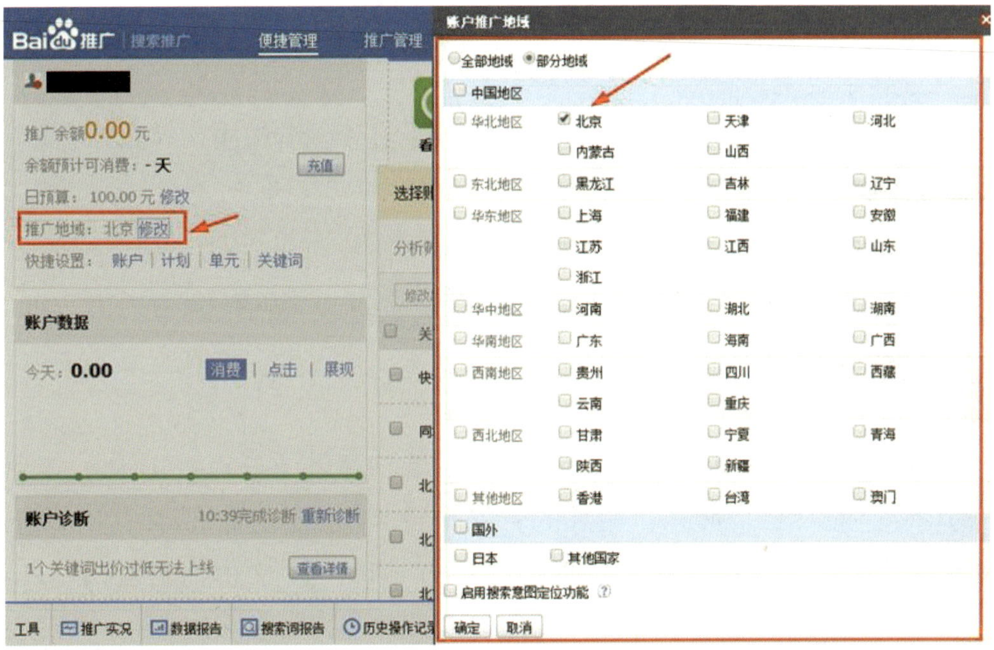

图4–34　设置投放区域

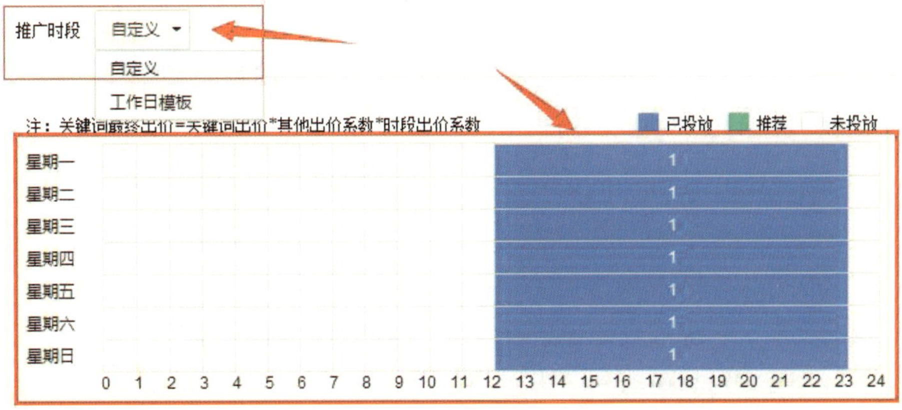

图4–35　设置投放时间

（5）设置预算

为了避免突然加大流量造成账户不必要的广告费消耗，需要设置“日预算”以控制每日的广告费用，如图4-36所示。

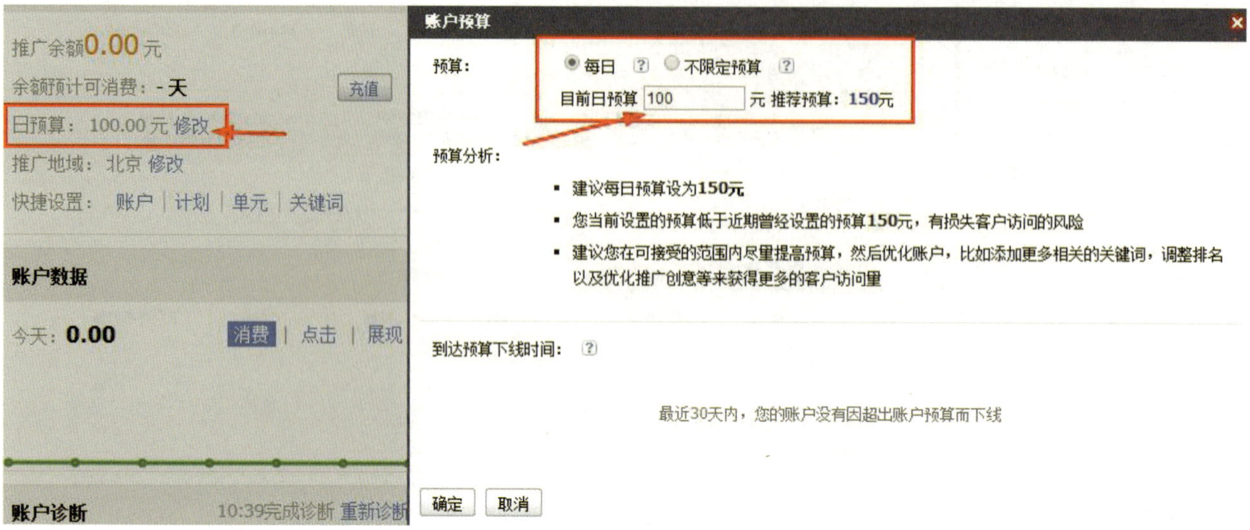

图4-36　设置预算

（6）设置展示效果

展示效果在百度后台中被称为“创意”，好的创意会增加用户转化率。

二、掌握论坛推广

论坛推广是以论坛、社区和贴吧等网络交流平台为渠道，以文字、图片、视频等为主要表现形式，以提升产品展示、品牌传播等为目的，通过发布帖子的方式进行推广的活动。

（一）论坛推广技巧

1. 选择合适的论坛

不是所有论坛都可以推广，选择合适的论坛要注意以下三点：①论坛宣传首先要选择有潜在客户的论坛，论坛推广必须是精准的，如服装店铺应该找服装类的论坛进行营销推广；②选择人气旺的论坛，如果论坛人气很低，那么素材再好及熟练的发帖、回帖技巧都没有用；③选择有签名功能、链接功能、有帖子编辑权限等功能的论坛。

2. 发高质量的帖子

论坛推广不能只追求数量，帖子的质量很重要。帖子发得多，但总体流量不多，没有任何意义。一个好的标题、好的内容、好的图片、好的策划事件都会吸引顾客进入店铺。一般来说，发高质量的帖子有以下一些技巧。①采用隐性广告。若帖子中网店产品信息暴露过多，则会被论坛管理员删掉，严重时还会被封号。在这种情况下，可以采用隐性广告，将品牌、商品和活动内容植入帖子内容中。②标题要吸引人。标题一定要醒目，吸引人眼球，这样帖子的点击率就会高。③内容要有争议。争议是最能触动用户神经、最容易吸引用户参与的内容。通过争议的话题，将推广广告融入，让更多的用户了解产品，达到一定的推广效果。④巧用热点事件。在撰写帖子的过程中，借力热点事件如借用当天或一个星期内的热点话题，将推广广告恰到好处地融入。⑤多发原创好帖。如创业历程、开店经验、装修日记等，要使自己帖子的内容比同类帖更实用、更全面，并且将店铺的商品自然地融入。

3. 可以长帖短发

论坛中的帖子如果太长，很容易让人失去耐心从而不能把它看完，所以一定要长帖短发。长帖短发并不是说把帖尽量缩短，而是将一帖分成多帖，以跟帖的形式发。

4. 多回帖顶帖互动

帖子发出去后，并不是万事大吉，更重要的是做好帖子下面与其他用户的互动，以提高关注度。除了发帖要经常回帖顶帖，这样可以让自己的帖子保持在最前面，同时还可以展示自己的店铺（如签名广告等）。

5. 多展示网店

论坛中最常用来展示的地方，如论坛头像处、签名处、昵称处，都可以好好加以利用。头像可以专门针对品牌宣传进行设计，签名处可以加入店铺的介绍和链接。

（二）论坛推广流程

1. 选择发帖板块

选好合适的论坛后，先注册账号，激活验证账号，然后选择好论坛的合适板块。

2. 编辑帖子

为了提高推广效率，可提前用一周时间，用心编写几十个要推广的宣传内容，用记事本、Word保存好，发帖时直接复制即可。

3. 发帖

进入发帖板块页面，复制提前准备好的帖子内容，如果需要可以插入图片，然后点击“发表”即可。

合作实训

微博推广。

实训目标：

掌握如何撰写微博，利用微博推广店铺产品。

实训内容：

1. 为一家经营护肤品的店铺撰写一条营销微博，推荐一款新上架的商品——户外防晒霜。其卖点为轻薄不油腻、自然不泛白。

2. 挑选两款同类商品，处理掉品牌标识。亲身试用，将测评的防晒霜分别涂抹于手背，分别进行细节拍摄。图片务必突显主推商品相对于其他商品更加轻薄不油腻、自然不泛白。

3. 设计微博文字内容，语言要轻松活泼、有亲和力，内容要体现两款防晒霜的不同，含蓄地表达出所推荐商品的优势与特点。

完成任务：

1. 全体同学以小组为单位，4人一组，教师说明实训内容，分配实训任务。

2. 分组开始撰写微博，不得抄袭。

3. 撰写完毕，小组内进行讨论交流，谈谈个人对微博推广的看法。

4. 讨论交流结束，教师点评，说说微博推广有哪些技巧。

5. 将撰写好的微博写在Word文档中并提交。

【技能大赛直通车】

一、竞赛内容

2021年全国职业院校技能大赛电子商务赛中网店直播模块，包含微店开设和手机直播。在竞赛规定时间内，4名选手合作，通过手机App选择手机内竞赛商品的相关图片组成2套完整的商品购买页面，设置好商品标题和价格等内容，完成微店的开设。微店开设完成后，由1名选手开启手机直播，关联2个直播商品，完成10分钟不间断直播。

二、竞赛赛卷

2021年全国职业院校技能大赛电子商务赛赛卷之一。

1. 分值：20分

2. 竞赛时间：120分钟

3. 背景资料：

方圆利用业余时间开了一家网店，店铺名称是“3C数码小铺”，主要经营3C数码相关商品。方圆的店铺定价适宜，也经常做些推广活动，所以店铺销售还是不错的，也积累了一批忠实的粉丝。恰逢店铺开店一周年，方圆打算进行一场直播，精心挑选了两款福利商品，回馈店铺的新老粉丝。

请你以方圆的身份，根据背景介绍及商品资料，在2小时内策划一场10分钟的直播，并且进行直播演示。

三、赛题解析

登录竞赛系统，通过对关键内容要求的评价，客观合理考核网店直播实施情况。

1. 直播策划及准备

根据背景资料，策划直播流程及时长、设计直播相关话术，并且做好相关准备。

（1）直播商品购买页面设置

要求：根据背景资料，为两款直播商品各选择5张主图及6张详情描述图，并且为每款商品设置符合背景资料介绍的标题。

（2）直播流程及时长策划

要求：根据规定顺序直播商品，直播时长要达到10分钟。

（3）直播商品链接关联

要求：讲解的商品正确关联商品链接。

2. 直播实施

直播画面始终围绕主播或竞赛商品，画面清晰明亮；直播过程中没有10秒以上的卡顿、冷场。

（1）直播开场

要求：包含问好及自我介绍、本次直播计划、促销活动三项内容。

（2）商品介绍

要求：有商品属性、特色、卖点的介绍，有商品日常价格、直播促销价的说明，有商品的特写展示。同时要回答弹幕中出现的相关问题，回答内容要与背景资料一致。

（3）直播结尾

要求：结尾需要包含引导关注、感谢语两项内容。

？【想一想】

小李在网上开了一家销售地方特产的淘宝店，目前为了扩大店铺的流量，准备通过论坛进行推广。假如你是网店推广人员，你该如何做？

任务检测

1. 请举例说明如何利用QQ进行有效的推广。

2. 如何增加微博的活跃度？

3. 做百度搜索推广需要掌握一些技巧，并不是竞价越高就越好。请简述百度搜索推广有哪些技巧。

项目总结

本项目以两项任务为基础，分别重点介绍了网店站内推广与外部推广内容。通过本项目的学习，李明掌握了网店活动推广、平台推广、新媒体（社交）推广和其他网络平台推广等推广技能和技巧。通过学习，学生可锻炼个人职场工作能力，积累宝贵的实践经验，为在电商行业就业或创业奠定坚实的基础。

项目检测

一、单项选择题

1. 想让买家购买多样商品达到188元后包邮，应该（　　）。

A. 限时特价　　B. 满就送　　C. 优惠券　　D. 搭配套餐

2. 属于直通车推广特点的是（　　）。

A. 按展现付费　　B. 超大流量

C. 超省成本　　D. 广告数量没有限制

3. 在淘宝平台上，钻石展位投放数据中的CPM指的是（　　）。

A. 每千次浏览单价　　B. 每千次点击收费

C. 每次点击单价　　D. 每次浏览单价

4. 不属于钻石展位的是（　　）。

A. 淘宝首页底部通栏

B. 首页第二屏的右侧大图

C. 内页频道页、门户、帮派、画报等多个淘宝站内广告位

D. 常规二级频道咨询

5. 适合于个人及媒体注册的微信公众号是（　　）。

A. 订阅号　　B. 服务号　　C. 小程序　　D. 企业号

6. 微博推广技巧不包括（　　）。

A. 开展有奖互动活动　　B. 发布话题

C. 发布买家秀　　D. 多多发软文

7. 论坛推广中可以在（　　）展示网店信息。

A. 主页　　B. 个人资料　　C. 签名处　　D. 回帖处

8. 下列论坛推广的错误做法是（　　）。

A. 做好互动　　B. 经常发表文章

C. 经常跟帖、回帖　　D. 经常群发广告

9. 属于免费推广方式的是（　　）。

A. 钻石展位　　B. 淘宝客　　C. 微博　　D. 直通车

10. 最需要培养用户活跃度是（　　）。

A. 微博　　B. QQ　　C. 千牛　　D. 旺旺

二、简述题

1. 常见的网店促销活动有哪些？

2. 比较分析直通车、钻石展位两种推广方式的特点。

3. 如何利用QQ和微信宣传推广淘宝店铺？

4. 微博推广有哪些技巧？

5. 淘宝直播推广有哪些技巧？

6. 如何发高质量的帖子？

三、实训题

1. 以品牌名或店铺名来命名新浪微博，在微博中发布话题，并且与粉丝互动，策划一条转发抽奖活动。

2. 在淘宝论坛中编辑并发布自己的商品推广帖，同时做好及时回帖、跟帖，跟踪并记录一个月的论坛推广记录。

3. 利用直通车为一家经营数码产品店铺的新款手机进行推广。要求按照下面的参数进行设置。

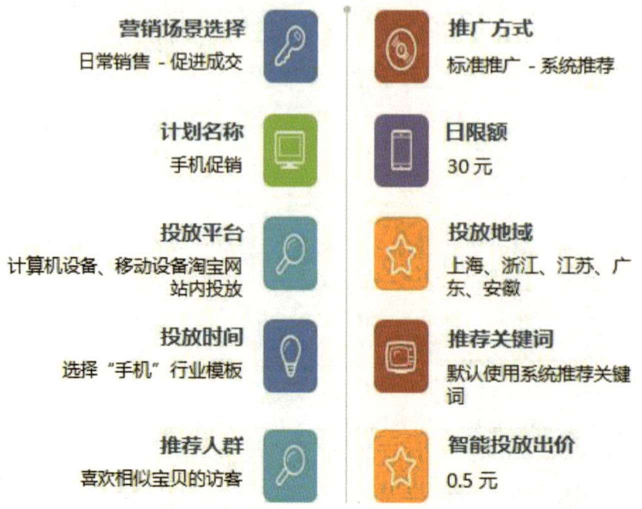

项目5 提供客服

项目概述

随着电子商务的深入发展，网店运营日益火爆。客服工作的好坏直接关系到网店的形象的好坏，影响网店的成交率、转化率和客户的复购率，网店客服成为店铺发展不可或缺的中坚力量。通过本项目的学习，李明团队将对客服岗位有一个初步了解，并且掌握客服工作内容。

认知目标

1．了解网店客服概念、分类及重要意义。

2．了解网店客服工作流程。

3．掌握售前客服工作内容。

4．了解售中订单处理流程。

5．熟悉售后服务内容。

技能目标

1．能够利用千牛工具开展客服工作。

2．能够掌握客服一般沟通技巧。

3．能够正确处理售中订单。

4．能够掌握售后纠纷处理、中差评处理方法。

素养目标

1．培养学生沟通能力，提升沟通技巧。

2．培养学生信息处理和解决问题能力。

任务一　认识客服岗位

任务描述

客服作为顾客和网店的沟通桥梁，承担着买卖双方信息的交流。目前，电子商务行业对客服人才的需求日益增加，李明考虑在毕业后从事网店客服工作，他想先了解一下客服岗位。

任务分解

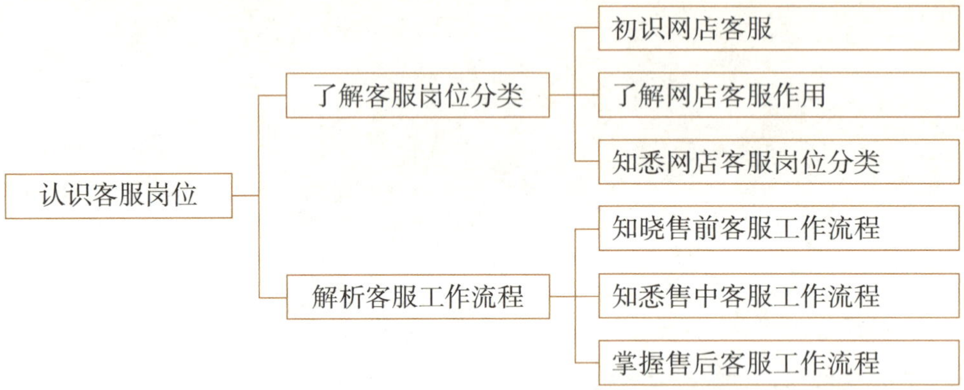

活动一　了解客服岗位分类

活动背景

想要胜任客服工作，李明需要对客服岗位有一个整体化和形象化的认识，本活动将帮助李明了解网店客服的概念、重要意义及网店客服岗位分类。

知识探究

一、网店客服

网店客服是指在开设网店这种新型商业活动中，利用各种通信工具，并以即时通信工具（如旺旺、QQ等）为主为顾客提供相关服务的人员。

二、网店客服的作用

网店客服在网店的推广、产品的销售及售后的顾客维护方面均起着极其重要的作用。

（一）塑造店铺形象

对于网上店铺而言，顾客看到的商品是一张张的图片，因此往往会产生距离感，此时客服就显得尤为重要。顾客通过与客服在网上的交流，可以逐步了解商家的服务和态度，客服的一个或亲切的问候，都能让顾客真实地感觉到自己不是在跟冷冰冰的电脑和网络打交道，而是跟一个善解人意的人在沟通，这样会在顾客心目中逐步树立起店铺的良好形象。

（二）提高成交率

现在很多顾客都会在购买之前向商家询问商品的细节内容，或者询问优惠措施等。客服在线能够随时回复顾客的疑问，可以让顾客及时了解需要的内容，从而立即达成交易。有时顾客不一定对产品本身有什么疑问，仅仅是想确认一下商品是否与事实相符，这个时候一个在线的客服就可以打消顾客的顾虑，从而促成交易。同时，对于犹豫不决的顾客，一个有着专业知识和良好的销售技巧的客服，可以帮助顾客选择合适的商品，促成购买行为的达成，从而提高成交率。有时候顾客拍下商品但一直处于未付款状态，这个时候在线客服可以及时跟进，通过向顾客询问汇款方式等办法督促其及时付款。

（三）提高顾客回头率

当顾客在客服的良好服务下完成一次良好的交易后，顾客不仅体验了卖家的服务态度，也对卖家的商品、物流等有了切身的体会。当顾客需要再次购买同样商品的时候，就会倾向于选择他所熟悉和了解的卖家，从而提高了其再次购买的愿望。

（四）更好地服务顾客

网店客服和顾客的网上交流是服务顾客的第一步。一个有着专业知识和良好沟通技巧的客服，可以给顾客提供更多的购物建议，更完善地解答顾客的疑问，更快速地对顾客售后问题给予反馈，从而更好地服务于顾客。只有更好地服务于顾客，才能获得更多的机会。

三、网店客服岗位分类

在电子商务的发展过程中，网店对客服工作人员的需求也随之提高。网店发展的规模不同，客服人员所需求的数量及工作内容的范围是不同的。一般小规模的网店往往一人身兼数职，对客服并没有进行细分。规模大的网店会根据客服所负责的不同工作进行分类。

（一）根据客服工作内容分类

销售客服主要负责网店的销售工作，帮助顾客更好地挑选商品。

投诉客服主要工作是处理顾客投诉及中差评。

推广客服主要负责网店的营销与推广。

打包客服在顾客下单付款后，按照订单帮助店主进行打包工作。

（二）根据客服使用工具分类

按照使用工具不同，客服可划分为电话客服和网络客服。网络客服又包括网站在线客服和利用即时聊天工具为顾客提供服务的客服。

（三）根据客服工作流程分类

根据客服工作流程不同，一般将客服人员可分为售前客服、售中客服和售后客服，图5-1是对这三类客服的定义和划分标准。

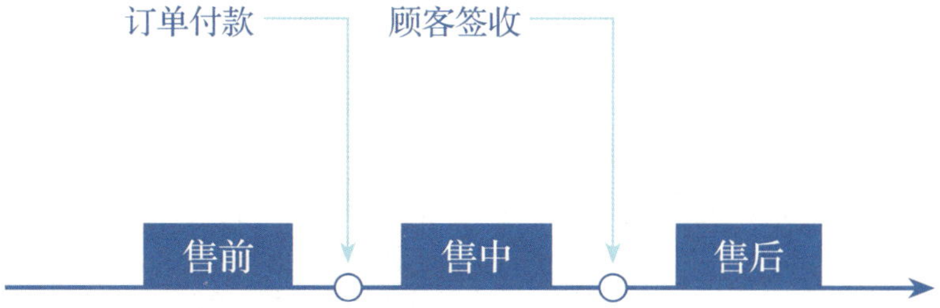

图5-1　客服划分标准

1. 售前客服

售前客服主要从事引导性的服务，主要负责解答拍下宝贝之前顾客会问的各种问题。

2. 售中客服

售中客服主要从事售中服务，即当顾客拍下宝贝在确认收货之前的过程，主要负责解决顾客付款、支付流程、要求备注、快递、发货、顾客交易评价、确认收货过程的所有问题。

3. 售后客服

售后客服主要从事售后服务，即负责解决在顾客收到商品后使用的过程中产生的关于退换货及中差评、投诉纠纷交易的处理等各个环节的问题。

活动二　解析客服工作流程

活动背景

对于大中型网店来说，订单繁多、咨询售后量大，就需要对客服工作进行一个流程化、系统化的安排，这样不仅有利于管理考核客服工作，还能降低顾客对客服工作的投诉。因此，李明需要了解客服工作流程。按照客服工作流程的不同，客服人员一般分为售前客服、售中客服和售后客服。本活动将分别对这三类客服工作流程进行说明，帮助李明熟悉客服工作流程。

知识探究

一、售前客服工作流程

售前客服的工作范畴主要覆盖从顾客进店咨询到拍下订单付款的整个工作环节，售前客服的工作流程如图5-2所示。

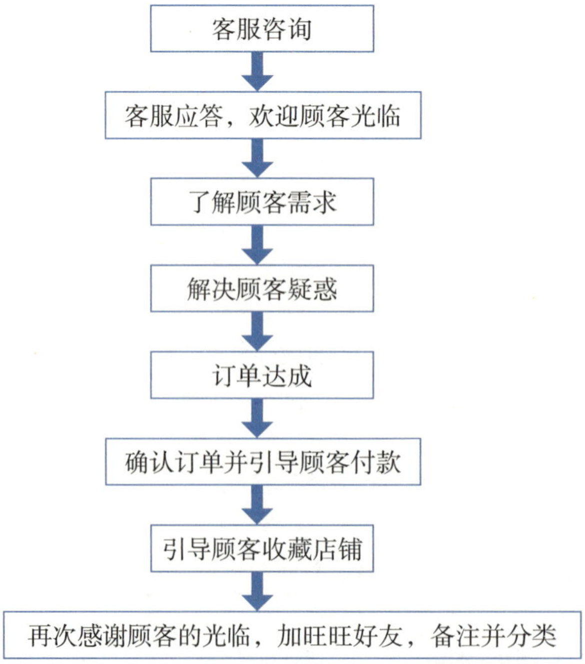

图5-2　售前客服的工作流程

二、售中客服工作流程

售中客服的工作主要集中在顾客付款到订单签收的整个时间段，主要负责订单跟踪和物流处理，工作流程如图5-3所示。

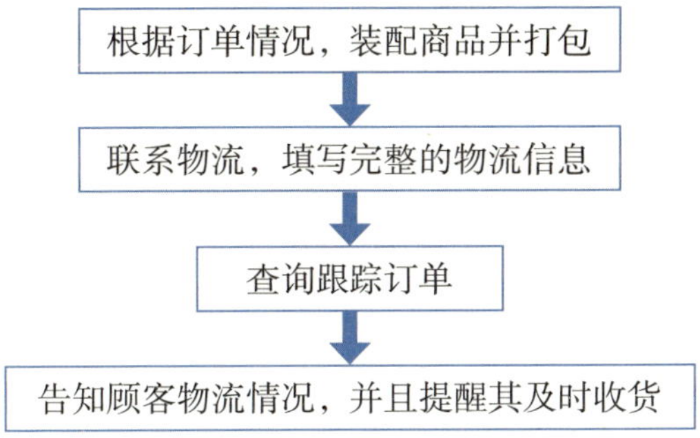

图5-3　售中客服的工作流程

售中客服除了对订单进行正常跟踪之外，有时还会遇到特殊情况，如顾客临时需要更改物流或取消订单等情况，客服需根据订单的发货情况进行订单的处理。如果订单能够被追回，则根据顾客意愿重新处理订单；如果订单显示已发货且无法追回，则需向顾客致歉，并且与顾客协商可以拒签或重新发货。

三、售后客服工作流程

售后客服的工作主要是通过与顾客的及时沟通，帮助顾客解决商品签收后的问题，如解答顾客对商品的使用或产品维护存在的疑惑等，售后问题主要集中在退换货和中差评两方面。售后客服处理退换货工作流程如图5-4所示，售后客服处理中差评工作流程如图5-5所示。

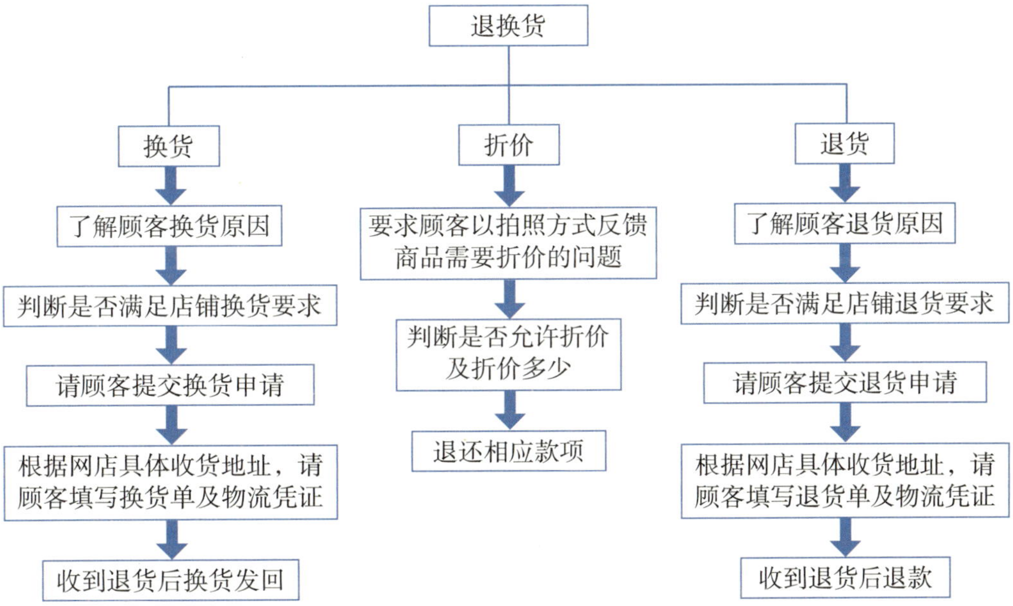

图5-4　售后客服处理退换货工作流程

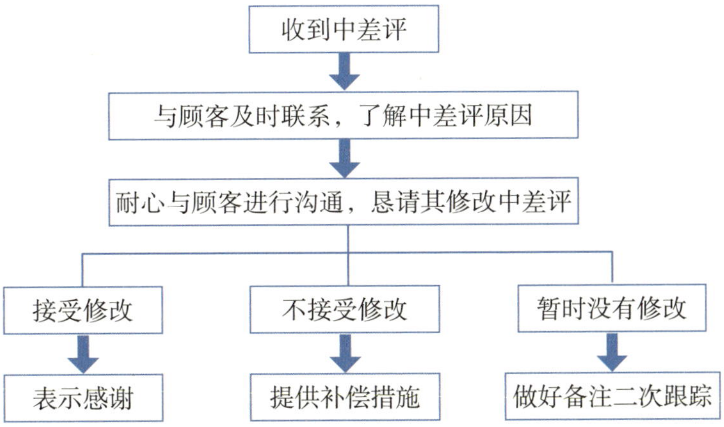

图5-5　售后客服处理中差评工作流程

? 【想一想】

淘宝小二是客服吗？淘宝小二属于哪种客服类型？

任务检测

1. 网店客服的作用有哪些？
2. 网店客服岗位如何分类？
3. 简述售前客服工作流程。
4. 简述售中客服工作流程。
5. 简述售后客服工作流程。

合作实训

常见的淘宝客服工具有哪些？它们使用的场景是什么？具体功能有哪些？

淘宝客服工具	使用场景	功 能

任务二　掌握客服工作内容

任务描述

在对客服岗位有了初步的认识和了解之后，李明思考怎样才能更好做好客服工作。本任务将通过使用千牛工具做好售前客服工作、处理订单做好售中客服工作及处理纠纷、管理评价做好售后客服工作三个活动，帮助李明熟悉客服工作内容，提升客户体验。

任务分解

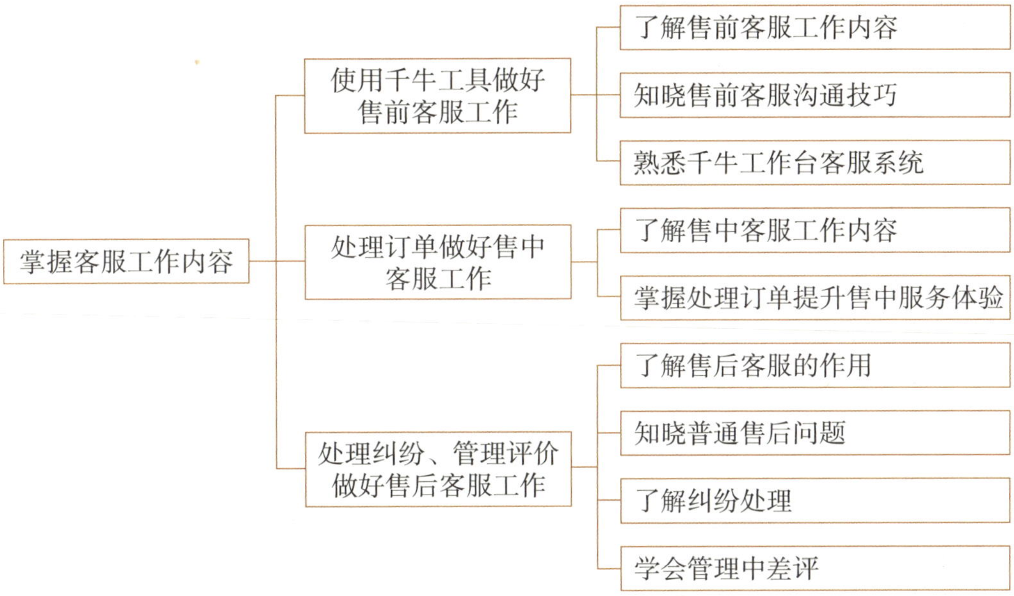

活动一　使用千牛工具做好售前客服工作

活动背景

客服工作是网店运营日常工作中的重要一环，最初与顾客有接触的是售前客服，承担接待顾客、回复顾客的任务，对顾客的转化起着关键作用，是极其重要的工作。李明需要了解售前客服工作内容及沟通技巧，从而提升顾客满意度，促进产品的销售。

知识探究

一、售前客服工作内容

（一）接待顾客

售前客服的第一项内容就是接待顾客。接待的态度决定了顾客对店铺的第一印象。良好的服务态度主要体现在热情、耐心、尊重、礼貌四个方面。售前客服在给顾客打招呼时，一定要礼貌热情，还要耐心及时回答顾客咨询的各种问题。

（二）有效沟通

顾客之所以会进店，就说明其对产品有兴趣。而大多数订单的成交，都是因为客服让顾客的兴趣变成强烈的购买欲望。因此，客服需要掌握必要的沟通技巧并能够进行有效沟通。

（三）接单咨询

客服对产品知识的熟悉是与顾客交流的基础。因此，售前客服需要掌握商品的基本知识，并且对同类商品均有一定了解，这样才能做好接单咨询工作。掌握商品基本知识包括对商品质量的了解、对商品尺寸的掌握、对商品注意事项的说明等。对同类商品的了解要做到在质量、货源等方面能够进行简单比较。

（四）推荐商品

当顾客询问商品并得到解答后，客服可以给顾客更多的选择权，让顾客随意挑选和对比商品。客服可对店铺内的其他同类商品进行推荐，这样不仅可以让顾客体验选择商品，还可以大幅度提升店铺的客单价，带动店铺其他商品的销量。客服在为顾客推荐商品时，可以从顾客角度和商品角度两个方面进行推荐，从顾客角度出发需要因人而异推荐商品，从商品角度出发需要进行关联商品推荐。

（五）识别客户

售前客服还需懂得识别顾客。新顾客、老顾客和询问过未买的顾客，售前客服都应将资料备注下来，这样会提升顾客的购物体验，有利于后期顾客关系的维护。

二、售前客服沟通技巧

（一）热烈欢迎，耐心引导

顾客进店咨询时，客服可以先来一句“您好，欢迎光临”，让顾客觉得有一种亲切的感觉。及时答复、礼貌热情是客服人员的基本素养。而光靠热情是留不住顾客的，客服还可以向顾客介绍店铺优惠活动、商品品牌、新商品热卖、会员权利、特色服务等内容引导顾客，为顾客提供有价值的信息，让顾客有继续了解商品的意愿。

（二）问看结合，挖掘需求

如何了解顾客的真实需求？客服可以从问和看开始。问即当不了解顾客的需求时，客服可以使用开放式的问题，如询问顾客对需要购买商品的使用对象及对商品的要求或想法。在问的过程中，客服需要给顾客思考的机会，同时客服向顾客也可以收集更多的信息。看即客服通过查看客户最近的浏览、购买、咨询信息大致判断顾客的需求。

（三）体现专业，准确推荐

客服根据前期收集到的顾客信息，向顾客推荐最适合而不是最贵的商品，让顾客感受到客服的热心和专业，以及能够站在顾客的角度、重视顾客的利益需求且用心为顾客挑选商品。客服在向顾客推荐商品时，应重点考虑顾客的偏好及反馈。

（四）以退为进，促成交易

当顾客接受推荐后，他们通常会对商品价格或服务还会有一些疑虑。这时，客服人员需及时解决顾客的疑问。如当顾客对价格有疑问时，可以向顾客介绍店铺的优惠促销活动，如果没有优惠价格可以赠送小礼品来满足顾客追求优惠的心理。

（五）及时核实，确认信息

当顾客拍下产品后，客服人员应该及时跟顾客核实订单信息，确认收货地址及电话等个人信息是否准确，还要特别关注个性化留言并做好备注，有效避免错发、漏发等情况发生。

（六）热情道谢，欢迎再来

无论订单成交与否或顾客是否回应，礼貌的结束语都是必要的。因议价没有成交的客户，可能会因为客服人员的诚恳热情再回头购买。在说再见之前，需确认顾客是否有其他问题需要咨询。不同场景的结束语不同，可以在不同的场景中设置快捷回复的结束语。

知识窗

表5-1　售前客服话术

咨询类型	话　术
问候类	1. 亲，非常荣幸与您相遇在××旗舰店，我是客服××，竭诚为您服务！ 2. 亲，欢迎走进××旗舰店，我是客服××，很开心和您一起选购！
推荐类	1. 亲，每个人的身材比例不同，我们是按照您提供的数据结合顾客反馈和专业经验来为您推荐的，不能保证您穿上一定合身。如果您收到货尺码不合适，麻烦您及时联系售后，我们将为您办理换货服务。谢谢！ 2. 您选购的这款鞋子是我们店里的爆款商品，实物比照片看起来更好看呢！
议价类	1. 亲，非常抱歉，这已经是活动最低价，亏本赚销量，实在没办法再优惠了，希望您谅解，非常感谢！ 2. 亲，非常抱歉，我们公司规定，不议价的哦，还请谅解。
物流发货类	1. 亲，我们默认的快递是韵达和申通。您是哪里呢？现在下单我们今天会发出，我可以帮您看下几天到货呢。 2. 亲，小店承诺在48小时内发货哦。但会尽量帮您安排尽快发货的，请谅解。预售商品以标注的发货时间为准哦！
安抚类	1. 感谢亲的建议，这个问题我们已反映给相关人员，在穿着过程中有任何问题都可以联系在线客服哦，我们一定会竭诚为您服务的。 2. 谢谢亲反馈的重要信息，未能给亲一次愉快的购物体验真的很抱歉呢，我们会努力在您的建议下争取越做越好，以便下次给您提供更好的产品及服务。

三、千牛工作台客服系统

（一）千牛工作台

千牛工作台由阿里巴巴集团官方出品，淘宝卖家、天猫商家均可使用。包含卖家工作台、消息中心、阿里旺旺、量子恒道、订单管理、商品管理等主要功能，目前有Win版、App版和Mac版。其核心是为卖家整合店铺管理工具、经营咨询信息、商业伙伴关系，借此提升卖家的经营效率，促进彼此间的合作共赢。

（二）千牛的客服功能

千牛工作台结构庞大，功能丰富，由人工客服体系和AI客服阿里店小蜜构成。

1. 人工客服

人工客服通过千牛客户端进行咨询进线和回答，可以通过给店铺开子账号的形式建立多个账号进行回复，同时可以对多个账号进行咨询分流和统一管理。进入千牛工作台，选择店铺管理下的子账号管理，可进入子账号管理界面，如图5-6所示。

图5–6　千牛子账号管理界面

客服通过千牛的接待中心与顾客沟通，接待中心界面同阿里旺旺相同，如图5–7所示。人工客服通常需要同一时间接待多位顾客，这时就需要利用千牛的智能回复功能，智能回复功能主要包括自动回复和设置快捷话术。

图5–7　接待中心界面

自动回复设置步骤：第一步，点击进入“系统设置”；第二步，点击“系统设置”下的“接待设置”；第三步，点击“自动回复”；第四步，点击“自动回复”，进入自动回复设置界面。具体操作如图5–8所示。

图5-8　自动回复设置

快捷话术设置可以通过单条设置和批量导入两种方式完成。单条快捷语设置步骤：第一步，点击快捷语；第二步，点击新建；第三步，进入新增快捷语界面，进行单条快捷语设置，具体步骤如图5-9所示。快捷语批量导入设置步骤：第一步，点击快捷语；第二步，点击导入；第三步，进入导入快捷语界面，可选择导入CSV格式文件或XML格式文件，具体操作如图5-10所示。

图5-9　单条快捷语设置

图5-10　快捷语批量导入设置

知识窗

淘宝子账号业务是淘宝网及天猫提供给卖家的一体化员工账号服务。掌柜使用主账号创建员工子账号并授权后，子账号可以登录千牛接待顾客咨询、处理订单或登录卖家中心帮助管理店铺。主账号可对子账号的业务操作进行监控和管理。

2. AI客服阿里店小蜜

AI客服阿里店小蜜是阿里巴巴推出的智能店铺机器人，能够帮助卖家更好地管理店铺，节省人工客服工作量并提升转化率。初次使用店小蜜的卖家需要在千牛搜索框中搜索店小蜜，点击进去后是店小蜜服务开通界面，如图5-11所示。

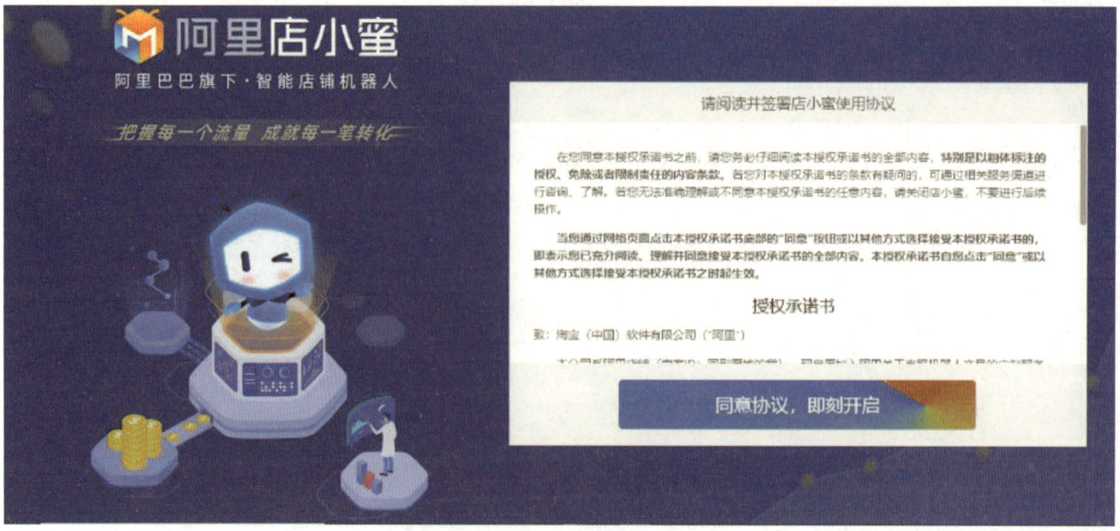

图5-11　店小蜜服务开通界面

店小蜜服务需要经过三个步骤：第一步是店铺接待问题诊断；第二步是咨询问题配置；第三步是开启店小蜜接待。店小蜜工作台有极速模式和标准模式两种模式，两种模式可以根据需要随时切换。极速模式简单便捷，可以轻松上手；标准模式功能完备，配置精细。店小蜜接待设置可以设置为全自动接待或智能辅助接待。在全自动接待模式下，机器人自动接待所有买家咨询，尤其适合夜间无人或大促流量暴增的时候开启，确保买家咨询能被及时回复。在智能辅助接待模式下，机器人将在客服接待过程中提供话术推荐，并且自动回复客服尚未接起的买家咨询，适合日常接待时使用，提升平响及接待效率。

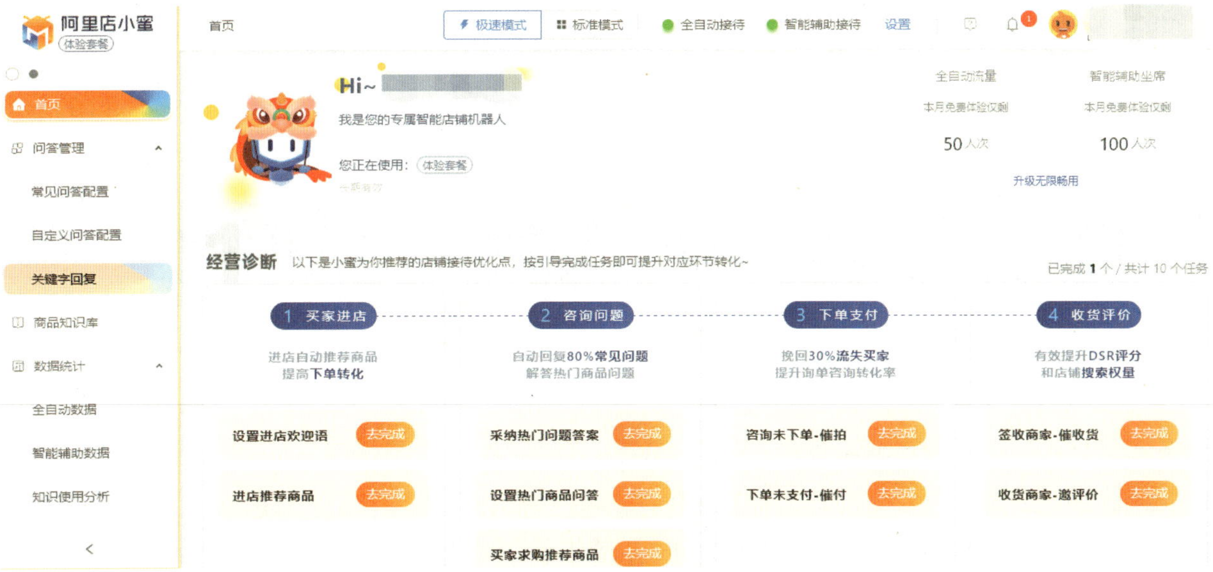

图5-12　店小蜜极速模式工作台

活动二　处理订单做好售中客服工作

活动背景

售前咨询、售中引导和售后服务是网店客服工作的主要内容。在顾客下单、售前工作结束后，李明在想售中工作要做的第一件事又是什么呢。

知识探究

一、售中客服工作内容

售前客服在解答顾客各种问题后，顾客提交订单表示有意愿购买，顾客提交订单后，售中客服的工作内容主要包括订单处理、物流跟踪、确认收货、完成交易。针对未付款订单，客服需与顾客进行沟通，了解未付款的原因，并且进行催付。当因邮费或其他原因需要修改价格时，客服修改价格后要做好备注。针对已付款订单，客服要与顾客核对订单信息，然后礼貌告别。客服确认订单后需进行发货操作，一般大公司的发货由仓库工作人员完成，小公司要由客服网上单击发货，填写、打印快递单，输入相应的快递单号。在顾客确认收货前，可能会需要对快递情况进行询问，一般物流跟踪系统会清晰显示物流状态，大部分的客服会自己查看，少数新手顾客会进行咨询，客服查看告知即可。若遇特殊情况，客服需要进官方网站进行查询，或者给快递公司打电话询问具体情况，然后告知顾客。

二、处理订单提升售中服务体验

（一）订单确认及核实

订单一般指的是顾客的一种购买意向，有可能会出现变化。因此在收到订单之后至发货之前，客服需要对订单信息进行再次确认。客服与顾客确认订单信息的方法很简单，直接在千牛聊天窗口中与顾客交流，若有需要修改的信息，可直接在千牛中进行操作，完成后再次进行确认，无误后即可进行后续的操作。一般情况下，客服主要跟顾客确认其填写的信息是否正确，特别是收货地址、联系人姓名、联系方式、订购的商品信息等，避免因这些错误而引起纠纷。在确认订单的时候，要注意KISS（keep it short and simple）原则，也就是说要保证最终记录的顾客信息是简明扼要的。

（二）下单发货

和顾客核对完订单信息后就是下单发货操作，客服需要了解一定的发货操作和物流知识。在下单发货前，客服需要对系统里的订单进行审核，审核无误后的订单就可以进入发货流程，发货流程主要包括快递公司的选择、货物分拣、商品打包、及时发货等。

1. 快递公司的选择

快递是联系店铺和顾客之间的纽带，店铺的正常运营离不开快递公司的支持。快递的安全、速度的快慢是店铺和顾客非常关注的问题。在选择快递公司时，需综合考虑以下要素：第一，店铺所在区域内公司规模大的快递；第二，选择安全性高的快递；第三，选择费用合理的快递；第四，选择发货速度较快的快递；第五，选择服务质量较好的快递。

2. 货物分拣

货物分拣指物流配送中心依据顾客的订单要求或配送计划，迅速、准确地将商品从其储位或其他区位拣取出来，并且按一定的方式进行分类、集中的作业过程。分拣有按照订单分拣和批量拣取两种工作方式。按照订单分拣目标明确，作业时间短，但在货物品种较多的情况下拣取路径较长，效率不高。批量拣取是多张订单集中拣取的方式，在固定顾客、固定订单的顾客分类情况下，有利于提高拣取效率。但需要多张订单累积，所以停滞时间较长。

3. 商品打包

商品寄出需要一定的包装来保证商品的完好无损，所以在商品寄出前需要客服对顾客所购买的商品进行打包。客服在对商品打包的过程中要注意以下原则：第一，不易拆封原则，使用硬质、抗撕裂及抗戳穿性能的外包装打包商品，然后用胶带缠于包装的所有开口位置。第二，无损商品原则，为了预防商品在运输途中被损坏，客服还需要在包装盒内放置一些具有缓冲效能的填充物，如珍珠棉、泡沫或纸卡等，让商品在包装盒内能够基本保持固定。第三，礼貌提示原则，在外包装上贴上一些轻松幽默的温馨提示贴纸，如“加急”“易碎品”或“辛苦您了”这些话语，不仅可以让快递员感受到店铺的诚意，还能将我们的需要第一时间传递给负责商品运输的快递员。

4. 及时发货

联系好物流公司并打包好商品后，待快递人员取货成功，即表示产品已进入物流运输阶段，此时客服要在淘宝后台中设置商品发货，告知顾客商品已经正常发货。如果卖家迟迟不发货或延迟发货，将承担相应的损失。淘宝要求顾客付款后卖家要在72小时内完成发货，特殊情况下如双十一期间，卖家需要告知顾客延时发货，否则淘宝会认为卖家妨碍顾客高效购物的权益，对卖家进行相应的处罚。

（三）物流跟踪

客服完成商品的发货后，不能忽略对订单的跟踪。物流信息有三个重要环节，分别是订单发货信息、订单配送信息及订单签收信息，客服需要将这三个环节的信息及时告知顾客。电话短信在接收信息的便捷性与时效性上都具有优势，客服可以选择以短信的方式告知顾客商品的物流信息。

活动三　处理纠纷、管理评价做好售后客服工作

活动背景

顾客付款完毕，客服的工作是否就完满结束了呢？当然不是。客服除了需要解答顾客的疑问、促进成交，还需要做好售后服务，获得顾客的信任，提升顾客的复购率。本活动将立足顾客的售后体验，帮助李明掌握售后客服工作。

知识探究

一、售后客服的作用

售后服务通常指交易完成后继续给顾客提供后续的咨询支持。做好售后服务是留住回头客和发展潜在忠实顾客的重要环节。

（一）提升商品价值

商品价值是由商品的制造成本、使用价值及售后服务三个部分组成的。大多数顾客都愿意为优秀的售后服务付费，因而提升售后服务质量可以提升商品价值。

（二）获取优质口碑

口碑营销是互联网商业环境中最重要的营销方式之一，通过售后服务在顾客中间建立起优质的口碑，能够极大地促进商品的销量。

（三）提升复购率

近几年，网店获取新顾客的成本越来越高，店铺不得不将很大一部分精力转向留住老顾客，即提升买家的复购率。

（四）降低店铺的负面影响

如果网店缺少售后服务或售后服务不完善，导致顾客的售后申请不能得到及时处理，必然会引发顾客投诉，从而得到平台的惩罚，店铺将会承受很大的经营风险。

二、普通售后问题

普通售后问题是指在正常交易下，顾客由于某些主客观原因对商品或服务表示不满但仍愿意用沟通协调的方式去解决的售后问题。

（一）查单、查件问题

在店铺发货后，包裹在运送途中或已经抵达顾客手中后经常会出现各种与物流相关的问题，如表5-2所示，导致顾客需要对售后客服进行咨询。

表5-2 常见查单、查件问题售后处理方法

常见问题	售后客服处理方法
快递显示已经签收，但非本人签收	售后客服需要表明负责的态度并向顾客说明这是常见问题，然后积极联系快递公司，查询实际收件人，并且对顾客做出反馈
疑难件无法派送	售后客服要注意及时收集顾客的更新信息，如手机号码、收件地址及明确可收快递的时间等，及时反馈给快递公司并督促其及时派件
超区件无法派送	如果可以加钱送货或转给其他快递公司，为了提高顾客的满意度，可以选择这种方法解决 如果可以自提，在路途不远的情况下可以和顾客协商解决 为了避免出现无法派件的情况，客服在做售前工作时务必注意核对快递是否可以到达所寄地址
不可抗力的自然灾害	当出现非人为因素造成不能及时派送快递的情况时，首先要密切关注事态的发展，然后及时和顾客取得联系、说明原因，并且把最新动态共享给顾客。如果确实是非店铺所能解决的问题，努力寻求顾客谅解并给出最终的解决方案
节假日及特殊活动派件时间延长	作为客服，应如实回答快递未按约定时间到达的原因
快递丢失或破损	当顾客因出现上述情况而进行咨询时，容易出现急躁不满的情绪，此时客服需要先安抚顾客情绪，然后及时和快递公司确认情况。如果情况属实，需要及时回复顾客，并做好后续的补救工作

（二）正常换货

如果售后客服遇到发错货、产品质量问题、7天无理由退换货等原因导致的换货问题，可根据顾客要求先查明原因，符合换货条件则立即给顾客换货，与此同时，一定要备注跟进。

（三）正常退货

退货是卖家经常遇到的比较头疼的问题，退货原因也是五花八门。合理而及时地处理和跟进，通常有20%的退货可以避免。当售后客服遇到退货顾客时，应根据顾客要求先查明原因，及时为顾客解决，尽量挽留或引导顾客取消退货，与此同时，一定要备注跟进。

（四）退款问题

客服了解退款的原因对处理退款有很大的帮助，不同的退款原因有不同的处理方法。如表5-3所示，通常退款分为未发货状态下的退款和已发货退款下的状态。

表5-3 退款原因及退款处理方法

交易状态	退款原因	退款处理方法
未发货	1. 协商一致退款 2. 缺货 3. 拍错了/订单信息有误 4. 不想要了 5. 未按约定时间发货	直接退款
已发货	1. 7天无理由退换货 2. 收到假货 3. 退运费 4. 收到商品破损 5. 协商一致退款 6. 商品错发/漏发 7. 商品需要维修 8. 发票问题 9. 收到商品与描述不符 10. 商品质量问题 11. 未按约定时间发货	仅退款 退货退款 补偿性退款

（五）售后维修

当售后客服遇到要求售后维修的情况时，顾客一般会咨询表5-4中所示的四个方面的内容，客服应根据顾客遇到的情况进行解答，并且必须核实情况再做处理。

表5-4　常见售后维修问题及处理方法

常见问题	售后客服处理办法
维修站点	维修站点分布较广，并且提供全面技术服务支持
维修时长	维修部按先进先出原则，在7天内将产品维修完毕，若7天内不能修复的商品，只要外观完好，可以申请更换同型号新商品
维修后寄错商品	将维修后的商品以快递形式寄给顾客（注意收货地址的准确性），若有需要，可以电话通知顾客商品已寄出，并且告知顾客快递单号以备查询
维修后出现问题	问清楚问题出现的原因，是旧的问题没有修好，还是出现了新的问题

三、处理纠纷

由于每个顾客对于商品的要求不一样，他们对收到商品的衡量也存在很大差异。遭遇纠纷在电子商务中是很平常的一件事，售后客服应积极应对顾客纠纷。处理纠纷应遵循以下流程。

（一）倾听

当顾客抱怨对商品的不满时，售后客服不要急着去辩解，应该做一个耐心的倾听者，站在顾客的立场上听他把话讲完，肯定并认同顾客的感受。耐心倾听顾客的抱怨之后，无论纠纷的原因是什么，首先应道歉，让顾客知道你已经了解了他的问题。

（二）分析

售后客服认真倾听顾客的抱怨后，需要对顾客所抱怨的内容进行分析、归纳，然后找出顾客抱怨的原因。

（三）解决

当售后客服了解顾客抱怨的真实原因后，就要竭尽全力为顾客解决问题。在解决问题之前，通过对顾客所说的情况进行分析，划分纠纷的责任。主要过错方不同，责任的承担和问题的解决方法是不同的。

1. 店铺的责任

网店首先要主动承担责任，向顾客诚挚地道歉，请求顾客的原谅与谅解。然后主动退换货，并且承担来回运费，最后给予顾客一定的补偿，如赠送优惠券、升级VIP等。

2. 快递公司的责任

快递在运输过程中出现掉件、发错地址、商品受损、快递员服务态度恶劣等情况时，客服要帮助顾客主动联系快递公司，弄清楚快件在运输过程中出现的问题，并且要求快递公司向顾客赔礼道歉及进行相应的赔偿。

3. 顾客的责任

在商品交易中，如果因为顾客的操作不当或是顾客心理期望值过高等原因而引起交易纠纷，甚至会有顾客故意损坏商品以期得到赔偿，售后客服应从网店的利益出发，要求顾客承担纠纷中的主要责任，不能一味地忍让和纵容。

（四）记录

售后客服在与顾客就纠纷事宜达成一致后，要对协商情况进行记录，总结顾客抱怨的原因、纠纷的严重性及纠纷解决方案等。这些情况记录不仅可以为售后客服积累一些处理纠纷案例的经验，还可以帮助店铺各个部门自省，检查工作是否做到位，以此督促店铺做得更好。

（五）跟踪

优秀的售后客服除了能顺利解决纠纷并提出让顾客认可的解决方案外，还需要对纠纷处理进行跟踪调查，包括纠纷处理的进度和满意度。售后客服应及时告诉顾客采取了什么样的补救措施，现在进行到了哪一步，让顾客了解处理的具体情况。当顾客认为所提出的解决方案得到了落实且店铺也十分重视的时候，顾客才会放心。在解决与顾客的交易纠纷之后，售后客服还应该进一步询问顾客对此次解决方案是否满意及顾客对执行方案时速度是否满意。通过这些弥补性的行为，让顾客感受到店铺的诚心和责任心，用实际行动去感动顾客。

四、管理中差评

每个客服都希望网购的顾客能为店铺留下好的评价，但遭遇中差评也是难免的事。如果店铺中出现了中差评，客服应理性对待，找出顾客给予中差评的原因并解决问题。顾客给予中差评一般有以下原因：一是新顾客不了解评价系统；二是顾客对商品、快递或是卖家的服务态度不满；三是一些顾客诉求未满足进行报复；四是同行的恶意竞争；五是职业差评师的要挟。

当店铺遇上了中差评，客服可以致电顾客，请求顾客修改评价。网店的客服人员应树立良好的售后服务理念。其实顾客是否愿意修改中差评很大程度上取决于客服是否让顾客感受到网店对他的尊重与重视。修改中差评主要分四个步骤。第一步，确认环节。在通话刚开始时客服人员应首先进行自我介绍，然后确认顾客的身份、商品信息和评价信息，避免被顾客认为是骚扰电话。第二步，道歉环节。不管顾客给出中差评的原因是什么，客服都要通过电话向顾客道歉，声音中要透露出自己的诚挚，这也是电话沟通最重要的环节。第三步，解决环节。客服帮助顾客分析原因，并且结合中差评具体的原因给予顾客有针对性的解决办法，强调顾客的评价对店铺的重要性。当顾客同意修改中差评后，客服需要指导顾客的修改过程，一是让顾客感受到一对一的贴心服务，二是让顾客立即解决评价的修改。第四步，收尾环节。无论顾客是否答应修改中差评，客服都要表示感谢，并且对麻烦顾客帮忙修改中差评感到抱歉与感谢。

知识窗

表5-5　售后话术

咨询类型	话　术
售后查询物流	1．显示派送：亲，您好，您在我们店铺购买的宝贝已经到达您的所在地了，快递人员会在近期为您安排派送。请您保持通信畅通注意查收包裹，收件以后请您仔细检查哦。如果有任何问题请您及时联系在线客服为您处理，对于收到的包裹满意不要忘记给我们做一个全五星的评价哦。

续表

咨询类型	话　术
售后查询物流	2. 显示签收：亲，您好，您的包裹已经显示签收了呢，对于您收到的宝贝您还满意吗?满意的话，不要忘记给我做一个全五星的评价哦。后期如果有任何安装或使用上的问题，请您及时联系我们在线客服为您处理哦。再次祝您购物愉快! 3. 显示物流有异常时，先联系物流查询一下具体是什么原因异常，然后根据不同情况及时给顾客留言。
退换货常见问题	1. 亲，不好意思，你拍的宝贝暂时仓库没有库存了呢，能不能麻烦您换个款式呢? 2. 亲，宝贝收到后若有质量问题请于24小时内与我们联络退换货。 3. 亲，退回的宝贝请寄：略（附上字条备注：说明更换商品情况及回邮详细地址） 4. 亲，你的申请退款已观看到，等财务回来就可以确认，请不要着急，我们客服是没有权限的，请您体谅! 5. 亲，不好意思，仓库同事把已经有货的先给你发出，欠发的没货了。您可以换另外的款式，我们再给您免费补寄，如果您不想要也可以申请退款。谢谢您的理解哦! 6. 本店支持7天无理由退换货，收到货如果不满意，请在48小时内联系我们退换货，产品质量问题我们承担运费，但是由于您个人原因如不喜欢、尺码不合适、没有想象中的效果等造成的退换货，需要您承担来回邮费。请当着快递面检查快递件无误后再签收。 7. 亲，为了能及时给您处理退换货，您收到的宝贝里附带一张快捷退换货单。如果您需要退换货，请按照单上的要求，填写好自己的淘宝会员名、淘宝订单编号、发回的原因等。凡由买家原因造成的退换货，邮费都由买家付，如有不便之处敬请谅解，谢谢! 8. 亲，您到已买宝贝点退款中选择退货给卖家，再选择快递填下单号就可以啦! 9. 亲，您的货我们已经为您发出了，您可以在物流详情查询到物流信息！建议您购买退货运费险，当发生退货时，在交易结束后72小时内，保险公司将按约定对您的退货运费进行赔付的。
质量问题(发错、质量问题)退换货	1. 亲，请您放心哦，如果是我们的质量问题，这边一定会为您处理好的。请您拍张有质量问题处的图片给我们，好吧? 2. 亲，您要退换是可以的。请您先给寄回来，在您寄回来的包裹里面放上一张纸条，上面备注您的订单编号、用户名、联系电话并注明质量问题。如果要换货，请备注需要的商品的具体信息。退换货的运费请您先垫付，我们收到货以后为您退款或重新发货，同时退您垫付的邮费。

【技能大赛直通车】

一、竞赛内容

网店客服：由2名参赛选手根据买家咨询的相关内容，分析买家的需求，按照相应的标准话术，准确地做好客户服务工作。网店客服竞赛考核内容具体如下。

竞赛内容	岗 位	分 值	竞赛方式	竞赛时间	知 识	技 能
网店客服	网络客服	15分	2人分工合作	0.5小时	顾客接待与沟通（包括售前、售中和售后）、有效订单的处理（包括确认订单、下单发货和礼貌告别）、交易纠纷处理	客户需求分析、促成顾客成交、提高客单价、引导顾客及时收货及好评、维护店铺权益、激发顾客再次购买等服务处理能力

二、 网店客户服务样卷

（一）竞赛要求

1. 分值：15 分

2. 竞赛时间：30 分钟

3. 背景资料：

店铺新上架笔记本电脑、耳机、手机、移动电源、智能手表等商品，许多顾客进入店铺进行浏览和选购，所以店铺客服十分忙碌。网店客服是网店直接接触顾客的人员，对塑造网店形象，提高商品转化率、客单价、复购率，降低运营成本都起到重要作用。作为客服人员不仅要了解店铺及商品的基本信息，还要熟悉顾客的购买心理，从顾客的咨询内容挖掘顾客需求，真正地为顾客解决问题，与其他部门协作提高网店的运营效果。

（二）基本资料

1. 商品资料

（1）笔记本电脑。上市时间2020年8月。现在下单购买赠送价值198元的鼠标。

商品名称	笔记本电脑	颜色	白色、黑色	商品型号	3.5 mm
品牌	华为	商品型号	华为–荣耀	商品毛重	2.02 kg
内存容量	8G	分辨率	全高清屏（1920 × 1080）	厚度	15.1~18.0 mm
待机时长	9小时以上	处理器	AMD R5	商品价格	3499元

（2）耳机。上市时间2020年8月。现在下单购买免邮并赠送收纳盒。

商品名称	耳机	颜色	红色、白色 黑色、蓝色	插头直径	3.5 mm
耳机类别	安卓线控耳机 IOS线控耳机	有无麦克风	带麦	佩戴方式	头戴护耳式
耳机类型	有线	耳机插头类型	直插型	是否线控	是
兼容平台	ANDROID IOS	保修期	12个月	商品价格	759元

（3）手机。上市时间2020年6月。现在下单购买赠送耳机，享6期免息。90Hz 高刷真全屏， 配备 40W 超级快充。

商品名称	手机	机身颜色	陶瓷黑 陶瓷白	分辨率	2640 × 1200
前置摄像头	3200万像素	网络类型	SA/NSA双模（5G）	运行内容RAM	8GB
电池类型	不可拆卸式电池	操作系统	EMUI 10.1（基于Android 10）	存储容量	8+256GB 8+512GB
CPU核心数	八核	CPU品牌	海思（Hisilicon）	屏幕尺寸	6.58英寸

（4）移动电源。上市时间2020年6月。原价149元，活动期间下单 139 元。

商品名称	移动电源	颜色	黑色 银色 白色	品牌	小米
额定容量	16800mAh 5.0V（TYP 2.4A）	充电协议	QC 3.0	电池容量（mAh）	2000 mAh
商品尺寸（mm）	128.5×75×12.58mm	商品净重	223g	是否支持双向快充	支持
US接口数	单口	Type-C输入	支持Type-C输入	电量数字显示	不支持电量数字显示

（5）智能手表。上市时间2020年7月。原价1988元，活动期间下单1788元。

商品名称	智能手表	品牌	华为	颜色	曜石黑 赤霞橙
型号	Watch GT2	功能	心率监测 睡眠监测 社交娱乐 计步 防水	表壳材质	金属+塑胶+陶瓷
连接方式	蓝牙连接	兼容平台	Android IOS	表壳尺寸	46mm×42mm
表盘形状	圆形	价格	1988元		

2. 店铺服务

（1）关于商品

商品图片因拍摄角度、拍摄光线、显示器不同等各种客观因素造成的色差是难免的，店铺会尽量减少商品色差，但仍请客户以实物为准。商品自拍下之日起，7天之内出现降价，都可以退回差价。

商品付款支持花呗支付，在提交订单的时候选择付款方式为花呗，然后选择要分期还款的期数，一般是 3/6/9/12期，提交后使用花呗额度全额支付货款。在确认收货之后的下个月开始按照之前选择的分期数来还款到花呗额度。使用花呗分期，需要订单金额满100元以上，并且花呗额度在商品价格以上。

（2）关于发票

①发票类型

凡是在本店购物均提供正规增值税普通发票，享受全面的售后保障。本店提供电子发票与纸质发票两种发票，下单时客户可以任意选择一种，本店默认电子发票。电子发票会在发货后的3~5个工作日开出，届时可下载查阅或保存。

②金额

所有订单均按照实际付款金额开具正规发票，若您使用了优惠券，发票金额将不包括优惠券部分。

③发票抬头和内容

发票抬头由客户在提交订单时填写，若未填写，默认为“个人”，发票内容为订购商品明细，不支持修改为其他。

退货和售后网点检测、保修都需要持有发票，请务必妥善保管。

（3）关于快递

①发货周期

正常情况下会在您支付订单成功后48小时内为您配货发货；如遇商品预售(预定)、节假日、大促等情况，发货日期以商品页面标注的日期或天猫规则为准。

②选择快递

目前有七个发货仓库（东莞仓、北京仓、上海仓、成都仓、武汉仓、西安仓、长春仓），店铺会根据您的订单地址结合库存选择适合的仓库，成都仓和西安仓目前仅支持EMS快递，东莞仓、北京仓、上海仓、武汉仓、长春仓优先选择顺丰发货，系统中顺丰网点未覆盖地区使用EMS。

③物流送达时效

已发货的订单在您已买到宝贝里可以查询到对应的物流单号，如果您想了解商品运输进程和大约到货时间，您可以联系顺丰或EMS电话客服进行咨询、督促配送速度。

（4）关于退换货政策

所售商品均为正品行货且有正规发票，将严格按照国家三包政策，对所售商品（特殊说明产品除外）提供7天（含）退货、15天（含）质量问题换货和保修服务。属于三包范围内的商品，商品自签收之日起1年内出现非人为损坏的性能故障可以凭购机发票和保修卡在全国各地华为授权的售后服务中心享受保修服务。保护壳、贴膜、饰品等商品请联系客服协商办理。

判断退回商品是否满足入库标准的流程如下：首先，您需要按照程序向华为官方旗舰店提出申请，我们会尽快为您审核。退换货申请初审通过后，请您尽快将必要物品寄回，仓库在确认物件齐全且符合退换货标准后进行入库，并且完成换新或退款。不同退换货场景下需要寄回的物品请参照下面表格中的内容。

项目	退换货场景	寄回清单
退货	商品质量问题	商品主机、完整标配（含保修卡）、完整原包装、发票原件、检测报告、套餐配件
	物流货损、缺件、发错货	包裹退回（请当场拒收）
	客户个人原因	商品主机、完整标配（含保修卡）、完整原包装、发票原件、检测报告、套餐配件
换货	商品质量问题	商品主机、完整标配（含保修卡）、完整原包装、发票原件、检测报告、套餐配件
	物流损坏或错发商品	包裹退回（请当场拒收）

说明：

①退货需寄回发票，换货无需寄回发票。

②发票、保修卡、检测报告等凭证不能进行涂改。

③商品的完整标配指原厂包装内的充电器、数据线、保修卡等，具体请参考对应商品详情页的“包装清单”。

④完整原厂包装指商品出厂时的包装，包括彩印纸盒和纸盒里的内胆包装。建议外包装在收货之日起保留15天。

⑤仅指在网点检测的用户需寄回，直接寄回商城仓库检测用户无须寄回。

⑥赠品指价格为零的赠送商品。

3. 常见问题解答

（1）Q：客服，在吗？

A：亲，在的哦。非常乐意为您解答！

（2）Q：什么时候发货？

A：亲，您下单后系统就会开始争分夺秒地为您加紧处理，正常情况下会在支付订单成功后48小时内为您配货发货；如遇商品预售（预订）、节假日、大促等情况，发货日期以商品页面标注的日期或天猫规则为准。

（3）Q：这款手机是什么时候上市的？

A：亲，这款手机上市时间是2020年6月。

（4）Q：发什么快递？

A：亲，目前店内合作的物流是时效性较高的顺丰和覆盖面积较广的EMS两家快递，不支持指定的呢，系统会根据您的地址匹配最适合的快递安排发货哦。

（5）Q：可以分期付款吗？

A：亲，目前店铺支持花呗支付，您在提交订单的时候选择付款方式为花呗，然后选择您要分期还款的期数，一般是3/6/9/12期，提交后使用花呗额度全额支付货款。在您确认收货之后的下个月开始按照您之前选择的分期数来还款到花呗额度。使用花呗分期，需要订单金额满100元以上，并且您的花呗额度在商品价格以上哦。

（6）Q：你们开发票吗？

A：亲，我们所有订单均提供正规的增值税普通电子发票（特殊订单除外），发货后的3~5个工作日开出，届时您在订单上确认收货后可以下载查阅或发送到自己的邮箱哟；电子发票易于保存，支持报销且享受全面的售后保障哦。

（7）Q：有全国联保吗？坏了怎么修？

A：亲，有的呢，商品自您签收之日起1年内出现非人为损坏的性能故障，您可以凭购机发票和保修卡在全国各地华为授权的售后服务中心享受保修服务哦。

（8）Q：如果收到后不喜欢可以退换货吗？运费由谁承担？我是帮别人买的。

A：亲，在咱们店铺购买的手机、平板、智能家居类、配件类自物流签收次日0时起，7天（含）内商品完好，在产品包装和配件、发票（纸质发票需寄回，电子发票不用的哦）、赠品等齐全，同时产品无人为损坏等问题，可享受7天无理由退货哦。温馨提醒：如果商品无理由退货，退回所需的运费需要您承担哦。

（9）Q：你们官方旗舰店是正品吗？

A：我们店铺是官方销售服务网站，我们提供正品商品，请您放心哦。

（10）Q：现在店里所有产品都可以享受蚂蚁花呗免息分期吗？

A：亲，需要订单金额满100元以上，并且您的花呗额度在商品价格以上哦。

（11）Q：双十一是不是更优惠呢？近期有活动吗？

A：亲，目前还没有收到通知哦，非常希望您有愉快购物体验。建议您关注我们店铺，以便实时了解最新的活动哦。

（12）Q：京东上也是一样的价格吗？

A：亲，我们家是负责天猫平台官方旗舰店的销售哦，暂时无法查询其他平台/渠道的销量、价格、产品上架等情况呢。您可以咨询相关店铺的工作人员哦，我们提供正品华为产品，您可以放心购买呢。

（13）Q：为什么我的快递发货了还没有物流信息？

A：亲，不好意思，给您添麻烦了！我们刚才联系物流进行了查询，您的物流信息正常，请您耐心等待一下，之后会有物流状态信息更新！

（14）Q：如果收到的商品有质量问题，退货运费由谁来承担？

A：亲爱的，请您参考以下信息。7天无理由退货，运费由您承担哦。产品签收7天内退货或是15天换货，需要您寄回仓库检测产品故障，请您先垫付下运费哦，如仓库检测后确实有质量问题，请您联系我们客服为您退运费。若您退换货遗漏产品标配等物件导致仓库拒收，来回的运费是您自己承担哦。

（15）Q：您好我的订单地址写错了，现在还没发货可以修改收货地址吗？

A：亲，可以的。可以在我发给您的核对地址对话框里选择修改地址哦。

（16）Q：我经常会出差参加会议，而会场常常不方便随时充电，这款笔记本电脑不插电源可以用多久？

A：您好，这款笔记本电脑的待机时长可以达到9小时以上，非常适合您的情况呢。

（17）Q：活动期间，抢购后是否支持修改订单信息？

A：不支持。活动期间，订单信息（收件人、地址、电话等）和商品属性（套餐内容、商品型号、颜色等）不支持更改。非活动期间，订单信息（收件人、地址、电话）可以联系客服协商。

（18）Q：笔记本电脑还能再便宜一些吗？

A：亲，您好！目前已经是优惠价格了，而且现在下单购买赠送价值198元的无线鼠标哦。

（19）Q：耳机的保修期是多长？

A：亲，耳机保修期是12个月，在这期间发生问题您可以联系我们。

（20）Q：这款耳机只能用于Android的手机吗？

A：亲，这款耳机可以兼容Android和IOS平台的哦。

（21）Q：手机存储容量是256G吗？

A：亲，这款手机的存储容量有8+256G、8+512G两种呢。

（22）Q：这个手机怎么样啊？

A：您好，这款配备40W超级快充，充电5分钟，观影2小时，续航更持久。90Hz高刷真全屏，既顺滑又畅快。大存储，流畅切换各类应用。

（23）Q：手机的电池可以拆卸吗？

A：亲，这款手机的电池是不可拆卸式的。

（24）Q：移动电源电池是多大容量的？

A：亲，这款移动电源是20000mAh的，可以为一般的手机充电4～5次。

（25）Q：移动电源现在有活动吗？

A：亲，这款移动电源原价是149元，现在是活动期间，下单立减10元，到手价139元，喜欢就尽快拍下哦。

（26）Q：这款移动电源支持双向快充吗？

A：亲，这款移动电源是支持双向快充的。

（27）Q：智能手表现在买有活动吗？

A：亲，这款手表原价1988元，活动期间下单1788元，数量不多，先到先得哦。

（28）Q：这款智能手表有哪些功能？

A：亲，它除了具有一般手表的功能，还具备心率监测、睡眠监测、社交娱乐、计步、防水等功能。

（29）Q：手表表壳是什么材质的？

A：亲，这款手表考虑了美观和实用两个方面，表壳采用的是金属+塑胶+陶瓷材质的。

（30）Q：我收到拍下的商品了，为什么没有发票？

A：亲，本店默认电子发票，会在发货后的3～5个工作日开出，届时可下载查阅或保存。

（三）具体考核要求

1. 阅读背景资料

认真阅读背景资料相关内容，熟悉商品资料、店铺服务及常见问题解答。

2. 快捷回复设置

根据常见问题解答设置相应的快捷回复。

3. 店铺客户服务

根据顾客咨询的不同内容，分析顾客的需求，结合背景资料的内容进行处理。

三、赛题解析

在网店客户服务模块中，重点考察选手在销售全过程中顾客接待与沟通的能力、售中订单处理的能力及售后纠纷处理、管理中差评的能力。本模块由系统客观评分，2021年赛项中本模块比赛时长为30分钟，分值为15分。每个参赛队选择2名参赛选手，根据买家咨询的相关内容，分析买家的需求，按照相应的标准话术，每名选手独立回答来自15个买家的50个问题。每回答正确1题得0.15分；回答错误不得分，并且此买家离开。以2名选手成绩的总分作为参赛队最终成绩。在日常训练中应重点训练选手的系统响应速度及应答准确率。在日常训练中可安排选手进行打字速度训练，选手应熟练掌握产品话术、售前话术、售中话术及售后话术，应熟悉系统工具、熟悉快捷回复和设置。

?【想一想】

做一名合格的网店客服需要哪些素质和技能？

任务检测

1. 售前客服工作内容有哪些？
2. 下单发货主要包括哪些流程？
3. 常见的售后问题有哪些？
4. 中差评出现的原因是什么，该如何解决？

合作实训

4名同学为一组，进行情景模拟，角色包括客服主管1名、网店客服2名和顾客1名。某顾客在淘宝购物网站上购买一件女士棉服。话题1：商品询问；话题2：质量反馈；话题3：投诉处理。结合课本知识与自身理解，针对以上三个话题自选一个，展开模拟对话，并且制订出一份网店客服常见问题解答。

评分	模拟对话（50分）	常见问题解答（50分）
小组自评		
教师评分		

项目总结

本项目重点介绍了认识客服岗位和掌握客服工作内容两个任务。通过任务一，李明了解了客服岗位的分类，并且掌握了售前、售中及售后客服工作流程。通过任务二的学习，李明能够使用千牛工具开展售前客服工作；了解售中客服工作内容，掌握订单处理技巧，帮助提升客服体验；在售后工作中，能够处理普通售后问题、处理纠纷、做好中差评管理。

项目检测

一、单项选择题

1. 确认订单时的KISS原则指的是（　　）。

A. 保证信息简明扼要　　B. 对顾客经常发KISS表情

C. 要对顾客表示热情　　D. 保持微笑服务

2. 处理纠纷是技巧性比较强的工作，需要长时间的经验积累，售后客服在处理与顾客之间的纠纷时应坚持有理、有节、有情的原则，以下属于不正确处理纠纷的是（　　）。

A. 倾听　　B. 解决　　C. 分析　　D. 反驳

3. 对客服的重要性描述错误的是（　　）。

A. 对店铺带来的流量价值并不大　　B. 提高顾客对店铺的忠诚度

C. 改善店铺的服务数据　　D. 降低店铺经营风险

4. 处理商品退货属于（　　）的工作范畴。

A. 售前客服　　B. 售后客服　　C. 售中客服　　D. 淘宝小二

5. 顾客担心商品途中会破损，询问客服："是如何包装的？"这时候你的回复是（　　）。

A. 这个不是我们能够决定的，就算我们包装得再好快递途中也可能会有损坏的，您要做好心理准备啊

B. 亲，这个您不用担心，破损就破损了，我们给您换

C. 这个包装的话成本会比较高，您如果能多付一点邮费，我们会给您放一些泡沫保护产品的哦，请您谅解

D. 亲的担心我们明白的，我们发货之前会重新检查，包装内配有保护和泡沫用于保护和避震，建议亲收货前先开箱检查，如有破损请拒收，再联系我们客服

二、多项选择题

1. 客服工作的主要内容包括（　　）。

A. 咨询　　B. 售前咨询　　C. 售中引导　　D. 售后服务

2. 客服在“推荐产品”给顾客的沟通中，应做到（　　）。

A. 多推荐不管顾客喜不喜欢　　B. 要明确自己店铺的优势

C. 了解店内的销售及库存数据　　D. 考虑顾客的利益

3. 店铺在选择适合自己的快递公司时应该考虑的因素有（　　）。

A. 随便选择一个离公司近的快递　　B. 选择安全性高的快递

C. 选择费用合理的快递　　D. 选择服务质量较好的快递

4. （　　）是设置电商客服的意义与作用。

A. 塑造店铺形象　　B. 提高成交率

C. 提高顾客回头率　　D. 更好地服务顾客

5. 退款发生的情况有（　　）。

A. 收到货破损　　B. 不喜欢、使用效果不好

C. 假货　　D. 质量问题

三、判断题

1. 客服工作过程中总会遇见顾客提出这样或那样的问题，面对这种情况，客服应以退为进，尽可能打消顾客异议。（　　）

2. 客服分为售中客服和售后客服，其中售后客服对产品的相关知识不需要掌握。（　　）

3. 淘宝上客服可以直接索要顾客的电话地址及信息。（　　）

4. 当不能满足顾客的期望时，应向顾客说明理由，并且取得顾客的谅解。（　　）

5. 由于物流原因造成的退换货，卖家可以让顾客自己找快递公司索赔。（　　）

四、综合实训题

利用网络收集一个网店应对纠纷的案例，分析并记录该网店工作人员运用了哪些技巧。

项目6　知悉物流与配送

项目概述

随着现代信息技术的日益普及和电子商务的深入发展，电子商务和物流相互影响、相互促进，随着现代物流体系的不断完善，电子商务物流服务水平也在不断提高，现代化的物流设备不断应用于物流配送过程当中，提高了物流配送效率，提升电子商务物流服务水平。电子商务物流配送是指物流配送企业利用网络化的计算机技术和现代化的硬件设备、软件系统及先进的管理手段，在经济合理区域范围内，根据客户的需求进行一系列的分类、整理、配货等工作，按照约定的时间和地点将确定数量和规格的货品传递给客户的活动及过程。电子商务物流与配送包括诸多内容，我们和李明一起来学习相关知识。

认知目标

1．了解仓储和仓储管理的内涵。

2．了解仓库和电商仓库平面布局。

3．了解仓储管理。

4．掌握电商仓储作业流程。

5．认识包装材料和包装容器。

6．了解快递包装。

7．了解配送及配送中心的内涵和分类。

8．熟悉配送作业流程。

9．了解第三方物流的概念和特点。

10．知晓第三方物流模式的选择。

11．理解订单管理的内涵，熟悉退换货规则和技巧。

技能目标

1．能够完成快递商品的简单包装。

2．完成简单的商品出入库作业。

3．完成简单的商品发货作业。

素养目标

1．具有良好的职业道德，自觉遵守行业法规和规范。

2．具有执行能力、应变能力和团队协作能力。

3．具有较强逻辑思维能力并能独立解决问题的能力。

任务一　学会仓储管理

任务描述

李明近期被分配到物流部门进行实习，实习过程当中有些问题引发了他的思考。例如，什么是“仓储”？电子商务企业是如何实现商品的仓储的？电子商务仓储和传统仓储一样吗？等等。李明决定先利用两天时间了解一下电商仓储管理的相关知识。

任务分解

- 学会仓储管理
  - 了解仓储管理基础知识
    - 认识仓储管理
    - 了解仓库和电商仓库布局
  - 解析仓储管理作业流程
    - 了解仓储作业管理
    - 掌握电商仓储作业流程

活动一　了解仓储管理基础知识

活动背景

为了能对仓储管理有整体上的认识，李明列了一个学习任务的清单，第一个学习任务就是了解仓储管理的基本知识。

知识探究

一、仓储管理

（一）仓储与仓储管理

1. 仓储的含义

仓储是商品流通的重要环节之一，也是物流活动的重要支柱。在社会分工和专业化生产的条件下，为保持社会再生产过程的顺利进行，必须储存一定量的物品，以满足一定时期内社会生产和消费的需要。

认识仓储管理

仓即仓库，为存放、保管、储存物品的建筑物和场地的总称，具有存放和保护物品的功能。储即储存、储备，表示收存以备使用，具有收存、保管、交付使用的意思。仓储就是指通过仓库对物品进行储存与保管。

2. 仓储管理的含义

仓储管理是指对仓库及仓库内储存的物品进行管理，是企业为了充分利用仓储资源提供高效的仓储服务所进行的计划、组织、管理、控制和协调的过程。良好的仓储管理能够有效控制和降低流通和库存成本，是企业保持优势的关键助力和保证。

（二）电商仓储与传统仓储的差异

电商企业要把货物送达消费者手中，需要一个系统处理订单、一个仓库大规模存储货物和一个物流配送网络配送货物。电商仓储与传统仓储相比，在部分环节存在较大差异，具体如表6-1所示。

表6-1　电商仓储与传统仓储比较

比较内容	电商仓储	传统仓储
储存产品	小型货物或包裹	大宗货物或大容量货物
设施设备	自动化程度较高	自动化程度不高，设备简单
信息化程度	信息化程度高，订单处理能力强	信息化程度低，订单处理能力有限
仓储功能	以商品流通、加工、提供增值服务为主	以储存货物为主
出入库	频率高、多品种、小批量	频率低、少品种、大批量
存储方式	以轻型货架为主，平面托盘库位补充	平面库（堆垛），立体高位货架
拣货方式	拣货小车、周转箱、自动分拣系统	多用叉车，原包装箱为主要分拣单位

（三）仓储的作用

1. 具有储存的调节作用

对于生产过程来说，储存适当的原材料和半成品，可以预防因缺货造成的生产停滞。对于销售过程来说，进行季节性存储可以为企业带来销售的良机，如全年都有需求的大米、小麦等生活必需产品的供应就需要仓储来进行调节。

2. 具有储存保管功能

商品生产和消费存在一定的时间间隔与地区差异，为了商品能够更好地进行流通需要通过仓储对商品进行保存和管理以防止损坏。通过选择合适的储存场所和采取合理的养护措施来减少货损、货差，保证商品的流通。

3. 具有整合功能

通过仓储可以将来自不同制造企业的产品或者原材料整合成一个单元进行装运，以此降低运输成本，解决由多个供应商向同一客户进行供货带来的不便。

二、仓库和电商仓库布局

（一）仓库的含义

仓库是保管、储存物品的建筑物和场所的总称。由储存物品的库房、运输传送设施（如吊车、电梯、滑梯等）、出入库房的输送管道和设备及消防设施、管理用房等组成，包括具有封闭式建筑物的库房，又包括半封闭的料棚和货棚，还包括完全开放式的露天堆场或货场。仓库是进行仓储活动的主体设施。

（二）仓库的分类

仓库是电子商务物流系统的基础设施，与其他业务连在一起向客户提供服务。仓库的种类繁多，常见的分类如下。

1. 按建筑物的结构类型分类

平房仓库：单层的，有效高度不超过5m的仓库。

楼房仓库：两层以上的楼房仓库。

罐式仓库：以各种罐体为储存库的大型容器型仓库。

2. 按仓库的用途分类

批发仓库：用于储存从采购供应库场调进或在当地收购的商品的仓库。

采购供应仓库：用于集中储存从生产部门收购的和供国际进出口的商品的仓库。

加工仓库：具有产品加工能力的仓库。

中转仓库：存放等待转运的货物的仓库。

零售仓库：用于为商业零售业做短期储货的仓库。

储备仓库：一般由国家设置，以保管国家应急的储备物资和战备物资的仓库。

保税仓库：依据关税法规专门保管尚未交纳进出口关税物品的仓库。

3. 按存放货物的特性分类

原材料仓库：用来储存生产所用的原材料的，这类仓库一般比较大。

产成品仓库：存放还没有进入流通区域的已经完成的产品的仓库。

冷藏仓库：储存需要冷藏的货物的仓库。

恒温仓库：储存对温度、湿度等有要求的货物的仓库。

特种仓库：储存危险品、高压气体等物品的仓库。

4. 按库内形态分类

地面型仓库：一般为平地面的仓库，多使用非货架型的保管设备。

货架型仓库：采用多层货架保管的仓库。

斜坡道型仓库：在多层仓库的层与层之间设置升降坡道的仓库。

自动化立体仓库：出入库用运送机器存放取出，用移动教材等设备进行机械化、自动化作业的高层货架仓库。

案例讨论

京东无人仓

京东无人仓坐落在上海亚洲一号物流园区，是电商领域的全球首个全流程无人仓。通过JDWCS系统集成上千台机器人（AGV、RGV）、密集存储、3D视觉设备及自动包装机等多种智能设备；智能调度算法、多设备高效协同作业实现流程无人化。物流大数据平台借助运营生产数据、设备运行数据及系统数据，帮助实现运营数字化、决策智能化。核心模块主要包括自动高速分拣线、无人分拣中心、自动入库输送线、自动化立体仓库储存区。

自动化立体仓库又称自动化高架仓库或自动存储系统，它是指能自动储存和输出物料，由多层货架、有轨巷道堆垛机、出入库输送机系统、尺寸检测条码阅读系统、通信系统、自动化控制系统、计算机仓库管理系统及其他辅助设备组成的复杂的自动化系统，能完成货物的自动化存取作业，并能对库存货物进行自动管理。

在亚洲一号内，商品在整个立体化存储、拣选、包装、输送、分拣等环节均大规模应用自动化设备、机器人、智能管理系统等，使得自动化程度可达90%。其中，自动化立体仓库系统是亚洲一号的镇仓之宝。其有32个巷道，6.5万个托盘，存储效率是普通存储的5倍。该系统囊括了货到人系统、巷道堆垛机、输送系统、自动控制系统和库存信息管理系统。接下来，商品会通过传送带来到打包区，并且自动分配到空闲的工位。工作人员扫描包裹，然后机器打印出物流信息及发票，打包就完成了。打包好的商品会重新回到传送带上，被送至分拣系统。系统通过扫描识别包裹上的配送地点，会将包裹传送至相对应的货道，然后由工作人员运走进行发货。

? 【想一想】

京东无人仓的自动化立体库的运用，给京东物流带来了哪些变化？

（三）电商仓库平面布局

电商仓库平面布局是根据仓库场地条件、仓库业务性质和规模、物资储存要求及技术设备的性能与使用特点等因素，对仓库各组成部分在规定的范围内进行平面和立体的合理安排与布置，目的是充分利用整个仓库的空间，最大限度地提高仓库的储存能力和作业能力，并且降低各项仓储作业费用。

为了使仓储各个作业环节衔接顺畅，使物品有次序地经过各个环节完成整个仓储收发过程，必须对仓库进行合理布局。一般情况下，电商仓库主要由收货区、暂存区、储存区、复核包装区、出货区及月台等构成。由于电商仓库一般规模较大，同时需要考虑仓库的功能、商品的特点、仓储作业方式、库存周转情况、出库作业设备、作业通道、办公场所等，因而电商仓库可结合实际情况来规划平面布局，形式多变。常见的电商仓库平面布局有I形和U形两种类型，I形电商仓库平面布局如图6-1所示，U形电商仓库平面布局如图6-2所示。

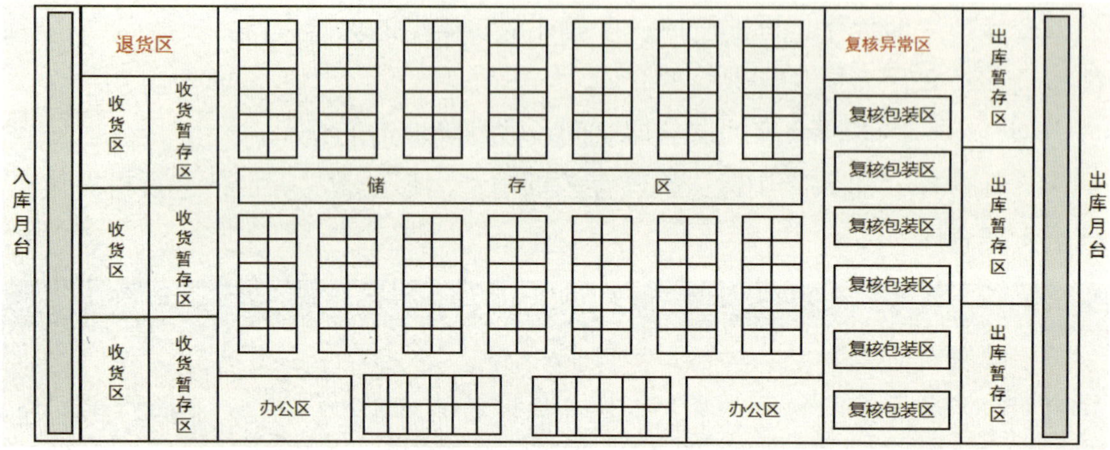

图6-1 I形电商仓库平面布局图

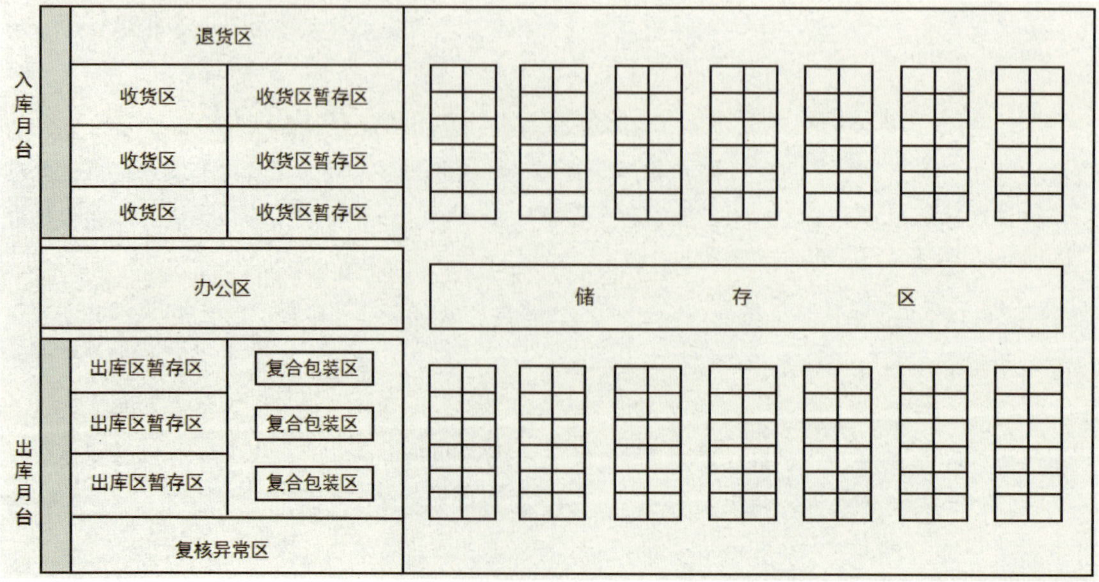

图6-2 U形电商仓库平面布局图

1. 收货区

收货区一般紧挨着入库口，当商品送达仓库时由仓库管理员在此对入库单就商品数量、质量、规格、品名、外包装等方面进行清查检验。

2. 暂存区

暂存区是对于验收完毕的商品等待上架时的临时放置区。

3. 储存区

储存区是储存货物的主要场所，电商仓库的储存区多为高层货架，又名托盘货架区，该区域主要进行的作业有拣货、补货、盘点等，货物在此区域停留的时间最长，此区域在仓库中所占面积最大。

4. 复核包装区

理货区是在存储区完成拣货后，货物进入此区域进行分解、包装、贴单、扫码、整理等作业。

5. 出货区

商品完成打包后在出货区分类放置，出货区是与运输司机核对数量、扫描、签字交接的地方，紧邻出库口。

?【想一想】

如果你是一家小型的经营日用百货的电子商务公司的管理人员，你会如何对仓库进行布局。

活动二　解析仓储管理作业流程

活动背景

了解了有关仓储的基础知识，李明已经明白了仓储管理的重要之处，于是他想进一步了解仓储管理都有哪些作业内容，从而加深对仓储管理的认识。

知识探究

一、仓储作业管理

简单来讲，仓储作业管理是对货物入库、在库和出库的管理。仓储作业由一系列的环节构成，并且按照一定的流程运作。通过合理地组织各个作业环节，就可以高效地完成货物的入库、在库和出库的各个作业活动。

二、电商仓储作业流程

电商仓储作业主要围绕物品的入库作业、在库作业和出库作业三个阶段展开。入库作业主要包括入库前的准备、商品接运、卸货验收和入库上架等作业；在库作业主要包括货位管理、盘点作业、商品养护和流通加工等作业；出库作业主要包括分拣作业、复核和包装作业、商品出库等作业。电商仓储作业流程如图6-3所示。

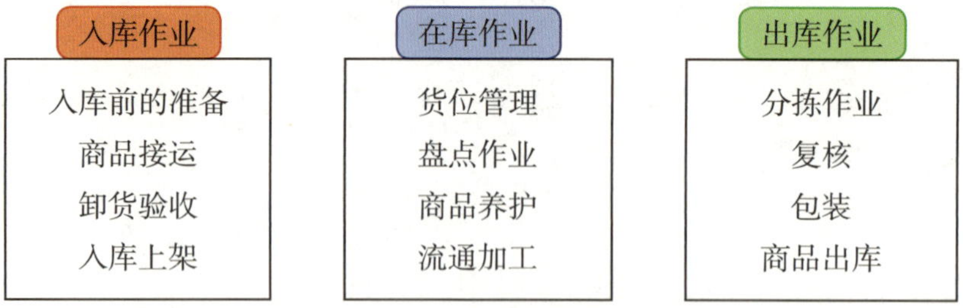

图6–3　电商仓储作业流程

（一）入库作业流程

入库作业是仓储作业的第一个环节，是以商品的接运和验收为中心开展的业务活动。入库作业通常由入库前准备、商品接运、卸货验收和入库上架等内容组成。

1. 入库前准备

电商仓库每天入库的商品种类和数量需提前安排，要明确入库商品的详细信息。仓库应该根据仓储合同或入库单、入库计划及时做好设备、货位、人员等方面的安排，提前熟悉入库商品，了解商品的规格、包装、数量、检验方法等信息，掌握仓库的库存情况，保持合理的仓库容量，对货位进行检查清理并妥善安排货位，提前准备必要的保管材料，确定物品的苫垫和保管方案，准备必要的苫垫材料和保管材料，准备验收材料和文件单证、准备验收和装卸搬运设备、安排相应作业人员。

2. 商品接运

商品到达仓库的方式主要有供应商直送和自提，因而要做好商品的接运工作。商品接运是指仓库对于通过铁路、水运、公路、航空等方式运达的商品进行接收和提取的工作。

3. 卸货验收

商品抵达仓库后，需要进行卸货作业，卸货前需审核相关单据，单据齐全方可卸货。卸货时对物品进行分类摆放，以便于后续清点数量和查验质量。

4. 入库上架

验收合格的商品需办理入库手续，完成收货后可以安排入库。上架作业人员与收货人员交接单据和商品，经过充分的入库准备和货位安排后，上架作业人员对商品进行抽检复核。复核无误后利用装卸搬运工具将入库货物输送到指定的货位和堆场，并将入库信息和仓储信息系统进行对接，签署相关文件办理交接手续。

（二）在库作业

商品在入库之后、出库之前处于保管与储存阶段，这个阶段属于在库作业阶段，在库作业的主要内容包括货位管理、定期盘点、商品养护、流通加工。

1. 货位管理

根据一定规则对仓库内物品的存放位置进行管理，包括对存放位置的选择、分配、使用和调整等工作。

2. 盘点作业

需要定期或不定期对库存商品的数量进行清点和核查，掌握商品在库数量和质量情况，从而对货物库存进行有效控制，即盘点作业。盘点的主要目的是查清实际库存数量、掌握损益情况、发现管理问题。盘点的主要内容有查清数量、查明质量、检查保管条件、检查仓库安全情况。

3. 商品养护

商品养护是商品储存和流通过程中的一项极其重要的工作，目的是维护商品的价值，避免或减少商品的在库损失，主要工作内容包括仓库温湿度控制、商品防霉腐处理等，创造适宜的储存保管条件。

4. 流通加工

流通加工主要是指对货物进行分拣和包装加工，以达到出库运输的要求。

（三）出库作业

出库作业即是对商品从货位转移到运输车辆的整个动态过程的作业活动。其主要包括分拣作业、复核和包装作业、商品出库等作业。

1. 分拣作业

分拣作业即将客户订购的商品迅速准确地从其货位拣选出来，并按一定的方式进行分类、集中的作业过程。分拣作业的主要流程是客户在网站下单后，系统将订单生成为分拣单，生成的分拣单分配给分拣人员，分拣人员根据分拣单的情况确定合适的分拣工具，按照分拣单完成分拣作业。

2. 复核和包装作业

复核作业主要是核对出库商品的单货一致性，即核对商品的种类和数量是否与单据描述一致，查验商品的质量是否完好。包装作业是指根据商品的性质和特点选择合适的包装材料进行妥善包装，以方便运输和保障商品的安全。

3. 商品出库

根据仓库的出库凭证与运输人员进行核对交接，将商品装货上车并发出。

?【想一想】

随着科技的发展，电子商务企业的仓储面积不断扩大，作业效率不断提升。同学们查找资料并试着讨论一下现代化的大型电商企业的仓储作业流程是怎样的。

任务检测

一、单项选择题

1. 仓储的作用不包括（　　）。

A. 储存保管　　B. 调节作用　　C. 货物增值　　D. 整合作用

2. 货位管理、盘点作业、商品养护是（　　）内容。

A. 入库作业　　B. 出库作业　　C. 在库作业　　D. 拣选作业

3. 电商仓储入库作业流程是（　　）。

A. 入库准备——接运——装卸——验收——上架

B. 入库准备——接运——验收——装卸——上架

C. 入库准备——验收——装卸——接运——上架

D. 入库准备——装卸——接运——验收——上架

二、判断题

1. 出库作业包括分拣、复核、包装、商品出库。（　　）

2. 流通加工是指对货物进行分拣和包装加工，达到出库运输的要求。（　　）

3. 备货主要包括分拣货物、配货和包装等作业活动。（　　）

三、简答题

简述电商仓储出库作业流程。

合作实训

全班同学平均分成若干组，每个小组利用本次所学知识，并且结合网络资源，分析京东亚洲一号无人仓的仓储作业流程。

评价项目	讲述仓储作业流程（40%）	小组合作分析、讨论等表现（40%）	职业素养（20%）
评价标准	1. 语言表达清晰、流利 2. 内容全面而详细 3. 配有视频等辅助降解材料	1. 积极参与、有主见 2. 参与主动性一般 3. 不积极参与、没有主见	1. 大有提升 2. 略有提升 3. 没有提升
自己评分			
小组评分			
教师评分			
第三方评分			
总分			

任务二　知悉物流配送

任务描述

李明在了解了电商仓储管理的相关知识后，又开始思考新的问题。他发现电子商务企业在接收到大量的客户订单以后，需要进行多个环节的作业才能把客户需要的商品配备齐全并发送出去。他想知道什么是物流配送、配送作业都包括哪些流程及如何做好订单管理工作。带着这些问题，李明决定深入学习一下有关物流配送的相关内容。

任务分解

- 知悉物流配送
  - 了解商品包装
    - 认识包装
    - 认识包装材料和容器
    - 了解快递包装
  - 熟悉商品配送管理
    - 了解配送基础知识
    - 熟悉配送作业流程
    - 知悉配送常见问题及其对策
  - 了解第三方物流
    - 了解第三方物流的概念和特点
    - 知晓第三方物流模式的选择
  - 做好订单管理
    - 认识订单管理
    - 选择物流订单
    - 知悉订单退换货管理规则与技巧

活动一　了解商品包装

活动背景

为了能对物流配送有整体上的认识，在实习过程中李明列了一个学习任务的清单，第一个学习任务就是了解商品包装的基本知识。

知识探究

一、包装

（一）包装的含义

认识包装

根据国家标准《物流术语》（GB/T 18354-2021）的表述，包装的定义为：“为在流通过程中保护产品、方便储运、促进销售，按一定技术方法而采用的容器、材料及辅助物等的总体名称。注：也指为了达到上述目的而采用容器、材料和辅助物的过程中施加一定技术方法等的操作活动。”包装的概念主要有两重含义：一是关于盛装商品的容器、材料和辅助物，即包装物；二是实施盛装和封缄、包扎等的技术活动。

（二）包装的分类

包装可以按不同的方式进行分类，比较常见的是按包装的功能、包装层次、包装材料、包装使用次数等进行分类。

按包装的功能分类，包装分为：①商业包装，指以促进销售为主要目的的包装，这种包装外形美观，有必要的装饰；②运输包装，指以满足运输储存要求为主要目的包装。

按包装的层次分类，包装分为：①单件包装，指以一个商品为一个销售单位的包装形式；②中包装，指若干个单体商品或包装组成的一个小的整体包装；③外包装，指商品的最外层包装，单件包装和中包装也合称为内包装。

按包装材料分类，包装分为：①木制包装，指一般有木箱、木桶等，具有耐压、耐冲击和耐气候的能力；②纸制包装，指由各种纸和纸板做成的内衬、纸袋、纸箱和瓦楞纸箱等；③金属包装，指用黑铁皮、白铁皮等钢材与钢板及铝箔、铝合金等制成的各种包装容器；④塑料包装，指各种以塑料为原料制成的包装；⑤玻璃包装，指以各种玻璃材料制成的包装容器；⑥陶瓷包装，指以各种陶瓷、陶器和瓷器为包装容器的总称；⑦复合材料包装，指将两种以上具有不同特性的材料复合在一起形成的新包装材料。

按包装使用次数分类，包装分为：①一次用包装，指只能使用一次，不能再回收利用的包装；②多次用包装，指回收后经适当地加工整理后仍可重复使用的包装；③周转用包装，指工厂和商店用于固定周转多次复用的包装。

二、包装材料和容器

包装材料是指构成包装实体的主要物质，包装材料的物理性能和化学性能千差万别，其选择和保护产品有着非常重要的作用。常见的包装材料和包装容器如表6-2所示。

表6-2　常见的包装材料和包装容器

类　别	分　类	特　点
包装材料	木制包装材料	具有抗压、抗震等优点
	纸制包装材料	价格低、重量轻、可折叠、耐摩擦、容易黏合、不受温度影响、无毒、无味、可回收利用、适合包装生产的机械化等优点
	金属包装材料	强度高、综合防护性能优良、防水、抗腐蚀、防污染、易于进行连续化、自动化生产加工等优点，加工工艺复杂、制作成本较高
	陶瓷与玻璃包装材料	耐风化、不易变形、耐酸腐、透明度好、容易洗刷等优点，可回收利用，但其性脆、耐冲击强度小、易碎且重量较大
	合成树脂包装材料	透明度好、强度适当、防霉、防潮、防水、耐热、耐寒、防污染、密封性好等特性和优点
	复合包装材料	可以改进单一包装材料的性能，发挥多种包装材料的优点
包装容器	包装袋	包装袋使用较为广泛，主要分为：集装袋、一般运输包装袋和小型包装袋
	包装盒	整体强度不大，包装量也不大，不适合做运输包装，适合做商业包装、内包装，适合包装块状及各种异型物品
	包装箱	整体强度较高，抗变形能力强，包装量较大，适合做运输包装、外包装，包装范围较广
	包装瓶	主要用于商业包装和内包装使用，主要包装液体、粉状货物
	包装罐	包装材料强度较高，罐体抗变形能力较强，可做运输包装、外包装，也可作商业包装和内包装

三、快递包装

（一）认识快递包装材料

快递包装常用的材料有外层包装材料（如纸箱类包装、塑料类包装和木质类包装材料等）、内层包装材料（如气泡膜、珍珠棉等）和辅助包装材料（如胶带等）及其他缓冲填充材料。

1. 外层包装材料

（1）包装纸箱

包装纸箱是最常见的快递包装材料，常见的包装纸箱有三层纸箱、五层纸箱及更厚的七层纸箱，层数越多纸箱越厚实。包装纸箱的材质也有很多种，好的材质不但硬度高，而且重量轻。电子商务企业可以根据自己的需要选择不同类型的纸箱。图6–4为常见的包装纸箱。

图6–4　常见的包装纸箱

（2）包装袋

包装袋是指快递行业运送文件、单据、资料、货物等所包装用的袋子，又被称为速递袋、邮寄袋、快递打包袋，主要包括快递胶袋、快递文件封、快递气泡袋、快递编织袋等。使用较多的是用聚乙烯材料做成的塑料快递袋，其具有成本低、使用方便、防水性能好的特点。快递文件袋一般以灰底白板纸、白卡纸、牛卡纸居多，具有平整、不易折坏的优点。快递气泡袋内附减震气泡膜，气泡膜中有无数小气泡，所以体轻、富有弹性，具有良好的减震性、抗冲击性，还有无毒、无味、防潮、耐腐蚀等优点。快递编织袋又称蛇皮袋，是塑料包装，其原料一般是聚乙烯、聚丙烯。各大快递公司一般使用定制快递袋，一些电子商务企业为了提升形象、促进宣传也会选择定制各自特色的快递包装袋。图6–5为常见的快递包装袋。

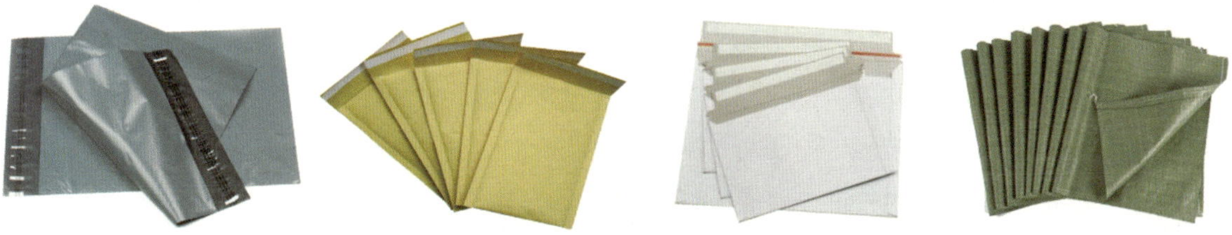

图6–5　常见的快递包装袋

（3）木质包装箱

木质包装箱是一种常用的运输包装容器，其具有重量轻、强度高、价格便宜的优点，主要适用于机械电子、陶瓷建材、五金电器、精密仪器仪表等商品的运输和外包装。图6–6 为常见的木质包装箱。

图6–6　常见的木质包装箱

2. 内层包装和缓冲材料

（1）气泡膜

气泡膜是以高压聚乙烯为主要原料加工而成的一种质地轻、透明性好、无毒、无味的新型塑料包装材料，用于包装和填充，可对商品起防湿、缓冲、保温等作用。

（2）珍珠棉

珍珠棉是一种新型环保的包装材料，由低密度聚乙烯脂经过物理发泡产生无数的独立气泡构成，具有隔水防潮、防震、隔音、保温、可塑性能佳、韧性强、循环再造、环保、抗撞力强等诸多优点，还具有很好的抗化学性能。

（3）泡沫

泡沫是被广泛应用的一种包装缓冲材料，通常由聚乙烯泡沫、聚丙烯泡沫等不同的聚合物做成。图6-7为常见的内层包装和缓冲材料。

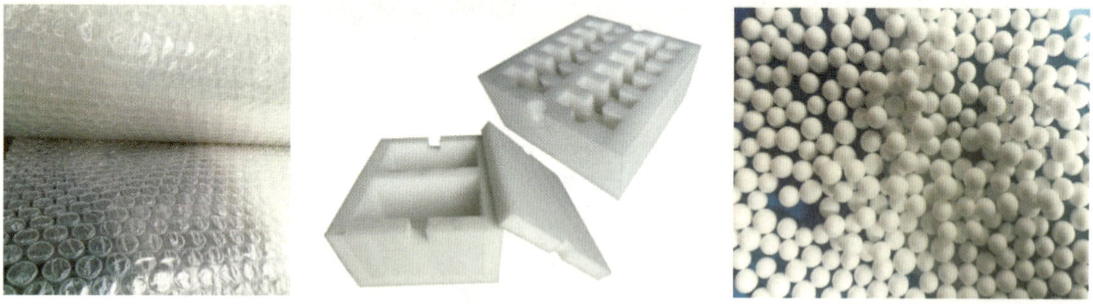

图6-7 常见的内层包装和缓冲材料

3. 辅助包装材料

常见的辅助包装材料主要包括包装胶带、面单和报纸等填充材料。其中，包装胶带主要包括透明胶带和黄色不透明胶带，此外，还有印有“小心轻放”等警示语的胶带。

（二）熟悉快递包装原则

1. 适度包装原则

快递包装应根据商品的尺寸、重量、运输要求等特点，选择大小合适、强度适宜的外包装和填充缓冲材料，避免包装不足和包装过度。

2. 便于运输原则

快递包装应能防止在运输过程中由于气温变化、碰撞摩擦等原因造成商品变质和损坏，确保商品不会散失、内装物露出、包装破裂等情况发生。

3. 便于装卸搬运原则

快递包装应适合商品的性质、重量、大小和外形，保持整洁干燥，外部平滑，没有凸出的钉、钩等，要便于装卸和搬运。

4. 绿色包装原则

快递包装应采用环保可回收的材料，促进资源节约利用，减少环境污染。

？【想一想】

如果你是一个销售日用百货类商品的电子商务公司的员工，现在客户在网店下单了一款洗发水，应该如何进行包装邮寄？

活动二　熟悉商品配送管理

活动背景

经过学习李明对商品包装的相关知识有了一定的认识，他知道了商品包装的种类及快递包装的相关知识等，他的下一个学习任务就是熟悉商品配送管理。

知识探究

一、配送基础知识

（一）配送的概念

根据国家标准《物流术语》（GB/T 18354—2021）的表述，配送的定义是：根据客户要求，对物品进行分类、拣选、集货、包装、组配等作业，并按时送达指定地点的物流活动。

从物流来讲，配送几乎包括了物流的所有功能要素，是物流的一个缩影或在某个范围中物流全部活动的体现。一般的配送集装卸、包装、保管、运输于一身，通过这一系列的活动完成货物的送达；特殊的配送还配合以加工活动，包括的范围更广。

配送概念的内涵主要体现在以下四个方面。

第一，整个概念描述了接近用户资源配置的全过程。

第二，配送是以客户的要求为出发点。配送是从客户的利益出发，按照客户的要求进行的一种活动。配送企业是为客户服务的，处于服务地位，应该在满足客户利益的基础上取得本企业的利益。

第三，配送是一种"中转"形式。配送是从物流结点至用户的一种特殊送货形式。从送货功能看，从事送货的是专职流通企业，而不是生产企业；配送是"中转"型送货，而一般送货尤其从工厂至用户的送货往往是直达型；一般送货是生产什么、有什么送什么，配送则是企业需要什么送什么。

第四，配送是"配"和"送"的有机结合。配送与一般送货的重要区别在于配送利用有效的分拣、配货等工作，使送货达到一定的规模，以规模优势取得较低的送货成本。

（二）配送的分类

根据不同的分类标准，配送的分类如表6-3所示。

表6-3　配送的分类

分类标准	类　别
按配送组织者	配送中心配送：配送组织者是专门从事配送的配送中心。配送中心规模较大，专业性强，配送能力强，配送距离远，配送品种多、数量大 仓库配送：配送组织者是库房或货场。仓库配送规模小，专业化程度较低 商店配送：配送组织者是商业门市网点。除进行日常零售业务外，根据用户需求配齐所需货物为客户提供配送服务 生产企业配送：配送组织者是生产企业
按配送商品种类和数量	单（少）品种大批量配送：单个品种或仅少数品种就可以达到较大运输量，可实行整车运输 多品种少批量：是按客户需求，将所需的各种物品配备齐全，凑整装车后由配送据点送达客户 配套成套配送：按企业生产需要，尤其是装配型企业生产需要，将生产所需的全部零部件配齐，按生产节奏定时送达生产企业

续表

分类标准	类　别
按配送时间	定时配送：根据配送企业和客户双方达成的配送时间协议，按照规定的时间和时间间隔进行配送 定量配送：按事先双方协议规定的数量进行配送 定时定量配送：按照规定的配送时间和配送数量进行配送 定时定路线配送：在确定的运行路线上制定到达时间表，按运行时间表配送，客户可在规定路线及规定时间接货，可按规定路线及时间表提出配送要求 即时配送：指完全按照用户要求的时间、数量进行配送

（三）配送中心

根据国家标准《物流术语》（GB/T 18354-2021）的表述，配送中心的定义是：具有完善的配送基础设施和信息网络，可便捷地连接对外交通运输网络，并向末端客户提供短距离、小批量、多批次配送服务的专业化配送场所。

配送中心的主要功能是提供配送服务，利用流通设施、信息平台等对流通的货物进行分类、流通加工、设计运输路线、选择运输方式为客户提供配送服务。

（四）配送中心的分类

根据不同的分类标准，配送中心的分类如表6-4所示。

表6-4　配送中心的分类

分类标准	类　别
按配送中心内部特征	储存型配送中心：指有很强储存功能的配送中心 流通型配送中心：指基本没有长期储存功能，仅以储存或随进随出方式进行配货、送货的配送中心 加工型配送中心：指配送中心具有加工职能，可以根据客户的需要或市场竞争的需要，对配送物进行加工之后再进行配送的配送中心
按配送区域的范围	城市配送中心：指以城市范围为配送区域的配送中心 区域配送中心：指以较强的辐射能力和库存设备，向省（州）际、全国乃至国际范围的用户配送的配送中心
按配送货物的种类	食品配送中心、日用品配送中心、医药品配送中心、化妆品配送中心、家用电器配送中心等
按配送中心承担的流通职能	供应配送中心：指配送中心执行供应的职能，专门为某个或某些用户组织供应的配送中心 销售配送中心：指配送中心执行销售的职能，以销售经营为目的、以配送为手段的配送中心

二、配送作业流程

配送作业是按照用户的要求，把货物分拣出来，按时按量发送到指定地点的过程，配送作业主要包括备货、理货和送货三个基本环节。

备货是配送的准备工作或基础工作，备货工作主要包括筹集货物、订货、集货、进货和储存货物及与其相关的质量检查、结算、交接等。

理货是配送区别于一般送货的重要标识，是配送的重要内容。理货主要包括分拣货物、配货和包装等作业活动。

送货实际上就是货物的运输，在送货前需要选择运输方式、确定运输路线和运输工具等相关工作。

配送作业的一般流程如图6-8所示。

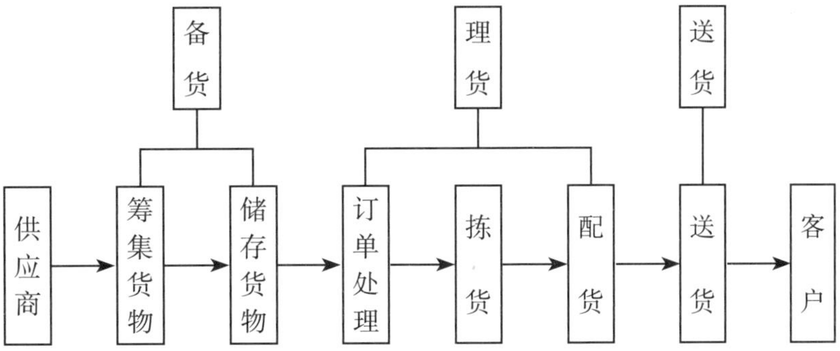

图6–8　配送作业的一般流程

配送作业流程包括的重要环节有筹集货物、订单处理、拣货、配货和送货。

（一）筹集货物

筹集货物是指企业将分散的小批量的物品集中起来，以便进行运输、配送的作业。筹集货物是配送的重要环节，为了满足特定客户的配送要求，有时需要把从数家甚至数十家供应商处预订的物品集中，并将要求的物品分配到指定容器或场所。

（二）订单处理

从接到客户订单到着手准备拣货之间的作业阶段被称为订单处理，通常包括订单确认、存货查询、单据处理等内容。客户下单后仓储人员根据后台订单对订单信息进行确认，确定订单的有效性，查询存货信息。

（三）拣货

拣货作业是依据顾客的订货要求或配送中心的送货计划，尽可能迅速、准确地将商品从其储位或其他区域拣取出来，并按一定的方式进行分类、集中、等待配装送货的作业流程。在配送作业的各个环节中，拣货作业是其中一个核心环节。合理进行拣货作业对提高配送中心拣货效率、降低作业成本有至关重要的作用。拣货作业的基本过程包括以下三个环节。

1. 形成拣货信息，确定拣选方式

拣货作业开始前，配送中心按照顾客订单和公司交货单形成拣货指示，仓储人员需要预先处理完成这些拣货指示，然后确定拣选货物的方式，常见的拣选方式有摘果式拣选、播种式拣选、混合拣选。

（1）摘果式拣选

拣货人员按照每份订单所列商品信息和数量进行拣选，将商品从储存区域或分拣区域拣选出来再集中在一起的拣选方式。这种拣选方式操作方法简单，延迟时间较短，拣选人员接到订单可立即拣货，拣货人员责任明确，拣选后不需要再进行分类作业。但是当货品品类较多，拣选区域较大时，拣选路径较长，拣货效率较低。这种拣选方式适合顾客需求商品种类较少、商品差异较大、订单大小差异较大且订单数量变化较多的商品的拣选。

（2）播种式拣选

把一定时间段里多张订单集合成一批，按照货品种类将货品数量汇总后进行批量拣选，然后按照不同的订单进行分货作业的拣选方式。这种拣货方式在订单量较大时可以显著缩短拣货时间，提高拣货效率。但是需要订单累积到一定数量才进行一次性拣选，因而订单处理会有一定的延迟。这种拣选方式适合货品种类不多、订单变化较小且货品数量稳定的商品的拣选。

（3）混合拣选

为了克服以上两种拣选方式的缺点，配送中心也可以根据拣选商品的特点将两种拣选方式组合起来的混合拣选方式。

2. 生成拣货单，分派拣货人员

仓储人员利用计算机系统对顾客订单进行处理，生成拣货单，拣货单内容包括货品编号、名称、数量、储位编号等信息。然后确定合理的拣选路线，拣货单分派到拣货人员进行拣货作业。

3. 拣选货物，分类集中

拣选货物的过程可以由人工或自动化设备来完成。拣选货物时拣货人员或机器必须接触货物，这就形成了拣货过程中的行走和货品的搬运，主要有两种方式：一是人到货前方式，即拣货人员步行或者使用装卸搬运设备到达货品储位拣选货品；二是货到人前方式，即拣货人员在固定位置，货品通过传输设备等其他拣选设备动态移动到拣选人员面前。通常体积较小、批量较少、搬运重量在人力范围内且出货率不是特别高的货物可以采用人工方式拣选，体积较大、重量较大的货品需要借助机械设备来完成拣选。现代化的配送中对于出货频率较高的货品通常采用自动分拣系统完成货品拣选。经过拣选的货品按照不同的客户和配送路线进行分类集中。

（四）配货

配货是指把拣取分类完成的货品经过配货检验过程后，装入容器和做好标识，再运到配货准备区，等待装车后发运。拣货完成后要根据客户订单信息对所拣货品进行检查核对，主要包括货品编码、名称、数量、品质、保质期等进行检查。经过核查确定货品信息无误后打包员根据商品数量、大小、规格、类型等进行装箱、包装、快递单粘贴，需注意包装的稳定性、安全性。订单员打印出库单，上面包括订单号、收货人地址、商品金额、快递单号、日期等，并将包裹放置发货位置。

（五）送货

送货是指利用配送车辆把顾客订购的物品从生产企业、批发商或配送中心送到顾客手中的过程。送货的业务流程一般是划分配送区域，车辆进行配载，确定运输车辆，选择配送路线，确定配送顺序，完成货物配送。

?【想一想】

同学们知道现代化的物流配送中心的网购订单流程是怎样的吗？请查找资料，试着说一说京东亚洲一号仓的配送作业流程。

三、配送常见问题及其对策

（一）配送存在的问题

随着电子商务的快速发展，顾客需求不断提升，电子商务给顾客带来的方便性和快捷性是其重要的优势之一。电子商务物流也在不断发展，但是由于我国物流业起步较晚发展较慢，电子商务物流配送问题也是制约电子商务发展的一个重要因素，电子商务物流配送的问题主要体现在以下四个方面。

1. 物流配送信息化程度不高

物流企业的信息化水平，物流信息系统的建设直接影响到企业的运作效率和客户服务水平。目前国内大部分物流企业的信息化水平发展较慢，很多物流配送中心的信息化程度较低，物流配送中心的选址、配送路线的优化、最优库存控制等重要决策问题还依赖于人工，信息系统开发滞后。配送中心作业活动现代化程度较低，人工作业较多，严重影响物流配送效率。

2. 物流配送基础设施不完善

我国物流业近几年发展迅速，但整体水平比较落后。物流基础设施陈旧，部分物流配送企业运输设备、装卸搬运设备、包装设备、流通加工设备、维护保养工具等机械化和自动化程度较低，作业效率低下，通信系统和计算机信息系统建设不完善，缺乏现代化的自动识别技术、自动分拣技术等先进的信息技术硬件设施，无法满足电子商务快速发展的需求，阻碍了电子商务的发展。

3. 物流配送服务质量参差不齐

除少数企业外，大部分物流企业技术设备和管理手段比较落后，服务网络和信息化系统建设不完善，大大影响了物流服务的质量和效率。部分物流企业仅仅是几部电话、几辆货车组成的运输公司，业务活动单一，配送水平低下。中小城市的物流配送企业缺乏先进的物流技术设备，无法提供便捷高速的客户服务，客户满意度不高。除此之外，物流企业的工作人员素质参差不齐、专业化人才匮乏，也是导致服务水平低下的一个重要因素。一线工作人员技术培训不到位，造成装卸搬运、包装等作业操作不规范，服务态度恶劣，这些都严重制约着电子商务的发展。

4. 物流配送不合理

电子商务物流配送的决策是全面、综合的决策，在决策时要避免不合理配送所造成的损失，但是在决策时需要考虑的内容众多，只能尽量追求最大的合理。不合理配送的情况主要有：资源筹措不合理，配送量计划不准，资源筹措过多或过少；库存控制不合理，储存量不足，不能保证随机需求等；配送价格不合理；配送与直达的决策不合理，如大批量不直送、小批量不配送；配送形式不合理，如即时配送过多，造成配送车辆实载率过低。由于物流配送的不合理，造成配送效率低、配送成本高，影响客户满意度。

（二）配送问题的对策

为了更好地提升物流配送服务水平、提升配送中心工作效率及提升客户满意度，就要提高全社会对电子商务物流配送的认识，认识到配送服务对电子商务发展的重要性。大力培养电子商务物流专业人才，提升物流服务的专业化程度。加强电子商务物流基础设施建设和合理布局，提升物流速度和配送效率，加快现代化电子商务物流配送中心建设，引进现代化物流信息系统，提升物流配送中心自动化水平，扩大现代化装卸搬运设备、包装设备、自动分拣系统等的应用。

活动三　了解第三方物流

活动背景

经过学习李明对商品配送管理相关知识有了一定的认识，他知道了配送的内涵和分类，了解了配送作业流程。他的下一个学习任务就是了解第三方物流。

知识探究

一、第三方物流的概念和特点

（一）第三方物流的概念

第三方物流是由第三方物流企业来承担企业物流活动的一种物流形态，即生产经营企业为了集中精力于核心业务，而把企业的物流活动以合同方式外包给专业的物流服务企业，专业的物流服务企业为生产经营企业提供运输、仓储、存货管理、订单管理、资讯整合及附加价值等服务。

（二）第三方物流的优劣

第三方物流具有明显的优势，具体表现在以下三个方面。

1. 有利于企业集中精力于核心业务

由于企业的资源是有限的，企业应该把自己的主要资源集中于自己擅长的核心业务上，而把物流活动留给专业的物流服务企业。

2. 有利于企业降低经营成本

将物流业务外包给第三方物流企业，企业自身不需要投入大量的资金建设物流信息网络和购买物流设备，减少了固定资产的投资，解除资金占用，加快资金周转。第三方物流可以发挥规模优势，提高设备和资源的利用率，提高专业化水平和工作效率，降低物流成本。

3. 有利于为用户提供更好水平的物流服务

专业化的第三方物流企业利用其健全的物流网络、先进的物流设施和专业的运作能力，能够为用户提供更高水平的物流服务。

第三方物流在为企业提供便利的同时，也会为企业带来诸多不便。其主要表现在企业不能直接控制物流职能及失去了对物流各环节的绝对控制。

二、第三方物流模式的选择

电子商务企业在选择物流模式的时候要立足于自身的实际需要和资源条件，综合考虑物流对电子商务企业的战略重要性，企业对物流的管理能力、企业产品的特点、物流成本、企业的实力及规模、第三方物流的服务能力等方面综合考虑，慎重选择。在进行物流决策时，如果电子商务企业的发展对物流的依赖程度不高，同时企业对物流管理的能力也不足，企业规模较小，受资源、人员和管理的制约，很难提升物流管理的效率，那么企业应该把所有的资源集中于投资核心业务，让第三方物流承担企业的物流业务。除此之外，在进行物流决策时，还要综合评估第三方物流的服务能力和服务水平，要考虑当前环境下第三方物流企业是否有能力满足自身电子商务企业及来自客户的需求。

小知识

自营物流模式是指企业根据自身条件经营物流业务完成企业物流配送业务。自营物流具有以下优势：自营物流系统最大的好处是拥有对物流系统运作过程的有效控制权，可以有效控制物流业务的运作，提高物流运作效率，更快速、高效地满足用户需求；可以加强与客户的沟通，提升企业形象；能和客户面对面的接触，可以更好地了解客户的需求，同时让客户更好地了解自己。

?【想一想】

请同学们上网查找资料，试着对京东和淘宝的物流模式进行比较。

活动四　做好订单管理

活动背景

经过学习李明对第三方物流的相关知识有了一定的认识，他的下一个学习任务就是了解电子商务物流订单管理的相关知识。

知识探究

一、订单管理

（一）订单管理概述

订单管理流程是从订单的创建到完成的整个流程，在客户下订单并进行支付确认后，企业开始履行订单，订单管理的流程包括客户下单、支付确认、审核订单、订单确认、通知配货、订单分拣和订单配送等阶段，同时涉及支付管理和库存管理等，基本流程如图6-9所示。

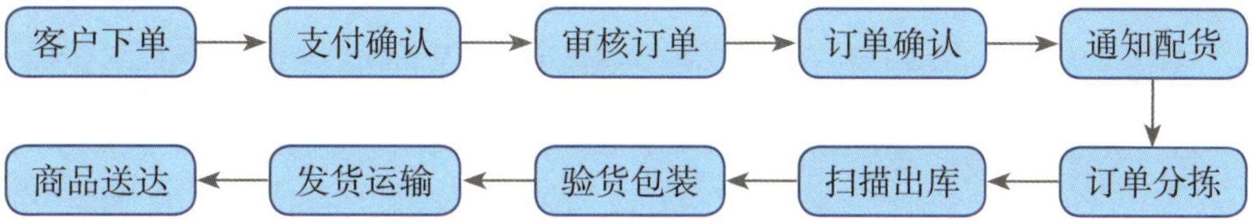

图6-9　订单管理流程

（二）基于电商平台的订单管理

中小企业一般员工较少，商品最小存货单位（SKU）也较少，店铺依靠各类电商平台后台功能就能完成各项交易，常见的B2C和C2C的订单管理就是基于各类电商平台实现的，其主要功能包括宝贝管理、交易管理、物流管理、营销中心等。此类型的订单状态主要包括等待买家付款、买家已付款、等待卖家发货、已发货、成功的订单和关闭的订单等。图6-10为1+X网店运营推广实训系统的订单管理界面。

图6-10 1+X网店运营推广实训系统的订单管理界面

二、物流订单

客户在网店下达订单以后，需要通过物流来完成最终的交易，将商品送达客户手中，因此网店经营者一定要选择合适的物流服务，下面对两种常见的物流组织进行介绍。

（一）京东物流

京东物流隶属于京东集团，京东集团2007年开始自建物流，2017年4月25日正式成立京东物流集团。目前，京东物流拥有中小件、大件、冷链、B2B、跨境和众包（达达）六大物流网络，凭借这六张大网在全球范围内的覆盖及大数据、云计算、智能设备的应用，京东物流打造了一个从产品销量分析预测，到入库出库，再到运输配送各个环节无所不包，综合效率最优、算法最科学的智能供应链服务系统。京东物流业务主要包括仓配一体、冷链物流、大件物流、国际供应链、供应链金融和快递业务。

京东快递是京东物流的服务之一。京东快递为客户提供优质的包裹交付服务，提供多种时效服务和个性化增值服务。京东快递服务包括特快送、特惠送、同城速配、生鲜特快、生鲜特惠，增值服务包括京尊达、代收货款。京东快递服务各类型的内容及特点如表6-5所示。

表6-5 京东快递服务类型和特点

分 类	特 点	增值服务
特快送	1小时上门揽收、最快当日送达，寄递的快件在承诺时效内未送达时可申请赔付运费。全国超过300个城市，365×24随时随地提供服务。全环节绿色通道优先转运和派送，100%送货上门，专业客服团队售后保障	保价服务、代收货款、包装服务、签单返还、指定签收等
特惠送	价格优惠、大众价格享受高端服务，中国大陆地区全境送达，365×24随时随地为您服务	保价服务、代收货款、包装服务、签单返还、指定签收等
同城速配	异常天气/节假日高峰期间，提前预警，智能调配骑士，365天稳定配送。提供多种即时配送时效服务，满足用户的多场景需求，最快30分钟送达	保价服务

续表

分类	特　点	增值服务
生鲜特快	公铁空“三位一体”运输网络提供快时效服务，核心城市今日寄、明日到。生鲜快件全环节专项保障，优先转运及派送，稳定可靠。提供专业的生鲜定制包装方案，最大程度保障货物的新鲜送达。生鲜专属方案，快速定责赔付	生鲜定制化包装、保价服务、签单返还、代收货款等
生鲜特惠	价格优惠、大众价格享受高端服务，快速送货，交付到门，提供专业的生鲜定制包装方案，最大程度保障货物的新鲜送达，中国大陆地区全境送达，生鲜专属方案，快速定责赔付	生鲜定制化包装、保价服务、签单返还、代收货款等
京尊达	专车专人，统一西装，定制包装，提供尊贵的收货体验。快件全环节单独交接，可视化全程物流，轨迹跟踪，保障快件安全无忧。提供多种快递时效产品的搭配方案	保价服务、代收货款、包装服务、签单返还、指定签收等

（二）菜鸟联盟

菜鸟联盟是提升电商物流服务体验的组织，成立于2016年3月28日，由阿里巴巴三大战略业务板块之一的菜鸟网络牵头，联合国内外主要物流合作伙伴组建。菜鸟联盟成立以来，已经推出当日达、次日达、预约配送等优质产品，并承诺“说到就到、不到就赔”。在越来越复杂及个性化的需求下，物流不仅要快速，更需要准时和确定。除了已经上线的当日达、次日达、预约配送等服务，菜鸟联盟产品体系中还包括承诺达、定日配送、夜间配送、送货入户、开箱验货、上门取退等服务，形成了一整套确定性的物流服务体系。

三、订单退换货管理规则与技巧

网店订单处理是一项细致且重要的工作，要根据订单的不同状态在合适的时间完成正确的操作，退款、退货、换货等异常订单的处理也十分重要。网络交易中，买家购买商品后可能由于商品不合适、存在质量问题或其他原因提出退换货请求，网店需要根据具体原因与买家进行协商确定退换货事宜，完成退换货流程。目前，大多数网店都可以为大部分商品提供7天无理由退换货服务，2014年3月15日正式实施新《消费者权益保护法》规定，除特殊商品外，网购商品在到货之日起七日内无理由退货。2017年11月7日，北京市工商局、市食药监局等8家单位，对京东、天猫、亚马逊等13家网络交易平台进行了行政指导，强调不得采用格式条款设置订金不退、预售商品不适用7天无理由退货等不合理规定。工商总局2017年年初出台的《网络购买商品七日无理由退货暂行办法》规定了不适用退货的商品范围和商品完好标准。

表6–6　适用7天无理由退换货与否的商品分类

情　形	类　型
不适用7天无理由退货的商品	定做的商品
	鲜活易腐的商品
	在线下载或者消费者拆封的音像制品、计算机软件等数字化商品
	交付的报纸、期刊

续表

情　形	类　型
不适用7天无理由退货的商品	拆封后易影响人身安全或者生命健康的商品，或者拆封后易导致商品品质发生改变的商品
	一经激活或者试用后价值贬损较大的商品
	销售时已明示的临近保质期的商品、有瑕疵的商品
支持7天无理由退货的商品	除上述类型外的其他商品

（一）退换货规则

1. 天猫7天无理由退换货规则

天猫7天无理由退换货是指消费者使用支付宝担保交易在天猫购物后，在签收货物后7天内，如因主观原因不愿意完成本次交易，可以提出“7天无理由退换货”的申请（部分商品及类目除外），并且买家退货的货物不得影响卖家的二次销售。

（1）申请时间

买家需在确认签收商品之日起7天内（按照物流签收后的第二天零时起计算时间，满168小时为7天）提出申请；买家在7天内已要求卖家提供“7天无理由退换货”服务而被卖家拒绝，或无法联系到该卖家，或卖家中断其经营或服务的可向天猫提出申请。

（2）维权方式

在满足7天无理由退换货申请条件的前提下，买家可在“我的淘宝－已买到的宝贝”页面向天猫发起“7天无理由退换货”申请；在收到买家“7天无理由退换货”赔付申请后，天猫有权根据协调情况要求交易双方提供必要证明，并确认及判定；当天猫根据相关规范判定买家“7天无理由退换货”赔付申请成立，则有权通知支付宝公司自卖家的支付宝账户直接扣除相应金额款项先行赔付给买家。

（3）运费说明

天猫支持或卖家自行承诺提供无理由退货服务的商品，买家以无理由形式退货或拒签的，来回运费均由买家承担。若商品提供包邮服务，买家仅承担退货运费。如果是商品质量问题，收到的货物与网上描述不符而导致的退货，退货费用则应由卖家承担。

2. 京东7天无理由退货规则

京东自营商品7天无理由退货是指客户在京东购物，自实际收到商品第2日起7日内（含7日），在保证商品完好的前提下可申请商品7天无理由退货。商品完好指商品能够保持原有品质、功能，包括商品本身、配件及附带的商标吊牌、使用说明书等齐全。客户基于查验需要而打开商品包装，或者为确认商品的品质、功能而进行合理、适当的试用不影响商品的完好；但对超出查验和试用需要而使用商品，导致商品产生价值贬损较大的，视为商品不完好。表6-7为京东自营7天无理由退货分类。

表6-7　京东自营7天无理由退货分类

7天无理由退货场景	商品类型	说明
不适用7天无理由退货	定制类商品	个性定制、设计服务等
	鲜活易腐类商品	鲜花绿植、水产肉类、新鲜蔬果等
	在线下载或者客户拆封的音像制品、计算机软件等数字化商品	充值点卡、加油卡等
	交付的报纸、期刊	报纸、杂志等
	服务类	教育培训、装修设计/施工/监理等
	拆封后易影响人身安全或者生命健康的商品，或者拆封后易导致商品品质发生改变的商品	食品、酒水、内裤、短袜/打底袜/丝袜、塑身裤、塑身连体衣、乳贴、插片/胸垫等贴身用品
	一经激活或者试用后价值贬损较大的商品，或者非生活消费所需的商品	智能设备（如VR头盔等）、商用厨具、工业品、办公耗材、黄金、铂金、电动车整车等
	其他根据商品性质并经消费者在购买时确认不宜退货的商品	
支持7天无理由退货	除上述类型外的其他商品	服饰、鞋帽、箱包、玩具等

第三方卖家商品7天无理由退货是指客户在京东购物，自实际收到商品第2日起7日内（含7日），在保证商品完好的前提下，可申请商品7天无理由退货。商家可退换期限（如15/30天等）或商品完好标准可优于京东标准，但若低于京东标准将视为无效。表6-8为第三方卖家7天无理由退货分类。

表6-8　第三方卖家7天无理由退货分类

7天无理由退货场景	商品类型	说明
不适用7天无理由退货	定制类、定做类商品	个性定制、设计服务等
	鲜活易腐类商品	鲜花绿植、新鲜水果、蔬菜蛋品、精选肉类、海鲜水产、冷冻饮食、活体动物等
	在线下载或者客户拆封的音像制品、计算机软件等数字化商品	电子书、游戏软件等
	交付的报纸、期刊	报纸、杂志等
	服务类	教育培训、装修设计/施工/监理、生活缴费、生活服务、医疗服务等
	药品	中西药品
卖家可选支持“7天无理由退货”	根据商品性质不宜退货的商品	食品（含保健品、滋补）、化妆品、医疗器械、计生用品、电动牙刷、贴身用品、智能设备（如VR头盔等）、电脑、手机、电动车、整车等
	拆封后易影响人身安全或生命健康的商品，以及拆封后易导致商品品质发生改变的商品	
	一经激活或试用后价值贬损较大的商品；销售时已明示的临近保质期或有瑕疵的商品	
	二手商品等	
支持7天无理由退货	除上述类型外的其他商品	服饰、鞋帽等

（二）退换货技巧

1. 及时处理，真诚沟通

退换货是卖家经常能遇到的问题，顾客的退换理由和原因也多种多样，客服人员要及时关注订单状态信息，及时与顾客沟通。当顾客提出退换货请求时，热情接待顾客，用心关心客户，通过与顾客的真诚沟通，了解顾客真实的退换货原因。在沟通的过程中态度一定要真诚，询问顾客出于什么原因要求退货，并有针对性地解决问题。

2. 熟知规则，专业处理

不同的平台、网站和网店有不同的退换货规则，客服需要熟悉了解相应的规则。客服在遇到顾客要求退换货时，要根据相应规定去处理，但要注意沟通方式，体现工作的专业性，得到顾客的信任。有些顾客因为不熟悉购物流程而导致不必要的退款，有些顾客不了解退换货规则导致退换货受阻，客服要耐心解释，及时沟通，解决顾客的问题和顾虑。

总之，网店遇到退换货问题是不可避免的，网店客服要熟知退换货规则，积极真诚地解决顾客遇到的问题，更要从根本上完善自身的服务，保证商品的质量，切实提高顾客的购物满意度。

?【想一想】

请同学们上网查找资料，了解全球速卖通和亚马逊等跨境电商平台的退换货规则。

任务检测

一、多项选择题

1. 常用的包装容器有（　　）。

A. 包装袋　　B. 包装盒　　C. 包装箱　　D. 包装瓶

2. 配送作业主要包括的基本环节有（　　）。

A. 备货　　B. 理货　　C. 送货　　D. 拣货

3. 快递包装的原则是（　　）。

A. 适度包装　　B. 便于运输　　C. 便于装卸　　D. 充气和真空包装

4. 常见的拣选方式有（　　）。

A. 摘果式　　B. 播种式　　C. 混合式　　D. 货到人前

二、判断题

1. 集货是指企业将分散的小批量的物品集中起来，以便进行运输、配送的作业。（　　）

2. 备货主要包括分拣货物、配货和包装等作业活动。（　　）

3. 在线下载或顾客拆封的音像制品、计算机软件等数字化商品也支持7天无理由退换货。（　　）

三、简答题

简述电子商务配送作业流程。

合作实训

全班同学平均分配若干组，登录天猫、京东等网上商店，查看哪些商品支持7天无理由退换货及哪些商品不支持，并根据需求选择一件商品，查看店铺选择的物流配送企业是哪家及店铺的退换货规则。请同学们试着发起退货流程，通过以上操作同学们可以加深对相关知识的理解和巩固。

评价项目	退换货规则和退换货流程（40%）	小组合作分析、讨论等表现（40%）	职业素养（20%）
评价标准	1. 语言表达清晰、流利 2. 内容全面详细 3. 配有图片等辅助解析材料	1. 积极参与、有主见 2. 参与主动性一般 3. 不积极参与、没有主见	1. 大有提升 2. 略有提升 3. 没有提升
自己评分			
小组评分			
教师评分			
第三方评分			
总分			

项目总结

本项目以两项任务为基础，主要介绍了仓储管理和物流配送相关内容。通过本项目的学习，李明掌握了电子商务仓储作业流程主要包括入库、在库和出库作业，了解了商品包装知识和第三方物流模式，熟悉了配送作业流程和订单退换货管理规则与技巧。通过本项目的学习，学生可以对电子商务仓储和配送有更清晰的认识，培养职业能力，提升职业素养，为以后从事电商行业或进行就业创业奠定了坚实的基础。

项目检测

一、多项选择题

1.（　　）是在经济合理区域范围内，根据客户要求，对物品进行拣选、加工、包装、分割、组配等作业，并按时送达指定地点的物流活动。

A. 配送　　B. 流通加工　　C. 运输　　D. 储存

2.（　　）是采用二氧化碳气体或氮气等不活泼气体置换包装容器中空气的一种包装技术方法。

A. 充气包装　　B. 真空包装　　C. 防霉包装　　D. 防震包装

3.（　　）是储存货物的主要场所，此区域在仓库中所占面积最大。

A. 储存区　　B. 收货区　　C. 出货区　　D. 暂存区

4. 电商仓储出库作业流程是（　　）。

A. 分拣——复核——包装——出库　　B. 复核——分拣——包装——出库

C. 分拣——包装——复核——出库　　D. 包装——分拣——复核——出库

5. 下列商品可以申请7天无理由退换货有（　　）。

A. 海鲜　　　　　B. 代购的口红　　　　C. 雪纺裙子　　　　D. 定做的T恤

二、判断题

1. 露天堆场也属于仓库。（　　）

2. 需要定期或不定期对库存商品的数量进行清点和核查。（　　）

3. 目前大多数网店都可以为大部分商品提供7天无理由退换货服务，除特殊商品外，网购商品在到货之日起7日内无理由退货。（　　）

4. 如果电子商务企业的发展对物流的依赖程度不高，同时企业对物流管理的能力也不足，此时可以选择第三方物流模式。（　　）

5. 摘果式拣选是把一定时间段里多张订单集合成一批，按照货品种类将货品数量汇总后进行批量拣选，然后按照不同的订单进行分货作业。（　　）

三、简答题

1. 什么是电子商务物流配送？

2. 简述电商仓库拣货作业流程。

3. 常见的包装技法有哪些？

项目7　分析运营数据

项目概述

在店铺运营的过程中，我们经常会遇到各种各样的问题。如某款销量一直很稳定的产品突然大幅下降，下单客户数锐减。再如店铺打算上架新产品，但是不知道该如何选择。这些问题困扰着店铺的经营者。在本项目内，将学习如何获取、分析店铺经营数据及行业数据，学会使用数据分析工具来为经营活动提供指导。

认知目标

1．理解店铺经营数据分析的含义。

2．掌握店铺经营数据分析的方法。

3．知悉行业数据的获取方法及数据分析方法。

4．了解常用数据分析工具生意参谋、京东商智的功能。

5．掌握数据分析工具的使用方法。

技能目标

1．能够分析店铺经营数据，为店铺运营提供帮助。

2．能够根据行业经营数据为店铺产品上新提供指导。

3．能够运用数据分析工具进行店铺问题诊断。

素养目标

1．培养进行运营数据分析的兴趣。

2．具有独立学习的能力。

3．具备数据分析岗位工作意识。

任务一　分析店铺数据

任务描述

李明的亲戚开了一家网店，经过多年用心运营，网店运转情况良好，各项数据指标相对稳定。然而，9月初网店的订单量突然出现明显下降，并且一直没有恢复到正常水平。亲戚请李明帮忙寻找原因，李明该如何帮助亲戚寻找原因呢？

任务分解

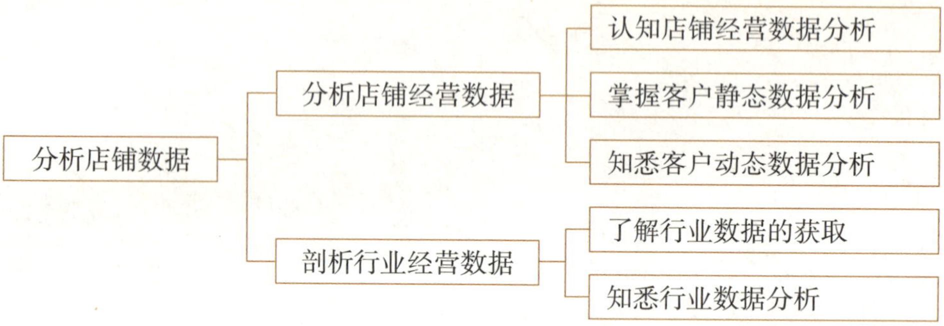

活动一　分析店铺经营数据

活动背景

要分析订单量下降的原因，李明首先要搞清楚什么是经营数据分析及经营数据分析都有哪些指标。

知识探究

一、店铺经营数据分析

随着信息技术的发展，数据分析已经成为网店运营的重要法宝，是否能够采集到经营原始数据、是否能够准确分析出这些数据代表的问题，成为网店经营需要解决的核心问题。只有及时进行数据采集、分析，才能够得出准确的数据分析结果，科学指导店铺经营优化。

店铺经营数据分析是指对网店经营过程中产生的信息数据进行分析，从中总结经营规律和效果的过程。经营数据分析的结果可以用来指导店主调整和优化经营策略，解决经营中出现的问题。

二、客户静态数据分析

客户静态数据是指客户相对稳定的信息，包括年龄、性别、职业、地域、婚姻状况等人口属性方面的数据。这类数据主要来自老用户，通过注册会员等方式收集信息，进行数据清洗后，统计出年龄、性别、地域分布情况，用来指导店铺选品，确定重点推广人群及仓库的存货分配等。

（一）数据清洗

进行数据分析的第一步是要进行数据清洗，即去掉数据中的重复值。图7-1为店铺采集好的客户数据，从图中可以明显观察出，第8行与第11行数据重复。由于数据信息较多，还可能存在其他的重复值，为了快速删除重复值，可以采用以下方法：打开Excel表格，选中所要处理的客户数据，点击“数据”选项卡，点击“删除重复值”，弹出如图7-2所示窗口。点击“确定”，如图7-3所示，重复数值被清除。

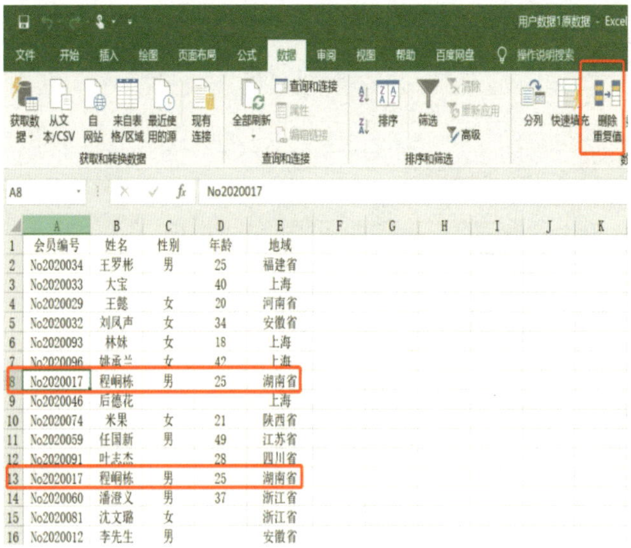

图7-1　店铺客户数据

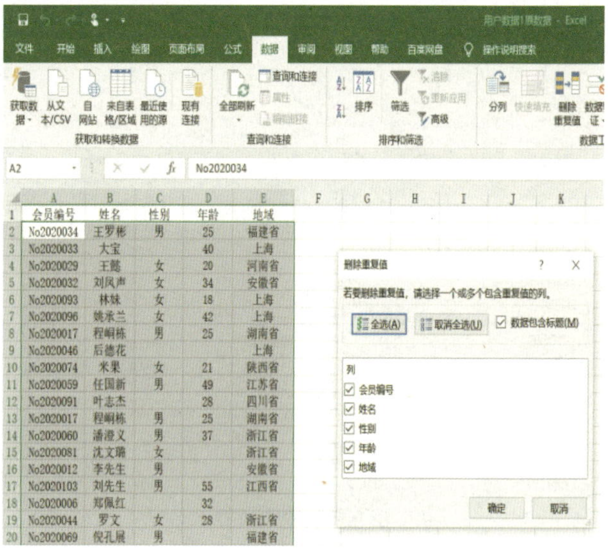

图7-2　删除重复值窗口

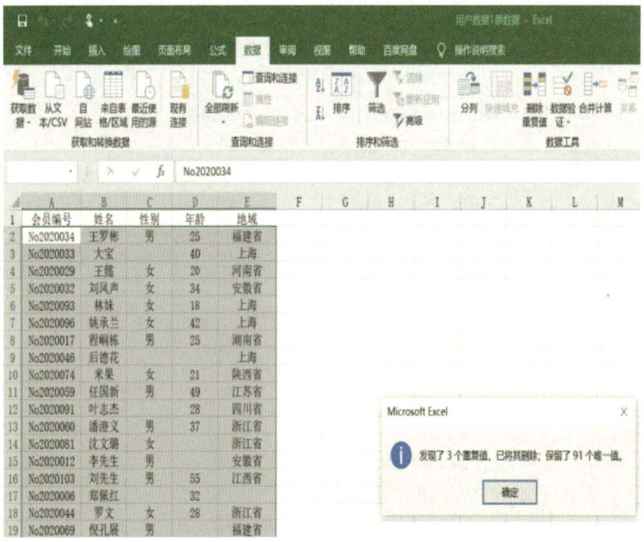

图7-3　重复值删除成功

（二）数据补齐

在开始分析数据之前要先认真观察数据表，常常会发现有的数据值为空白，如图7-4所示。对于空白的数据要进行补齐。点击“开始”选项卡，点击“查找和选择”下拉三角，点击“定位条件”，弹出定位对话框，如图7-5所示（或直接用快捷键Ctrl+G即可调出定位对话框）。点击“定位条件”，在弹出的对话框中选择“空值”，点击“确定”，所有空值即被选中，如图7-6所示。在任意一格空值中输入“未知”，同时按住

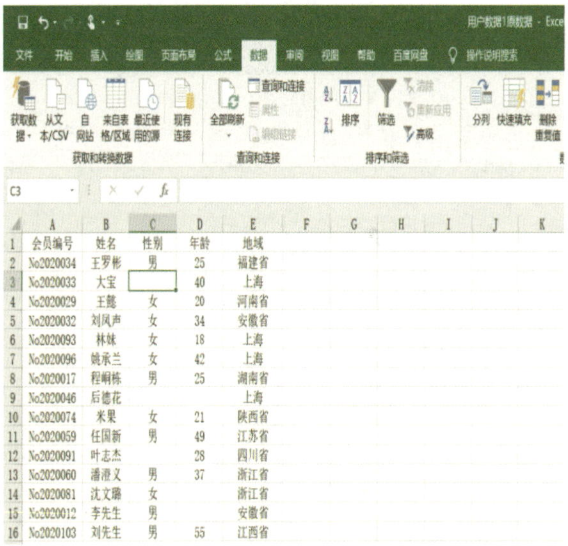

图7-4　数据表中有许多数据缺失

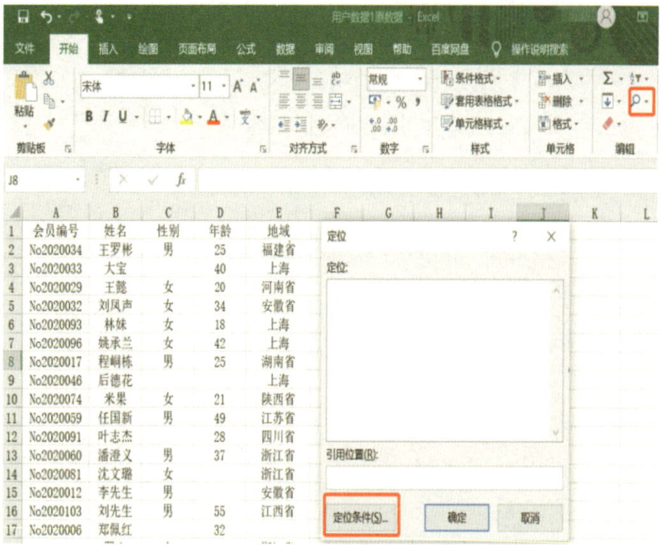

图7-5　打开定位对话框

Ctrl+Enter键，所有的空格均完成填充，如图7-7所示。

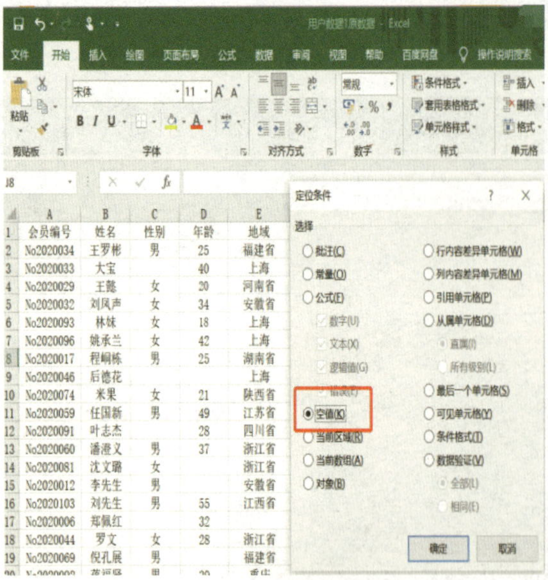

图7-6　选择定位条件

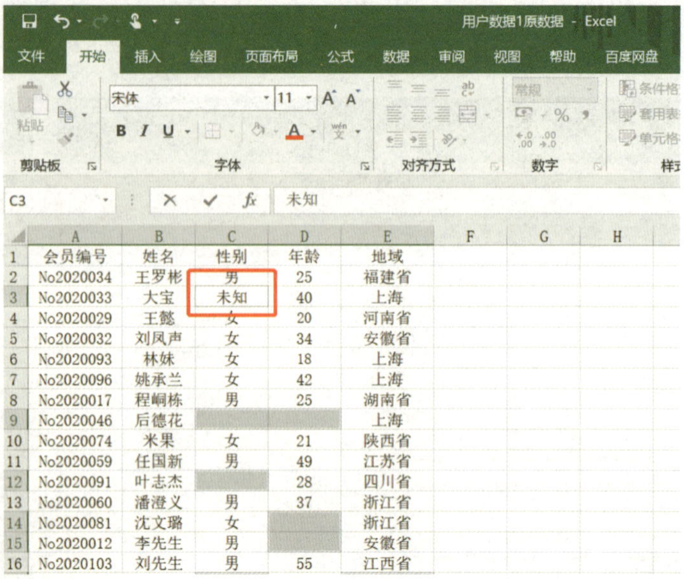

图7-7　在空格内填写“未知”字样

（三）数据计算和整理

数据计算是指对店铺客户的年龄、性别、区域等进行统计及占比计算，以此来作为店铺决策的依据。以客户年龄为例介绍数据计算方法，如图7-8所示，在数据表旁边新建数据分析表格，统计0~25岁、26~45岁、46岁以上及年龄未知的客户数及占比。建好数据表后，选中标题行，点击“数据”选项卡中的“筛选”按钮，分别筛选出各个年龄段的用户数。筛选出数值后，计算各年龄段人数的占比，计算方式为：占比=该年龄段客户数÷客户总数。统计完成的结果如图7-9所示。统计完成之后，新建Sheet表，将统计表复制过去，并进行格式调整，对图表进行美化即可。

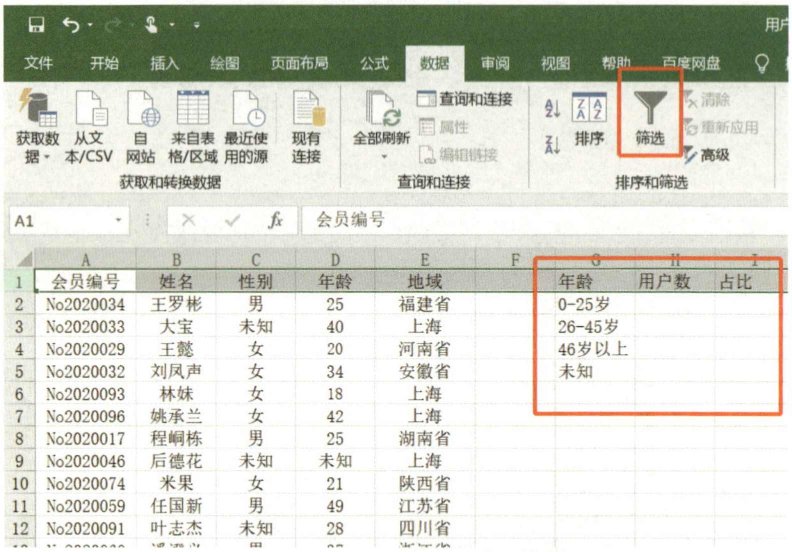

图7-8　对客户年龄数据进行筛选

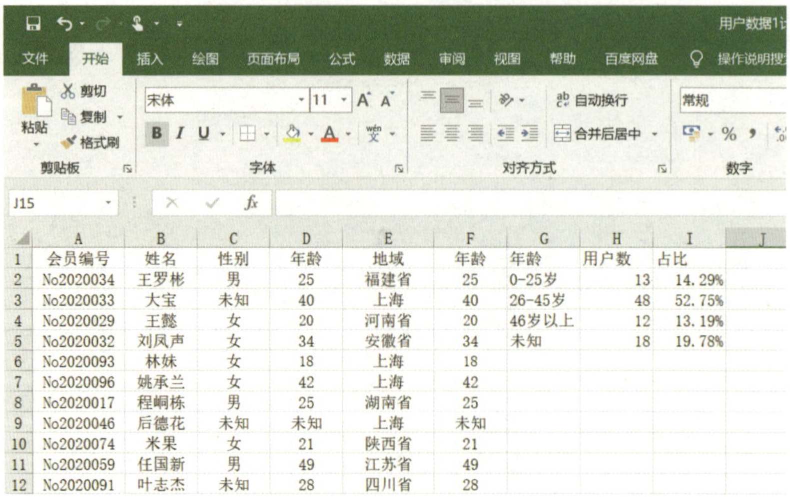

图7-9　客户年龄统计结果

?【想一想】

在对各个年龄段的用户数进行筛选时，除了使用上文介绍的方法，还有其他的办法吗？

三、客户动态数据分析

客户动态信息数据是指用户的行为数据，包括搜索、点击、咨询、关注、加购、下单、支付、评价等一系列数据。这类数据由访客在网店的行为产生，通过后台或第三方软件获取，经过数据加工，可用于分析客户需求、情感偏好及消费习惯等。客户动态数据可以通过生意参谋、店铺后台等方式获取。下载相关的客户数据后，用Excel表进行分析。下面以一家出售糕点的网店近期的数据为例，进行客户动态数据分析，重点看支付转化率。支付转化率的计算公式如下：支付转化率=支付买家数÷商品访客数。

（一）计算支付转化率

首先对数据进行整理，在数据最末端添加一列“支付转化率”，如图7-10所示。用Excel公式计算支付转化率，在L2单元格内输入“=I2/D2”，计算支付转化率，拖动鼠标完成全部计算。如图7-11所示，对计算出的数值格式进行调整，点击“开始”选项卡，点击“字体”，在弹出的“设置单元格格式”对话框中，选择“数字”，在分类中选择“百分比”，“小数位数”设置为2。图7-12为最终完成的表格。

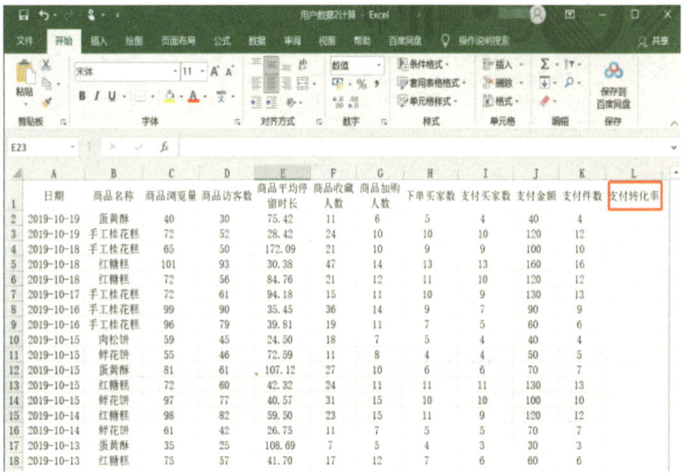

图7-10　计算支付转化率

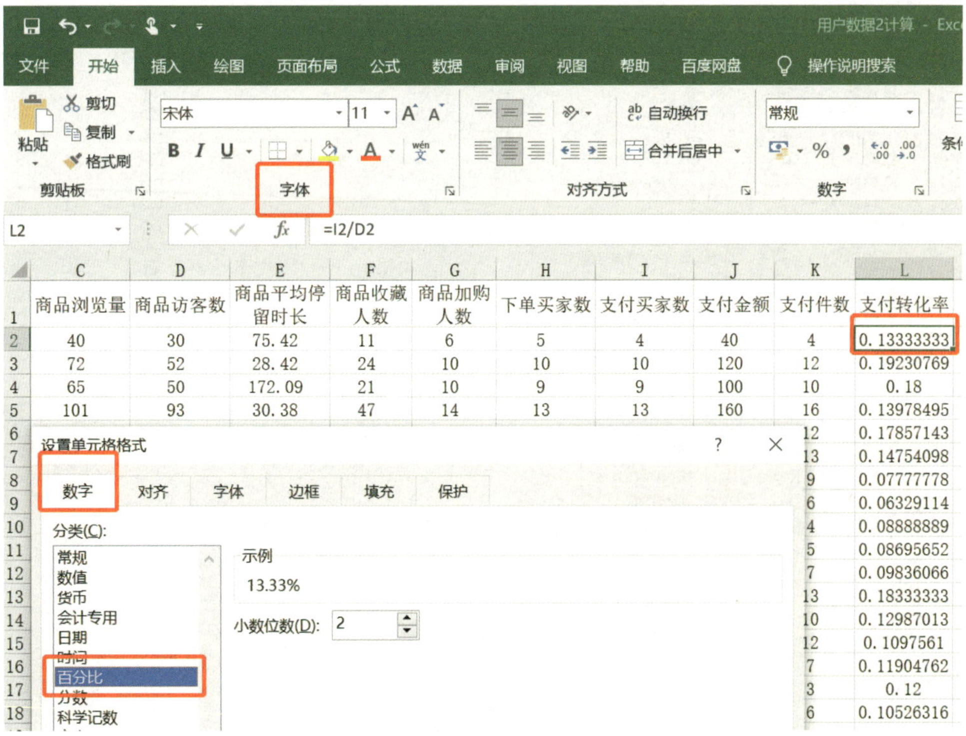

图7-11　调整数据显示格式

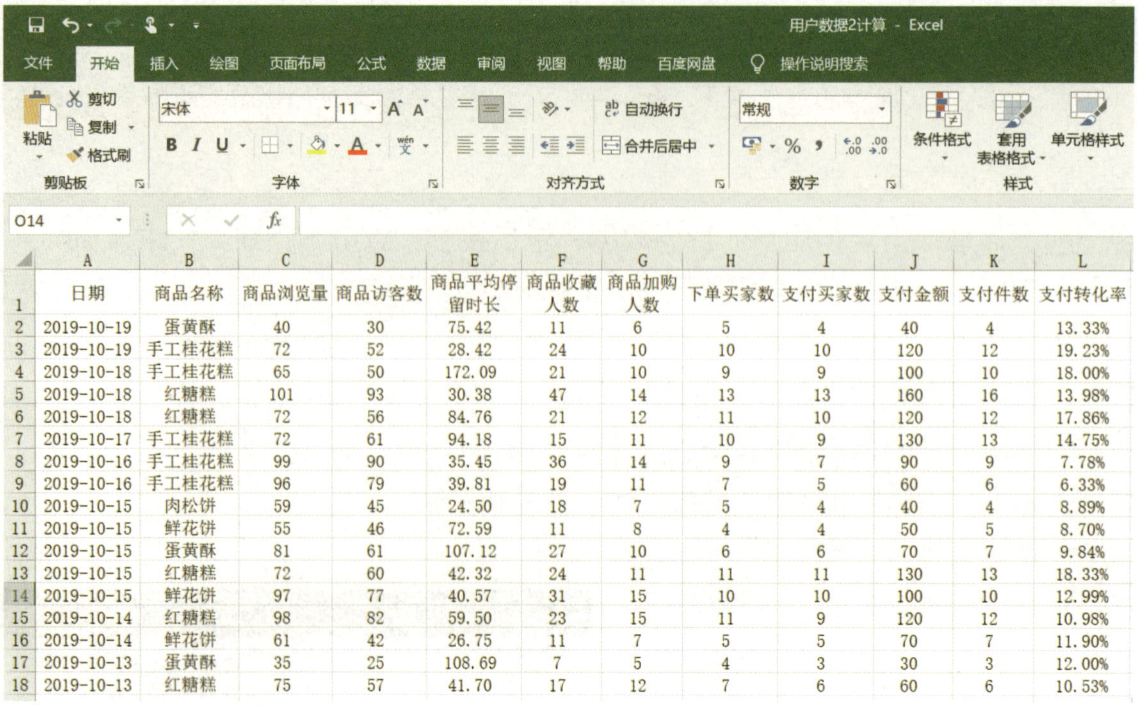

	A	B	C	D	E	F	G	H	I	J	K	L
1	日期	商品名称	商品浏览量	商品访客数	商品平均停留时长	商品收藏人数	商品加购人数	下单买家数	支付买家数	支付金额	支付件数	支付转化率
2	2019-10-19	蛋黄酥	40	30	75.42	11	6	5	4	40	4	13.33%
3	2019-10-19	手工桂花糕	72	52	28.42	24	10	10	10	120	12	19.23%
4	2019-10-18	手工桂花糕	65	50	172.09	21	10	9	9	100	10	18.00%
5	2019-10-18	红糖糕	101	93	30.38	47	14	13	13	160	16	13.98%
6	2019-10-18	红糖糕	72	56	84.76	21	12	11	10	120	12	17.86%
7	2019-10-17	手工桂花糕	72	61	94.18	15	11	10	9	130	13	14.75%
8	2019-10-16	手工桂花糕	99	90	35.45	36	14	9	7	90	9	7.78%
9	2019-10-16	手工桂花糕	96	79	39.81	19	11	7	5	60	6	6.33%
10	2019-10-15	肉松饼	59	45	24.50	18	7	5	4	40	4	8.89%
11	2019-10-15	鲜花饼	55	46	72.59	11	8	4	4	50	5	8.70%
12	2019-10-15	蛋黄酥	81	61	107.12	27	10	6	6	70	7	9.84%
13	2019-10-15	红糖糕	72	60	42.32	24	11	11	11	130	13	18.33%
14	2019-10-15	鲜花饼	97	77	40.57	31	15	10	10	100	10	12.99%
15	2019-10-14	红糖糕	98	82	59.50	23	15	11	9	120	12	10.98%
16	2019-10-14	鲜花饼	61	42	26.75	11	7	5	5	70	7	11.90%
17	2019-10-13	蛋黄酥	35	25	108.69	7	5	4	3	30	3	12.00%
18	2019-10-13	红糖糕	75	57	41.70	17	12	7	6	60	6	10.53%

图7-12　调整格式后的转化率计算结果

（二）数据统计

接下来，还要使用数据透视表对网店最近一周各商品详情页的访客数进行统计。在“插入”选项卡下，选择“数据透视表”，选择“新工作表”，如图7-13所示。

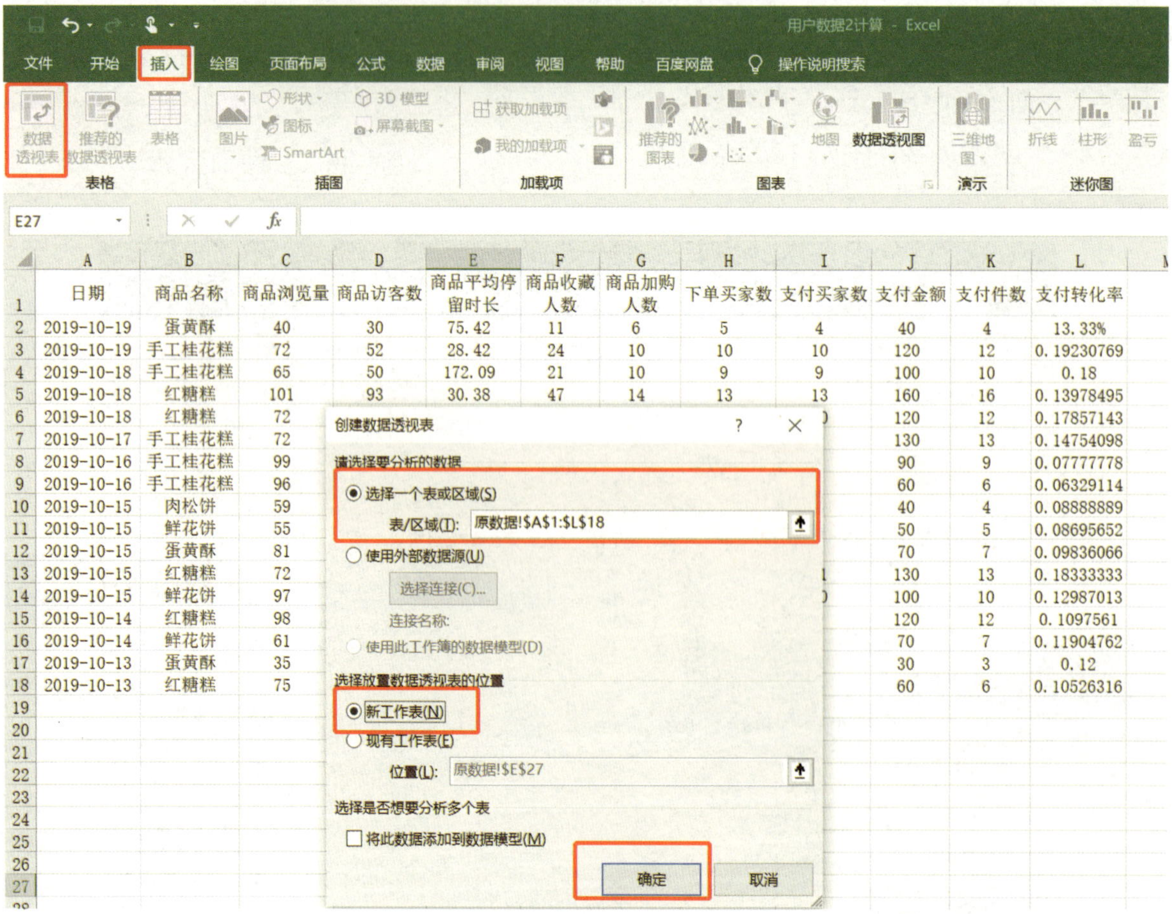

	A	B	C	D	E	F	G	H	I	J	K	L
1	日期	商品名称	商品浏览量	商品访客数	商品平均停留时长	商品收藏人数	商品加购人数	下单买家数	支付买家数	支付金额	支付件数	支付转化率
2	2019-10-19	蛋黄酥	40	30	75.42	11	6	5	4	40	4	13.33%
3	2019-10-19	手工桂花糕	72	52	28.42	24	10	10	10	120	12	0.19230769
4	2019-10-18	手工桂花糕	65	50	172.09	21	10	9	9	100	10	0.18
5	2019-10-18	红糖糕	101	93	30.38	47	14	13	13	160	16	0.13978495
6	2019-10-18	红糖糕	72							120	12	0.17857143
7	2019-10-17	手工桂花糕	72							130	13	0.14754098
8	2019-10-16	手工桂花糕	99							90	9	0.07777778
9	2019-10-16	手工桂花糕	96							60	6	0.06329114
10	2019-10-15	肉松饼	59							40	4	0.08888889
11	2019-10-15	鲜花饼	55							50	5	0.08695652
12	2019-10-15	蛋黄酥	81							70	7	0.09836066
13	2019-10-15	红糖糕	72							130	13	0.18333333
14	2019-10-15	鲜花饼	97							100	10	0.12987013
15	2019-10-14	红糖糕	98							120	12	0.1097561
16	2019-10-14	鲜花饼	61							70	7	0.11904762
17	2019-10-13	蛋黄酥	35							30	3	0.12
18	2019-10-13	红糖糕	75							60	6	0.10526316

图7-13　用数据透视表进行统计

然后对商品访客数、商品平均停留时长、商品收藏人数、商品加购人数、下单买家数和支付买家数进行计算。行字段选择商品名称，筛选器选择统计日期，如图7-14所示。

图7-14　用数据透视表进行计算

在这里需要注意，商品访客数、商品收藏人数、商品加购人数、下单买家数和支付买家数计算方式为求和计算，而商品平均停留时长需要计算平均值。可以采取以下方式进行调整：如图7-15所示，光标放在“求和项：商品平均停留时长”单击鼠标右键，选择“值汇总依据”，选择“平均值”，完成后调整数据格式，设置数字为小数

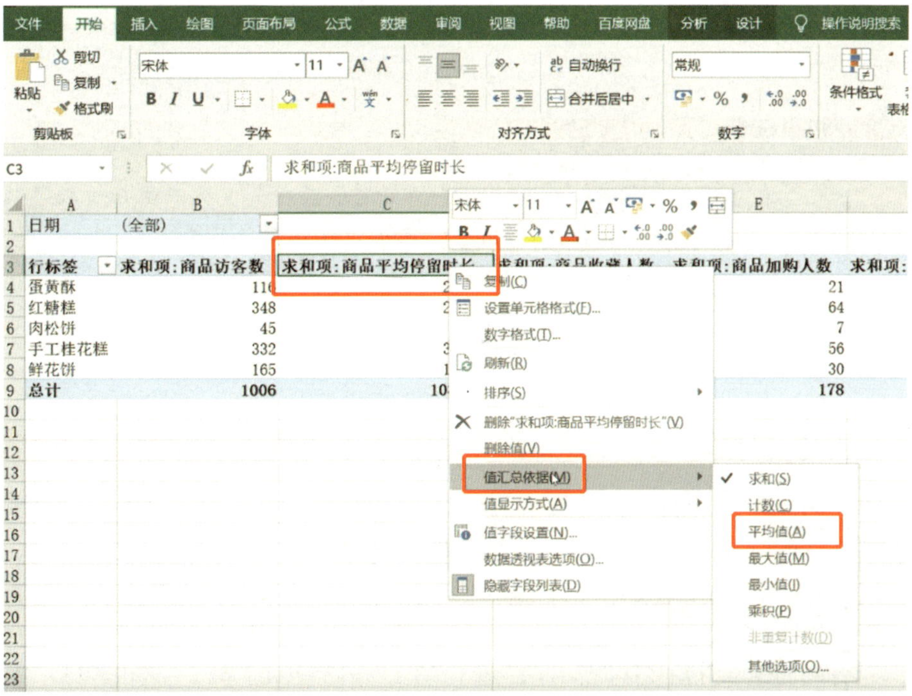

图7-15　调整商品平均停留时长汇总方式

点后两位。

（三）数据占比计算

数据占比计算主要修改值显示方式，以商品访客数为例，选中“求和项：商品访客数”右击，选择“值显示方式”，选择“列汇总的百分比”，得到需要的数据表，如图7-16所示。同理，将商品收藏人数、商品加购人数、下单买家数和支付买家数值显示方式进行调整。至此，可以得到全部数据结果。数据统计分析完成后，要对数据结果进行检查，保证数据的准确性。在数据处理时注意数据的结果要便于对比观察和分析，便于为店铺经营决策提供依据。

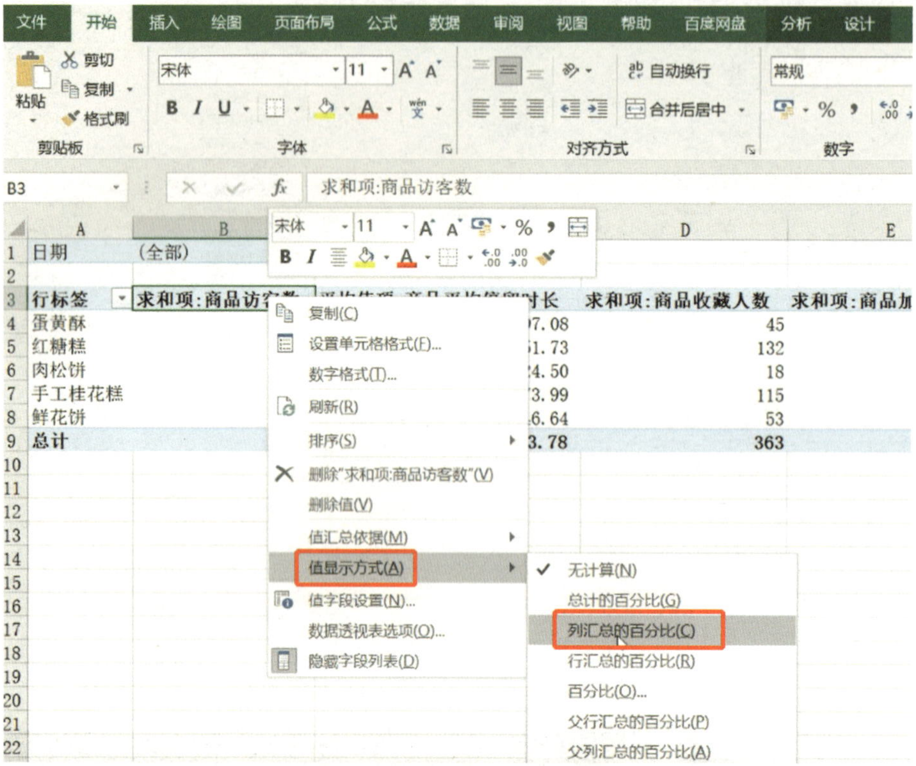

图7-16　修改值显示方式计算数据占比

？【做一做】

李明的亲戚想要了解不同的产品在不同日期的数据情况，李明知道有一个工具可以让亲戚快速直观地看到，那就是“切片器”。但“切片器”具体应该如何操作呢？大家一起来动手试试吧。

活动二　剖析行业经营数据

活动背景

李明亲戚的网店近期打算增加新的产品，但是他不知道产品的市场需求情况，李明该怎么帮助亲戚了解新产品的市场需求情况呢？

知识探究

网店在增加新的产品前要进行业产品数据分析，从而可以客观地了解市场需求变化的情况。

一、行业数据的获取

我们可以通过电子商务网站、店铺后台或平台提供的数据工具、政府部门、机构协会、媒体、权威网站数据机构、电子商务平台、指数工具等来获取相关行业数据。常用的行业数据采集工具有淘宝的生意参谋、逐鹿工具箱和京东的京东商智等。

二、行业数据分析

（一）数据转换

客户动态数据分析

用Excel表打开采集好的数据表，对数据进行转置。选中全部数据，单击鼠标右键，选择“复制”，如图7-17所示。打开一个新的工作表，点击“开始”选项卡，点击“粘贴”下的下拉三角，选择“转置”，如图7-18所示，即可完成数据转换。

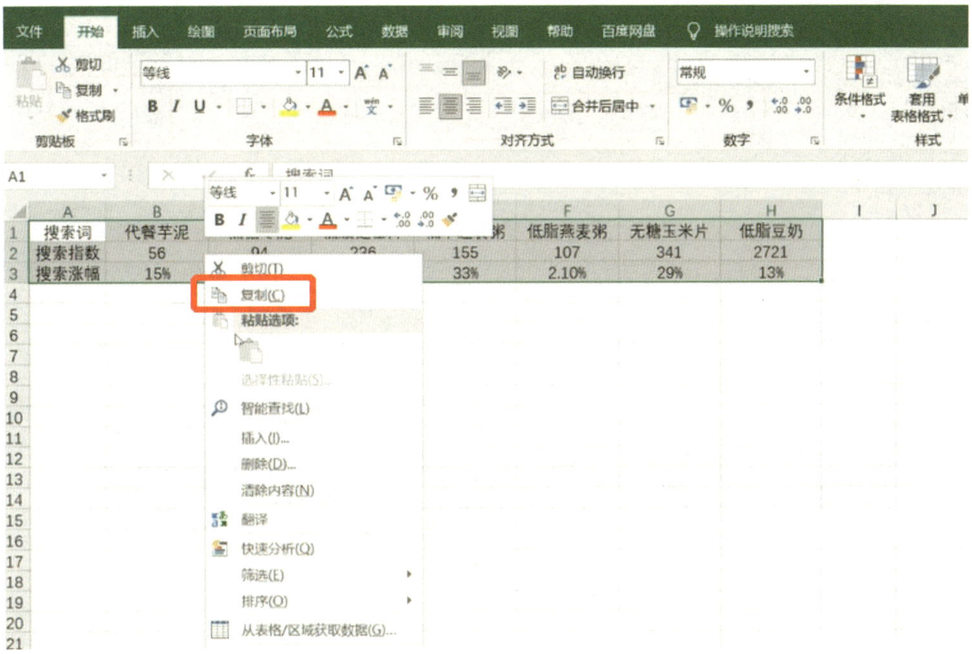

图7-17 复制选中数据

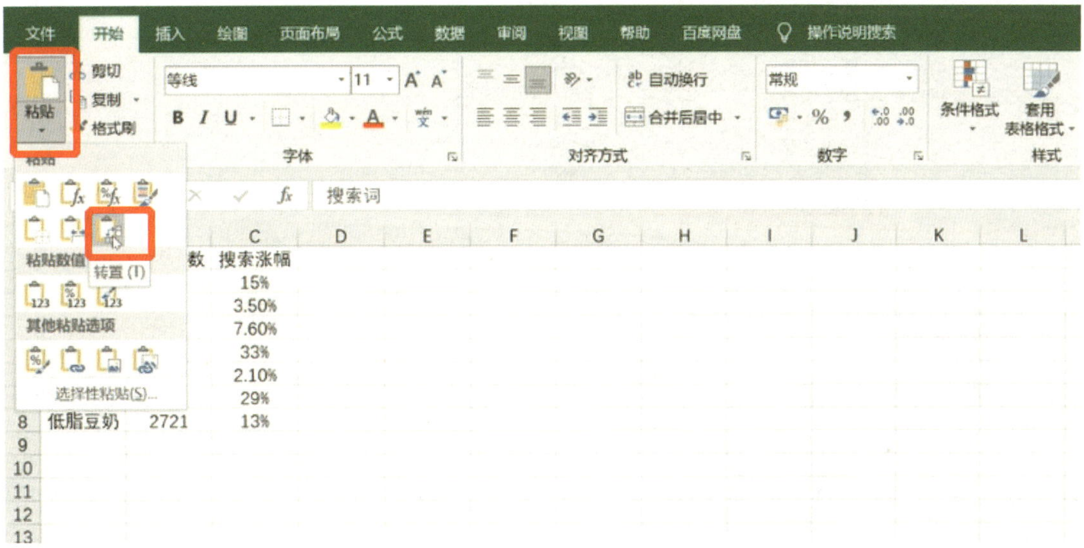

图7-18 对数据进行转置

（二）数据排序

如图7-19所示，选择“数据”选项卡，选择“排序”，按关键词搜索指数进行降序排序。图7-20为排序结果，从结果数据中我们可以看出搜索排名最高的是低脂豆奶，最低的是代餐芋泥。

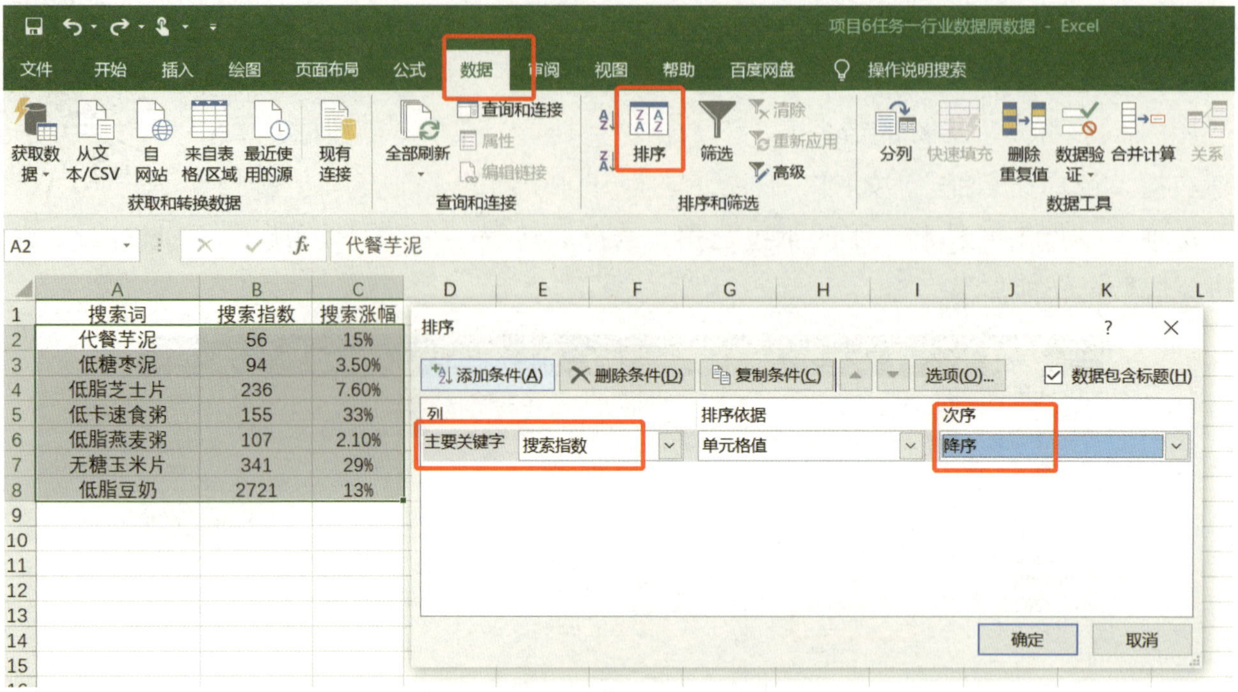

图7-19　按关键词搜索指数进行降序排序

图7-20　排序结果

（三）数据标识

通过条件格式对数据进行标识，具体操作方式如下：点击“开始”选项卡，点击“条件格式”下方的下拉三角，选择“图标集”，点击“其他规则”，如图7-21所示。在弹出的“新建格式规则”对话框中，图标样式选择三角形，值设置为小于3、大于10，如图7-22所示。数据在小于3%时显示红色向下三角符号，大于10%时显示绿色向上的三角符号，黄色持平，如图7-23所示。

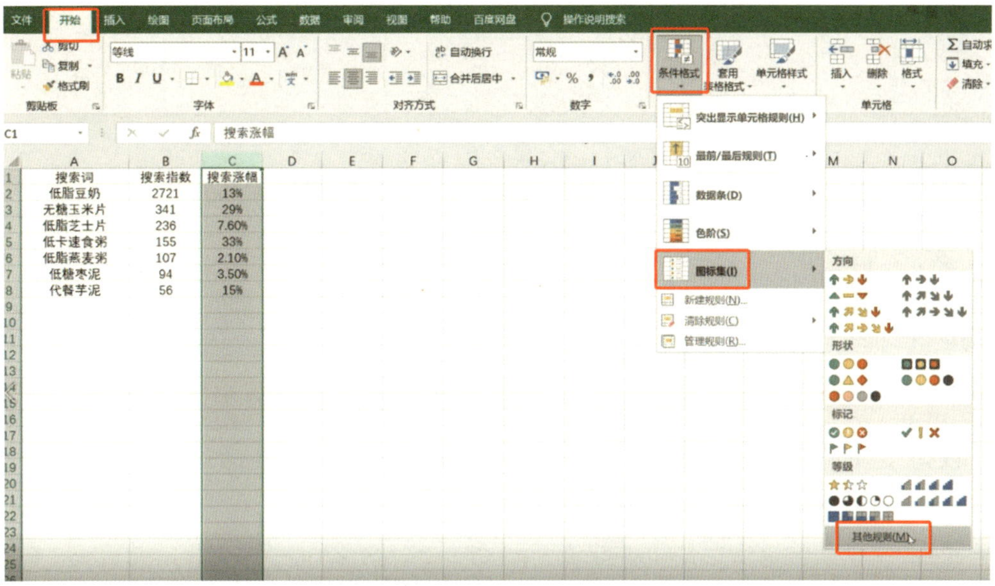

图7–21　通过条件格式对数据进行标识

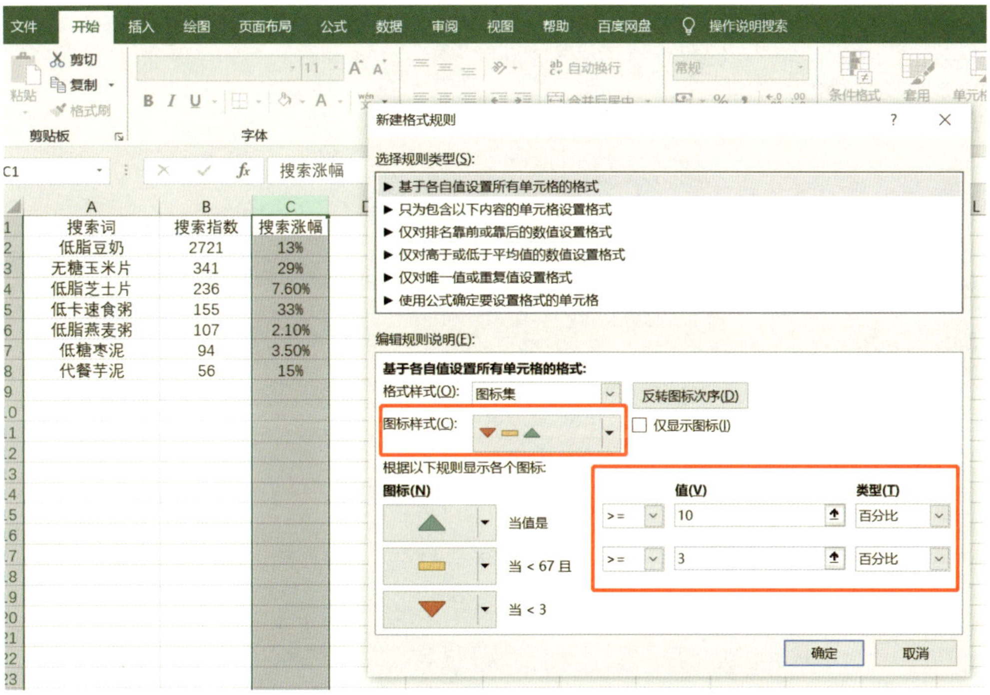

图7–22　在“新建格式规则”对话框中进行编辑

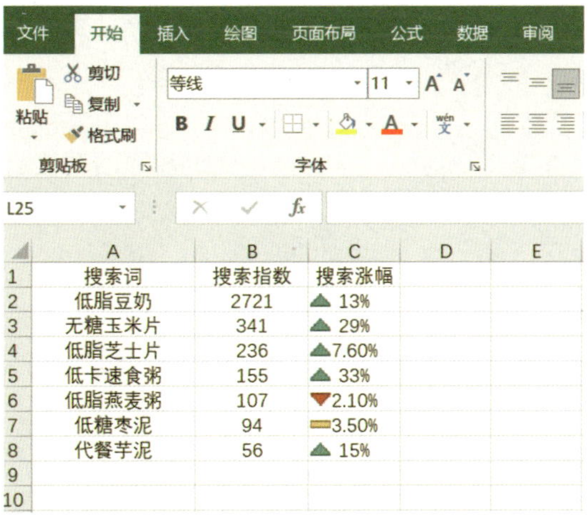

图7–23　数据处理结果

?【想一想】

如何获取客户数据？

任务检测

1. 什么是店铺经营数据分析？
2. 如何进行静态数据分析？
3. 如何进行动态数据分析项目？

合作实训

1. 根据教材提供的原始数据，对店铺客户的地域和性别进行分析，写出分析报告。
2. 根据表所示的活动评价项目及标准总结自己的学习成果。

评价项目	分析报告（40%）	分析、比较、讨论表现（40%）	职业素养（20%）
评价标准	1. 分析内容合理、有效、完整，有独立的观点 2. 分析比较完整 3. 未完成分析	1. 积极参与、有主见 2. 参与主动性一般 3. 不积极参与、没有自己的主见	1. 大有提升 2. 略有提升 3. 没有提升
自己评分			
小组评分			
教师评分			
第三方评分			
总分			

任务二　解密常用数据分析工具

任务描述

为了使店铺的经营方向更加明确，加大对市场需求的把握，李明的亲戚决定认真学习数据分析工具的使用，李明给亲戚推荐了淘宝的生意参谋和京东的京东商智。为了便于学习，李明打算帮助亲戚整理出两个工具的使用方法。

任务分解

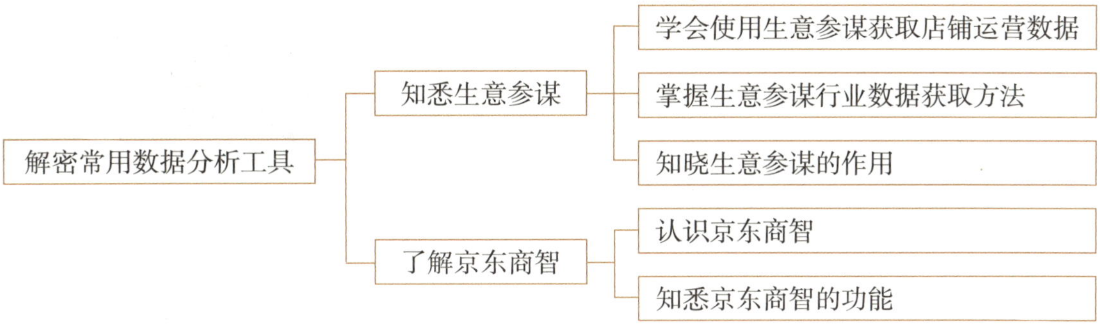

活动一　知悉生意参谋

活动背景

为了能帮助亲戚全面了解生意参谋，李明开了一个学习任务的清单，详细介绍生意参谋的使用。

知识探究

一、学会使用生意参谋获取店铺运营数据

生意参谋是淘宝网官方提供的综合性网店数据分析平台，不仅是店铺数据的重要来源渠道，同时也是淘宝平台卖家的重要数据采集工具，为淘宝卖家提供流量、商品、交易等网店经营全链路的数据展示、分析、解读、预测等功能。生意参谋的网址为：https://sycm.taobao.com/，如图7-24所示。需要说明的是，生意参谋工具仅面向淘宝卖家开放。

学会使用生意参谋

图7-24　淘宝生意参谋主页

购买生意参谋标准包后进入主页，可以看到店铺的各项运营数据（流量、交易、服务、产品等数据），如图7-25所示。我们选取下面三个方面进行重点了解。

图7-25　生意参谋运营数据

（一）实时概况

首页左上角为实时概况栏目，主要显示了店铺的实时访客数、支付买家数、浏览量、支付子订单数等，并能将今日数据与昨日数据进行对比，如图7-26所示。

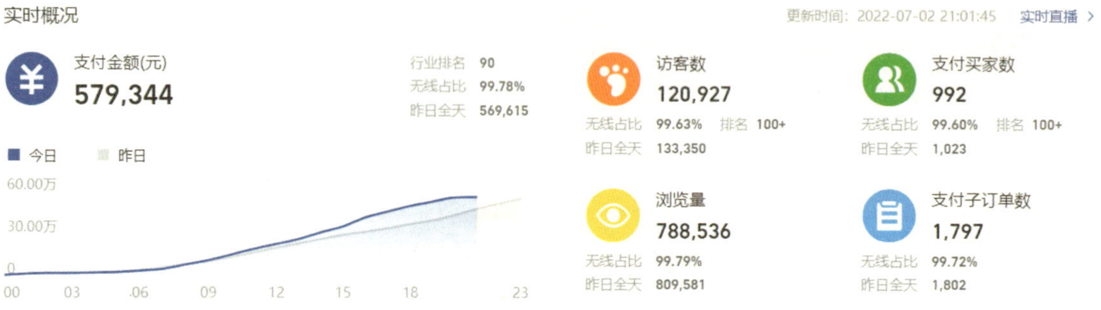

图7-26　生意参谋实时概况数据

（二）店铺概况

页面右上角为店铺概况，如图7-27所示，在这里我们可以了解到店铺近30天的排名及店铺所处层级，店铺层级越高越好。图7-28为具体层级及计算方式。

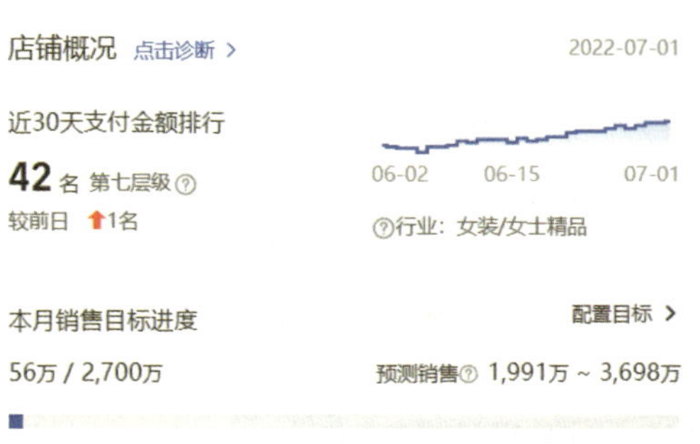

图7-27　店铺概况数据

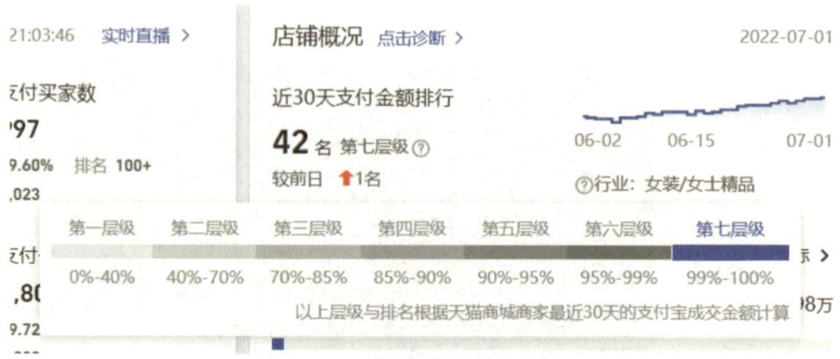

图7-28　店铺层级金额

（三）运营视窗

在页面的中间位置，我们可以看到运营视窗，了解店铺的整体情况。通过对比店铺实际数值、同行平均值和同行优秀数值，我们可以直观地掌握店铺的运营情况。

?【想一想】

请大家认真观察图7-29，思考问题：该店铺近期的运营状况如何呢？是好还是坏？

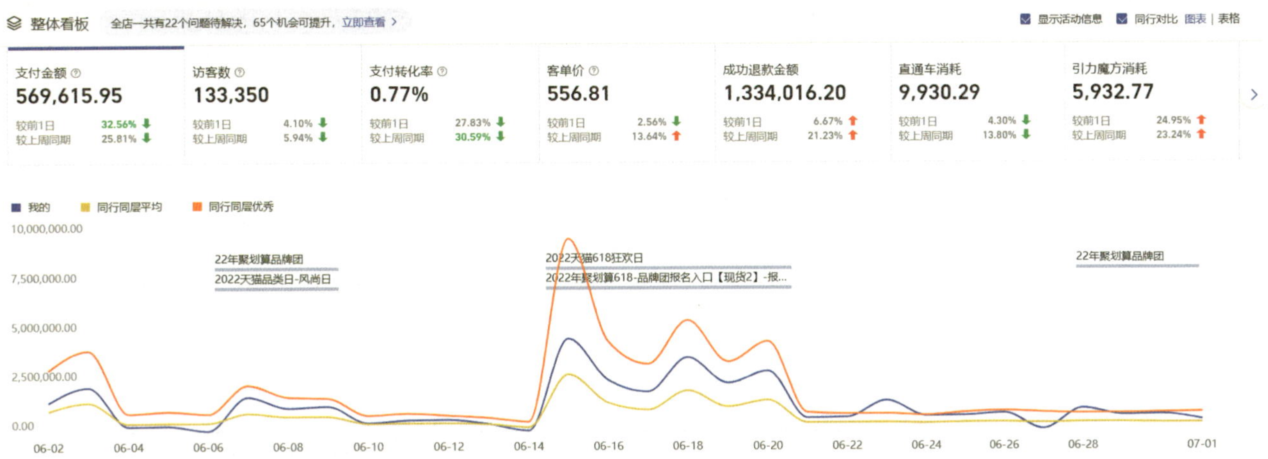

图7-29 店铺运营视窗

?【做一做】

请大家登录生意参谋后台（或者在网络上搜索生意参谋使用介绍），了解我们还可以通过生意参谋了解店铺的哪些数据。这些数据对我们的经营有什么影响呢？

二、掌握生意参谋行业数据获取方法

通过生意参谋的市场洞察板块，数据采集人员还可以获取到淘宝平台的行业销售经营数据。市场洞察是一款为中高端商家打造的市场分析数据产品，可满足市场大盘全景洞察、市场机会深度解析、市场客群多维透视，竞对实时监控分析四大核心场景的分析诉求；帮助店铺清晰了解市场结构，深度挖掘潜客需求，为市场扩展提供支持决策。市场洞察需付费

图7-30 生意参谋标准版和专业版的功能区别

开通，分为标准版和专业版，图7–30为生意参谋标准版和专业版的功能区别。2021年5月开始，淘宝面向商家免费开放流量纵横标准版、品类罗盘标准版、数据作战室活动分析版、服务洞察—20个子账号以下版本、物流洞察标准版/报告版；同时，结合淘宝商家成长层级，提供以上产品专业版及市场洞察标准版的权益开放。面向天猫商家免费开放流量纵横、品类罗盘、物流洞察的专业版、服务洞察—20个子账号以上版本、数据作战室主店版及市场洞察标准版的主营类目。

我们以某服装品牌店铺为例了解生意参谋的市场洞察功能。

（一）市场监控

进入生意参谋，在标题栏中找到“市场”，点击进入市场洞察页面。页面的左侧第一项即为市场监控，市场监控主要用来监控店铺。如图7–31所示，从图片中我们可以直观地看到店铺在女装/女士精品行业的排名，在监控看板栏目可以设置监控店铺、商品、品牌等，随时了解竞争对手的情况。

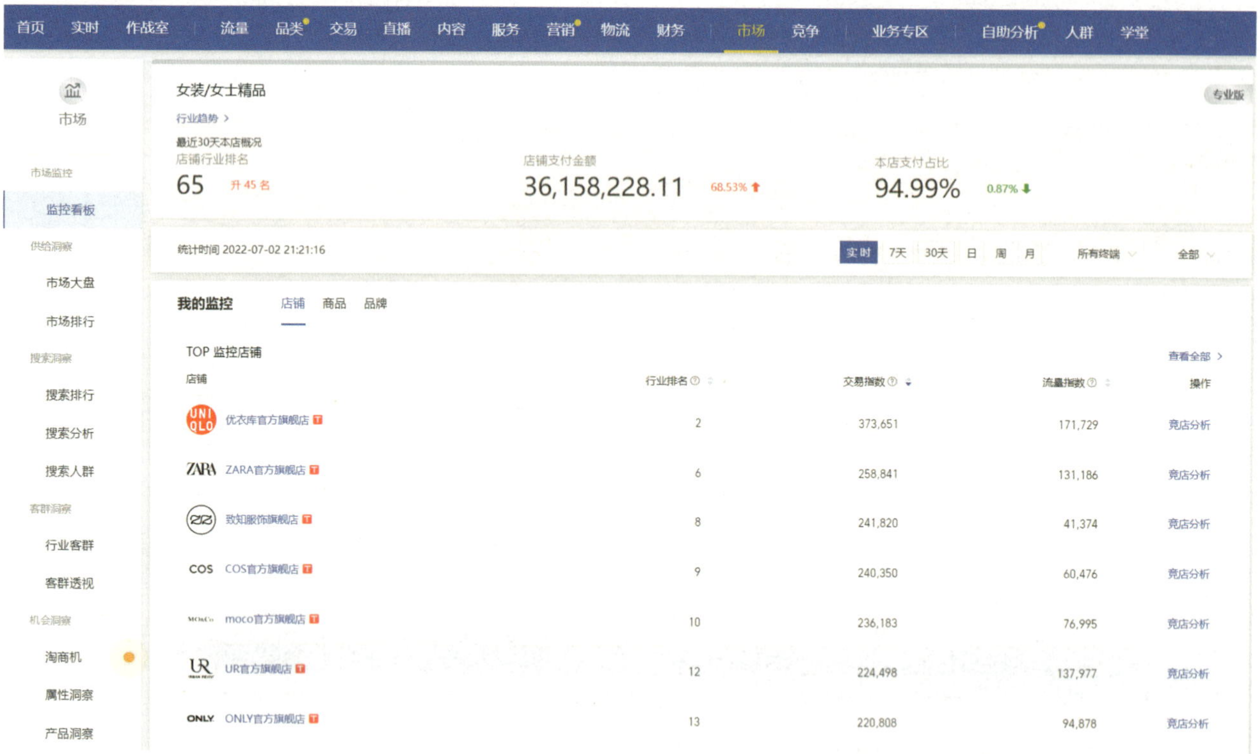

图7–31　市场洞察监控看板界面

（二）供给洞察

在市场大盘栏目中，我们可以了解行业趋势，如图7–32所示，我们可以看到访问人气较7天前下降了7.89%，浏览热度、收藏人气、收藏热度均较7天前有所下滑。

在市场排行中，我们可以看到本行业的店铺排行、商品排行、品牌排行等，如图7–33和图7–34所示。通过排行榜可查看每个店铺、商品或品牌近30天内核心指标趋势，如需要可以对该店铺、商品或品牌添加监控，成为固定监控的竞争对手。

图7-32 在市场大盘中了解行业趋势

图7-33 女装/女士精品行业店铺排行

（三）搜索洞察

通过搜索行为探测、热销属性及产品TOP500排行，帮助我们精准定位市场机会；深度解析需求趋势、转化率及人群画像等，帮助我们精准制订新品扩展计划，灵活高效发掘市场红蓝海。

在搜索排行栏目，我们可以了解热门搜索词排行、上升趋势中各类搜索词，并发现高价值热词进行运营体验优化，如图7-35所示。此外，还可以为搜索词计算各个关联延展词，包含“搜索词”“长尾词”“品牌词”“核心词”“修饰词”，帮助我们快速通过搜索行为探测、精准定位市场机会。

图7-34 女装/女士精品行业商品排行

图7-35 搜索洞察搜索排行页面

搜索分析栏目提供搜索词分析，同时支持三个搜索词对比，帮助我们了解特定搜索词整体趋势并且可进行对比分析，了解搜索词相关词构成及类目构成情况，以便更好地进行标题优化，如图7-36和图7-37所示。

搜索客群栏目提供搜索词对应人群属性画像及购买偏好等，帮助我们了解特定搜索词搜索人群的特征分布及购买偏好，从而更好地进行人群的精准投放，如图7-38所示。

图7–36 搜索洞察搜索分析页面

图7–37 搜索洞察搜索分析相关搜索词页面

（四）客群洞察

客群洞察可以帮助我们细分市场、精准营销、战略调整，了解选定行业下产生购买用户的客群的特征分布及客群对应购买偏好。其中，行业客群提供客群变化趋势，客群属性画像和购买偏好，我们可选择不同指标，查看各人群分布下该指标的对应情况，最长提供90天数据，如图7–39所示。

图7-38　搜索洞察搜索人群页面

图7-39　客群洞察行业客群页面

客群透视提供多维客群分析功能，可以帮助我们定位目标人群，进行特定趋势分析，了解客群特性，完成更精准的品牌与活动的营销，如图7-40所示。

图7-40　客群洞察客群透视页面

三、知晓生意参谋的作用

（一）定位核心因素

通过生意参谋，可以快速获取影响生意的增长因素和下降因素，让店铺可以了解“支付金额”的提升或下降是因为公式里的哪个指标、哪个环节的问题，帮助店铺快速定位生意波动的核心因素。

（二）帮助产品布局

通过生意参谋，可以了解当前店铺哪些单品访客数增长最快、哪些下滑最多、爆款表现是否符合预期、是否有黑马商品正在涌现需要提前布局及哪些宝贝表现不足可以重点优化。

（三）优化销售策略

通过关注件单、人均购买类目数等相关指标，店铺可以即时对商品单价和关联推荐等进行调整，进一步优化销售策略。如件单价下降，店铺可以进一步查看市场类似品类定价数据，做好价格调控；当人均购买类目数下降时，则要重点关注店铺的关联推荐，做好连带搭配。

活动二　了解京东商智

活动背景

为了能帮助亲戚全面了解京东商智，李明开了一个学习任务的清单，详细了解京东商智软件的使用。

知识探究

一、认识京东商智

京东商智是京东为其卖家提供数据服务的产品。京东商智提供全方位的数据服务，维度包含了流量分析、销售分析、行业分析、主题工具、揽客计划等，为京东商家提供专业、精准的店铺运营分析，大幅提升店铺运营效率、降低运营成本、增强用户体验，是商户“精准营销、数据掘金”的强大工具，如图7-41所示。需要说明的是，京东商智只有成为京东卖家才能登录查看。

京东商智需按照套餐或者模块购买使用，套餐分为洞察套餐、市场竞争套餐、流量高阶套餐、大团圆套餐等，也可以根据需要按照模块购买。

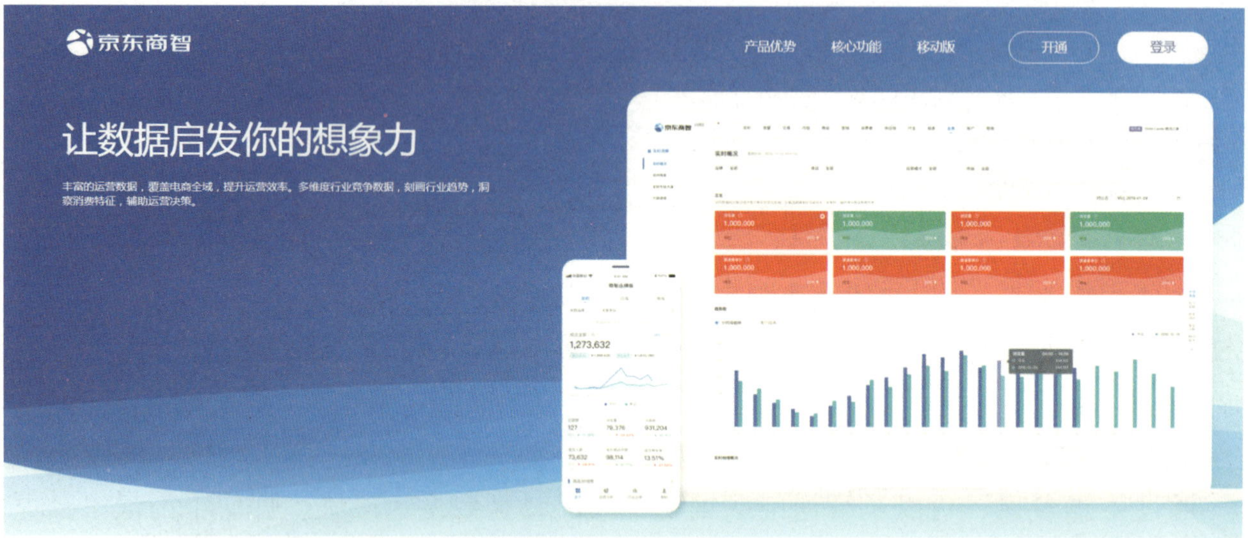

图7-41　京东商智登录页面

二、知悉京东商智的功能

京东商智主要包括实时洞察、流量分析、搜索分析、行业分析、竞争分析、商品360等功能，如图7-42所示。

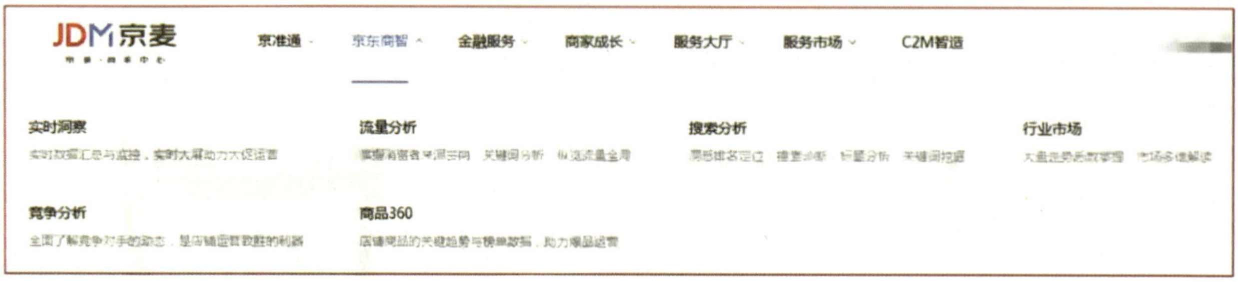

图7-42　京东商智功能

（一）实时洞察

实时洞察分为实时概览、实时大屏、实时监控、活动分析四大模块。通过该模块，商家可以实时观察店铺及单品的实时数据、流量销量，直观快捷地了解店铺的运营情况。此外，商家还可以通过活动分析模块监控活动数据，调整活动节奏。

（二）流量分析

通过流量分析模块，可以对流量概况、店铺来源、商品来源、关键词分析和访客分析等方面进行分析研究，了解店铺的流量结构，解决销售量下跌问题。

（三）搜索分析

通过搜索分析，商家可以了解搜索概况、排名定位、全渠道营销搜索分析、搜索诊断、标题分析、关键词挖掘等项目，可对搜索排名的波动和问题进行数据化诊断，对店铺运营十分有益。

（四）行业分析

行业分析可以帮助商家了解店铺经营的行业类目信息，通过对热门关键词、品牌分析、行业客户分析等内容的分析，为产品打造提供参考。

（五）竞争分析

竞争分析包含了店铺经营行业的竞争信息，需要单独购买，是分析竞品的常用工具。

（六）商品360

商品360包含了店铺经营的所有商品信息，通过这个模块可以了解商品概况、商品明细、异常商品等，商品运营所需要的概要和明细数据均可在商品分析中获取。

【技能大赛直通车】

标题优化是电子商务技能中的一项重要内容，一个好的标题对提高产品排名、增加展现量有很大作用。请大家结合生意参谋的作用，思考如何为店铺宝贝取名字。

?【想一想】

你还知道哪些数据分析工具?

任务检测

1. 如何用生意参谋获取店铺运营数据?
2. 如何用生意参谋获取行业数据?
3. 生意参谋和京东商智有什么作用?

合作实训

1. 李明的亲戚打算新上架一款低脂豆奶产品，请大家使用生意参谋帮他对这款产品进行分析，并提出运营策略。
2. 根据表所示的活动评价项目及标准总结自己的学习成果。

评价项目	标题内容（40%）	分析、比较、讨论表现（40%）	职业素养（20%）
评价标准	1. 能够使用生意参谋分析产品，提出运营策略 2. 能够进行分析，但是策略简单 3. 未完成分析	1. 积极参与、有主见 2. 参与主动性一般 3. 不积极参与、没有主见	1. 大有提升 2. 略有提升 3. 没有提升
自己评分			
小组评分			
教师评分			
第三方评分			
总分			

项目总结

本项目重点介绍了店铺数据分析和解密常用的数据分析工具。分析店铺数据任务主要介绍了店铺经营数据的概念、如何进行客户静态数据分析和动态数据分析，以及了解行业经营数据的获取和行业数据分析方法。解密常用的数据分析工具任务主要介绍了生意参谋和京东商智的使用方法。

项目检测

一、单项选择题

1. （　　）是指对网店运营过程中产生的信息数据进行分析，从中总结运营规律和效果的过程。

A. 店铺经营数据分析　　B. 客户静态数据分析

C. 客户动态数据分析　　D. 网店运营分析

2. 我们一般采用（　　）在对网店最近一周各商品详情页的访客数进行统计。

A. 筛选　　B. 数据透视表　　C. 排序　　D. 求和

3. （　　）是淘宝网官方提供的综合性网店数据分析平台，不仅是店铺数据的重要来源渠道，同时也是淘宝平台卖家的重要数据采集工具，为淘宝卖家提供流量、商品、交易等网店经营全链路的数据展示、分析、解读、预测等功能。

A. 逐鹿软件　　B. 生意参谋　　C. 京东商智　　D. 八爪鱼采集器

4. 我们可以通过（　　）对数据进行标识。

A. 条件格式　　B. Countif函数　　C. 数据透视表　　D. 数据转置

5. 我们可以通过电子商务网站、店铺后台或平台提供的数据工具、政府部门、机构协会、媒体、权威网站数据机构、电子商务平台、指数工具等来获取相关（　　）。

A. 行业数据　　B. 店铺经营数据　　C. 客户信息数据　　D. 网店运营数据

二、多项选择题

1. 客户动态信息数据，是指用户的行为数据，包括搜索、点击、咨询、关注、加购、下单、支付、评价等一系列数据，这类数据由访客在网店的行为产生，通过后台或第三方软件获取，经过数据加工，可用于分析（　　）。

A. 客户需求　　B. 情感偏好　　C. 消费习惯　　D. 客户信息

2. 市场洞察是一款为中高端商家打造的市场分析数据产品，可满足（　　）四大核心场景的分析诉求。

A. 市场大盘全景洞察　　B. 市场机会深度解析

C. 市场客群多维透视　　D. 竞对实时监控分析

3. 生意参谋的作用有（　　）。

A. 门槛低、成本低　　B. 定位核心因素

C. 帮助产品布局　　D. 优化销售策略

三、判断题

1. 客户静态数据是指客户相对稳定的信息，包括年龄、性别、职业、地域、婚姻状况等人口属性方面的数据。（　　）

2. 支付转化率与商品访客数无关。（　　）

3. 商品访客数、商品收藏人数、商品平均停留时长、商品加购人数、下单买家数和支付买家数计算方式均为求和计算。（　　）

4. 在数据处理时要注意，数据的结果要便于对比观察和分析，便于为店铺经营决策提供依据。（　　）

5. 生意参谋使用无须付费，任何淘宝用户均可登录使用。（　　）

参考文献

[1] 庄春华. 网上开店推广与经营 [M]. 南京：东南大学出版社，2017.

[2] 吴玉红，程竹平. 商品拍摄与图片处理 [M]. 北京：北京师范大学出版社，2020.

[3] 刘蓓. 网店运营实务 [M]. 北京：北京邮电大学出版社，2018.

[4] 全国电子商务运营技能竞赛组委会，北京博导前程信息技术股份有限公司. 网店运营实务 [M]. 北京：中央广播电视大学出版社，2016.

[5] 郭宝丹. 电商运营 [M]. 上海：华东理工大学出版社，2019.

[6] 北京鸿科经纬科技有限公司. 网店推广实训 [M]. 北京：高等教育出版社，2019.